编辑委员会名单

基层治理现代化的绵阳实践

· 中共绵阳市委党校
· 绵阳市行政学院　主编
· 绵阳市社会主义学院

四川人民出版社

图书在版编目（CIP）数据

基层治理现代化的绵阳实践 / 中共绵阳市委党校，绵阳市行政学院，绵阳市社会主义学院编著. -- 成都：四川人民出版社，2022.10

ISBN 978-7-220-12509-6

Ⅰ.①基… Ⅱ.①中… ②绵… ③绵… Ⅲ.①地方政府—行政管理—研究—绵阳—干部培训—教材 Ⅳ.①D625.713

中国版本图书馆CIP数据核字(2021)第255329号

JICENG ZHILI XIANDAIHUA DE MIANYANG SHIJIAN

基层治理现代化的绵阳实践

中共绵阳市委党校　绵阳市行政学院　绵阳市社会主义学院　编著

出 版 人	黄立新
责任编辑	任学敏
技术设计	戴雨虹
封面设计	李其飞
责任印制	李　剑
出版发行	四川人民出版社（成都三色路238号）
网　　址	http://www.scpph.com
E-mail	scrmcbs@sina.com
新浪微博	@四川人民出版社
微信公众号	四川人民出版社
发行部业务电话	（028）86361653　86361656
防盗版举报电话	（028）86361653
照　　排	四川胜翔数码印务设计有限公司
印　　刷	四川机投印务有限公司
成品尺寸	170mm × 240mm
印　　张	18.25
字　　数	300千
版　　次	2022年10月第1版
印　　次	2022年10月第1次印刷
书　　号	ISBN 978-7-220-12509-6
定　　价	58.00元

目　录

第二篇　案例汇编：基层治理的绵阳实践

第三篇　对策建议：基层治理现代化的绵阳路径

前 言

基层治理是国家治理体系的有机组成部分和重要基础，推进国家治理体系和治理能力现代化，必须紧紧依靠基层，必须推动基层治理体系和治理能力的现代化。进入新时代，推进国家治理体系和治理能力现代化是当前和今后相当长一个时期党员领导干部的时代责任和历史使命。

党的十九届四中全会提出推进国家治理体系和治理能力现代化的总体目标是：到二〇三五年，各方面制度更加完善，基本实现国家治理体系和治理能力现代化；到新中国成立一百年时，全面实现国家治理体系和治理能力现代化，使中国特色社会主义制度更加巩固、优越性充分展现。党的十九届五中全会对国民经济和社会发展第十四个五年规划和二〇三五年远景目标提出建议，进一步指出到2035年国家治理的目标：基本实现国家治理体系和治理能力现代化，人民平等参与、平等发展权利得到充分保障，基本建成法治国家、法治政府、法治社会。2019年，中共四川省委十一届六次全会作出了推进城乡基层治理制度创新和能力建设的决定，明确推进城乡基层治理制度创新和能力建设的目标任务是：到2021年，全省基层党组织领导下的各类组织关系更加清晰顺畅，基层公共服务、公共管理、公共安全得到有效保障，基层治理能力持续增强，在城乡基层治理制度更加成熟更加定型上取得明显成效；到2035年，全省城乡基层治理制度更加完善，基层治理效能显著提升，基本实现基层治理体系和治理能力现代化，为到21世纪中叶全面实现基层治理体系和治理能力现代化奠定坚实基础。

近年来，绵阳在推进基层治理能力现代化实践中，深入贯彻落实中央、省委相关精神，积极树立现代治理思维，运用现代治理方法和手段，大胆探索、积极创新，初步形成了比较完善的工作网络和政策体系框架，共建共治局面初步形成。在以基层党建引领社会治理创新，“互联网+基层治理”，组织化集聚社会力量、群众参与社会治理，网格化服务管理，社区治理，社会组织建设，村（社区）联系和服务群众等多个领域涌现出了一批先进典型。如，2020年，省民政厅在全省选择了44个县市区、44个乡镇（街道）、150个社区开展第一批省级城乡治理试点工作。我市游仙区、安州区、江油市及所辖的4个街道（乡镇）、12个社区被确定为首批省级试点单位。又如2021年，中央农办、农业农村部、中央宣传部、民政部、司法部共同研究认定第二批全国乡村治理示范村，我绵阳市游仙区魏城镇铁炉村、安州区塔水镇七里村、盐亭县富驿镇雄关村位列其中。以上试点单位围绕便民服务、智库科技、社会组织参与、社会企业带动等试点主题先行先试，积极创新，实现了硬件上有改观、软件上有提升、服务上有亮点、场景上有呈现的试点目标，构建起“党建引领+综合服务+综治保障+科技赋能”的社区治理新框架，形成了一批可复制、可推广的社区治理典型案例和鲜活经验。

绵阳市推进基层治理能力现代化工作成效显著。为及时总结和推广这些典型案例和鲜活经验，中共绵阳市委党校（绵阳市行政学院）组织全市党校系统的部分专兼职教师深入试点单位开展调研，历经多次修改，形成了《基层治理现代化的绵阳实践》一书。作为基层治理现代化的研究者，党校人走出书斋，走向基层，在基层治理试点单位那里获取的第一手材料，总结的经验启示必将进一步推动我市基层治理能力的现代化，不断增强基层治理效能，为绵阳早日建成川北省域副中心城市创造有利条件。

行动逻辑

基层治理的理论阐释

加强和创新社会治理，是我国社会主义社会发展规律的客观要求，是人民安居乐业、社会安定有序、国家长治久安的重要保障。社区作为社会治理的基础平台，已日益成为各种政策的落实点、各种利益的交汇点、各类组织的落脚点、各种矛盾的集聚点，是创新社会治理的重要突破口。

第一章　治理理论与公共行政范式变迁

第一节　国家是现代化更广义的推动力

1986年，德国社会学家乌尔里希·贝克在《风险社会》一书中首次提出“风险社会”的概念，并进一步指出，现代风险与古代风险的不同之处在于：古代风险是自然风险，现代风险是人为的现代化、现代性本身的产物与结果。英国著名学者安东尼·吉登斯认为：“现代性以前所未有的方式，把我们抛离了所有类型的社会秩序轨道，从而形成了其生活形态。”[①]“这个显然非常简单的概念却能说明我们生活其中的这个世界的一些最基本的特征。”[②]德国社会学家尼古拉斯·卢曼认为，科技进步与全球化的发展把人们带入了一个除了冒险别无选择的社会。[③]美国风险管理理论学者纳西姆·尼古拉斯·塔勒布在其畅销著作《黑天鹅的世界》认为：没有人知晓一切，在一个充满随机性的世界里，我们无法避免随机性。风险总与损失密切相连，经常使现代性脱离控制、难以驾驭，必然导致现有社会秩序向更加复杂、偶然和分裂状态转变。

社会秩序是维系社会共同体的存续的必要前提。迈克尔·博兰尼将社会秩序分为一元的“单中心”秩序与自发的“多中心”秩序两种；哈耶克将社

① [英]安东尼·吉登斯：《现代性的后果》，译林出版社2000年版，第4页。
② [英]安东尼·吉登斯：《失控的世界》，江西人民出版社2001年版，第17页。
③ Luhmann, N.Risk, *A Sociological Theory, Berlin, de Gruyter, 1993,* p.218.

会秩序分为“建构的秩序”与“自发秩序”两种。一元的“单中心”秩序应该是直接凭借指示、命令等外部权威来计划和建立的“建构的秩序”；自发的“多中心”应该是行为主体自发自愿地服从共同承认的规则而形成的间接的行动秩序。不论是“建构的秩序”，还是“自发秩序”，在其形成过程中都需要调节利益冲突、化解社会矛盾、回应社会诉求及应对社会危机。在一个有组织的不负责任的社会中，风险制造者和主管机构都想方设法为自己开脱，以逃避自己应负的责任。[①]因此，“国家作为现代化的更广义的推动力，承担着管制和消除（如果可能的）风险的任务”[②]。

第二节　治理理论是一种全新的公共行政范式

范式（paradigm）一词，源自希腊词*paradeigma*，意指“范例”“模式”或“模型”。1962年，美国著名科学哲学家托马斯·库恩在《科学革命的结构》指出：“范式通常是指那些公认的科学成就，它们在一段时间里为实践共同体提供典型的问题和解答。”[③]托马斯·库恩进一步提出了“范式变迁”的概念，并指出当某一范式需要变化或转型时，就会发生一场科学革命。

对于那些为人类体制所困惑的人而言，这个概念过于含糊且随处可见，以至于难以确定。[④]尽管“范式”是一个被过度使用的术语，但毋庸置疑的是，对“范式”或“范式变迁”的研究在公共行政领域具有极其重要的作用。在尼古拉斯·亨利看来，这是一个有用的术语，因为没有其他术语能表达这样的一种思想，即一种关于某一领域同一性及那种同一性之变化动态的

① Ulrich Beck, *Risk Society: Towards A New Modernity*, London, Sage Publications, 1992, p.34.

② [澳]斯蒂夫·克鲁克：《风险的秩序化》，穆易编译，《马克思主义与现实》2004年第4期，第87–93页。

③ [美]托马斯·库恩：《科学革命的结构》，北京大学出版社2003年版，第4页。

④ Mintzberg H., “Mintzberg’s Final Paradigm”, *Administrative Science Quarterly*, Vol. 23, No. 4. (Dec., 1978), pp. 635–636.

思想。[①]戴维·约翰·法默尔指出，尽管存在诸多不利，但“范式的运用能为我们指出努力的发展方向”[②]。B. 盖伊·彼得斯认为，政府部门的变革是一种惯例。只要有一个不完善的政府，人们就会持续不断地寻求理想的治理形态。毛寿龙指出，“要使公共行政学的知识有利于而不是有害于公共行政的实践，我们就有必要重新思考公共行政研究的思想基础，重新反思传统公共行政理论所内含的范式的不足，并提出替代的方案”[③]。

长久以来，众多公共行政学者都将研究的焦点置于公共行政“范式”及其“范式变迁”之上，并在相关概念及其转换方式等问题上争论不休、观点迥异。传统公共行政与公共管理是否被视为范式，是公共管理改革中最具争议的问题之一。[④]20世纪30年代，传统公共行政学范式自身的局限性日益凸显，“危机”成了公共行政学面临的问题。在传统范式已经过时，新的范式必然应运而生并取而代之。20世纪80年代，“风险社会”的提出也加速了公共行政范式的转换。托马斯·库恩所认为，“危机”的意义就在于，它可以指示更换工具的时代已经到来。[⑤]20世纪90年代后，治理理论成了西方学术界最流行的理论之一，在许多语境中大行其道，以至成为一个可以指涉任何事务或毫无意义的时髦词语。[⑥]

“治理”（governance）意味着新的管制流程，或既定规则改变了的状况，或管制社会的新方法。[⑦]“治理”意味着一种不通过外部强制实行的结构或秩序，这种结构或秩序是多重管制及相互影响的因素互动的结果。[⑧]彼埃尔·戈丹指出，治理从一开始就必须区别于传统的政府统治概念。与传统范

① Nicholas Henry,“Paradigms of Public Administration”, *Public Administration Review*, Vol. 35, No. 4. (Jul.-Aug., 1975), pp.378-386.

② David John Farmer, *The Language of Public Administration: Bureaucracy, Modernity and Postmodernity*, Montgomery, University of Alabama Press, 1995, p50.

③ 毛寿龙：《公共行政的范式选择》，《行政论坛》1999年第2期，第12-18页。

④ Hughes, Owen E., *Public Management and Administration: an Introduction*, Basingstoke, Palgrave Macmillan Press, 1994, p58.

⑤ [美]托马斯·库恩：《科学革命的结构》，第76页。

⑥ [英]鲍勃·杰索普：《治理的兴起及失败的风险:以经济发展为例的论述》，《国际社会科学(中文版)1999年第2期，第32-46页。

⑦ Raw Rhodes, “The New Governance: Governing without Government”, Public Governance, London, Sage Publications Ltd., M Bevir (ed),pp. 1-19.

⑧ Kooiman, J., Van Vliet, M., “Governance and Public Management”, in K. Eliassen and J. Kooiman (ed.), Management Public Organizations (2nd ed.), London, Sage Publications Ltd., 1993, p64.

式不同的是，“治理”的本质在于将焦点置于不依赖政府权威及政府制裁的管制机制之上，而“充分尊重和相信公民社会的自组织和自管理能力，依靠国家与社会、政府与公民的良好合作来施政的一种施政理念，其目的在于公共利益的最大化”[①]。英国学者格里·斯托克（Gerry Stoker）在《作为理论的治理：五个论点》一文中指出了治理理论最突出的五个特征：第一，就主体而言，公共行政的参与者由包括政府，但又不限于政府的一整套社会公共部门和行为者所组成的系统；第二，就公共行政的责任而言，所谓公与私、政府与社会、政府与市场的责任界限实际上是相当模糊的；第三，就公共行政主体之间的关系而言，政府与各个社会公共机构、个人之间存在着权力依赖和互动的伙伴关系；第四，就公共行政的运行机制而言，公共行政将依靠一种自主自治的网络体系来进行；第五，从公共管理的政府行动策略而言，要重新界定政府的权限范围及其行使方式。[②]显然，在某种程度上，治理理论是对经典公共行政学危机的有力应对。

第三节　从“善政”走向“善治”

亚里士多德认为，人类的一切行为、人类的一切共同体都是为了某种目的，而这种目的就是某种善。[③]他从古希腊城邦政治出发得出“政治的目的是追求至善”的结论。在我国传统政治文化里，善政是国民期望的理想的政府管理模式，其主要意思在于能给官员带来清明和威严的公道和廉洁，各级官员像父母一样热爱和对待自己的子民，没有私心，没有偏爱。[④]俞可平认为，善政一般都具有民主、责任、服务、质量、效益、专业、透明和廉洁八个要

① 董克用：《公共治理与制度创新》，中国人民大学出版社2004年版，第126页。

② [英]格里·斯托克：《作为理论的治理：五个论点》，《国际社会科学杂志》1999年第2期。

③ 詹世友：《善政、良品与好生活——亚里士多德美德政治学的现实关切》，《上饶师范学院学报》2013年第4期，第33-60页。

④ 俞可平：《增量民主与善治》，社会科学文献出版社2005年版，第147-148页。

素。20 世纪 90 年代以来，“善政”在世界各国遭遇到不同程度的挑战。为了有效应对众多棘手的公共问题，实现公共利益的最大化，民族国家的中央政府及其地方政府自觉而理性地改革了自身的公共管理模式。于是，人类政治过程的重心自此从“统治”（government）走向“治理”（governance），从“善政”（good government）走向“善治”（good governance）。①

善治即良治，意味着“国家权力向社会的回归和政治国家与公民社会的新的和谐关系的体现”②。善治具有“合法性、法治、透明性、责任性、回应、有效、参与、稳定、廉洁和公正”等十个基本要素。善治一词引入后，我国古代提倡的“仁政”“良政”等概念再次引起人们的关注。俞可平认为，“善治”就是使公共利益最大化的社会管理过程，是政府与公民对公共生活的合作管理，是政治国家与公民社会的一种新颖关系，是两者的最佳状态。③

从善政走向善治，构建新型政治国家与公民社会的关系，将民主、参与、协商、分权、责任、人权、平等、合作等诸多美好的价值融入社会管理之中，使各种社会管理主体的关系达到最佳状态，充分发挥各种社会管理主体的角色与作用。具体而言，就是要遵循集体行动的逻辑，充分发挥政府在社会治理中的主导作用，使之通过议题选择和议题建构，实现自上而下的政治动员，有效进行风险控制、风险分摊和风险吸纳的目标；充分发挥社会在社会治理中的主体作用，获得商业部门、非盈利部门及普通公众对政府社会治理活动的理解与支持，并使之在政府政治动员下积极参与社会治理活动。因此，社会治理是以“维护社会秩序为目的而规范和协调社会关系、社会组织和社会行为的活动”④。

---

① 赵景来：《关于治理理论若干问题讨论综述》，《世界经济与政治》2002年第3期，第75—81页。

② [英]托尼·鲍法德、爱尔克·劳夫勒：《公共管理与治理》，孙迎春译，国家行政学院出版2006年版，第164—172。

③ 俞可平：《治理与善治》，第9页。

④ 何增科：《我国社会管理体制的现状分析》，《甘肃行政学院学报》2009年第4期，第101—107页。

第二章　中国制度优势转化为治理效能

第一节　我国社会治理体制改革历程

加强和创新社会治理，是我国社会主义社会发展规律的客观要求，是人民安居乐业、社会安定有序、国家长治久安的重要保障。改革开放40年来，随着社会生产力的不断解放和快速发展，我国经济体制深刻变革、利益格局深刻调整、思想观念深刻变化、社会结构深刻变动。在此背景下，我国不断推进社会治理体制改革，完善社会治理格局，变革社会治理方式，从而促进公平正义，保障民生改善，促进社会和谐，确保社会秩序。[①]

北京大学中国政治学研究中心教授何增科将我国社会治理体制演变历程分为四个阶段：第一阶段（1949年到1978年），为传统社会管理体制形成巩固阶段，建立了“国家—单位—个人”的一元主体社会管理格局；第二阶段（1978年改革开放开始到1992年），为传统社会管理体制趋于解体阶段，政府唯一的社会管理主体的地位受到严重冲击，人民公社体制、政治—身份性阶级分类体制先后解体，运动式、批斗式的管理方式被新的法治化管理方式所取代，城乡分割的户籍制度日益松动，作为社会控制细胞和福利供给者的单位逐渐变为比较单纯的工作场所。第三阶段（1992年党的十四大到2002年），为现代社会管理体制奠定基础阶段，过于强调商业化和社会化的资源动员机制，过于强调职

① 范逢春：《改革开放以来的社会治理创新：一个伟大进程》，《学术前沿》2019年第2期（上）。

工个人和企事业单位所应担负的责任，政府有意无意地淡化自身在提供社会性公共服务或公共服务中所应担负的责任。第四阶段（2002年党的十六大后），为现代社会管理体制自觉构建阶段，以构建社会主义和谐社会为目标，将社会秩序与社会发展贯通起来，实现社会建设与社会管理并举。①

北京师范大学中国社会管理研究院社会学院院长魏礼群教授将我国社会治理领域的变革分为三个阶段：第一阶段（从1978年党的十一届三中全会到1992年党的十四大），主要是冲破高度集中的计划经济体制和社会管理模式，放松社会领域管控，释放社会活力，让全社会活跃起来。第二阶段（从1992年党的十四大到2012年党的十八大），主要是构建与社会主义市场经济体制相适应的社会治理基本框架，积极探索中国特色社会主义社会治理的新路子，进一步增强社会发展活力，开始致力于社会和谐发展。第三阶段（从2012年党的十八大到现在），主要是以习近平新时代中国特色社会主义思想为指导，全面深化社会治理变革，着力推进社会治理体系和社会治理能力现代化，推动社会充满活力又和谐有序运行。②

上述研究成果分发表于2009年和2018年，可做进一步更新和补充：2013年11月，党的十八届三中全会《决定》将“社会管理”改为“社会治理”。这标志着我国社会治理体制在何增科“四阶段”的基础上走向了第五阶段：“社会治理阶段”。2019年10月，党的十九届四中全会《决定》提出“构建基层社会治理新格局”。2021年11月，党的十九届六中全会《决议》指出：“党的十八大以来，我国社会建设全面加强，人民生活全方位改善，社会治理社会化、法治化、智能化、专业化水平大幅度提升，发展了人民安居乐业、社会安定有序的良好局面，续写了社会长期稳定奇迹。”③

---

① 何增科：《我国社会管理体制的现状分析》。

② 魏礼群：《我国社会治理40年变革的历史进程》，《前线》2018年第9期。

③ 《中共中央关于党的百年奋斗重大成就和历史经验的决议》，2021年11月11日中国共产党第十九届中央委员会第六次全体会议通过。

第二节　社区治理是国家治理的突破口

1887年，德国社会学家斐迪南·滕尼斯发表社会学著作《共同体与社会》。滕尼斯在该书中指出，“关系本身即结合，或者被理解为现实的和有机的生命——这就是共同体（*Gemeinschaft*）的本质”[①]。20世纪20年代，美国社会学家查尔斯罗·密斯在将藤尼斯的著作翻译成英文时，用英文单词“Community”与德文“*Gemeinschaft*”对应。1933年，燕京大学一些学生介绍美国芝加哥学派创始人帕克的社会学时，将“Community”译为“社区”，“社区”自此成为中国社会学界基本概念之一。[②]此后，随着研究的日益深入，社区概念内涵不断拓展，且逐步具有了价值单位、社会单位和分析工具的方法论单位等多重理论定位。[③]美国社会学家G.A.希勒里1955年的研究结论显示，社区定义多达94个。美籍华人学者杨庆堃1981年的研究结论则显示，社区定义增加至140多种。[④]

在《共同体与社会——纯粹社会学的基本概念》中，滕尼斯还对共同体与社会进行了区分。在他看来，“人们在共同体里与同伙一起，从出生之时起，就休戚与共，同甘共苦。人们走进社会就如同走进他乡异国”[⑤]。1935年，吴文藻撰文指出，“社会是描述集合生活的抽象概念，是一切复杂的社会关系全部体系之总称”，而“社区乃是一地人民实际生活的具体表词，它有物质的基础（包括人民、人民所居处的地域、人民生活的方式或文化三个要素）”[⑥]。费孝通则将社区与社会两者的关系概括为，“社区是一定地域范

---

① [德]斐迪南·滕尼斯：《共同体与社会——纯粹社会学的基本概念》，商务印书馆1999年版，第52页。

② 程娟：《社区概念的演变》，《知识经济》2012年第3期。

③ 刘玉东：《基于中国的语境对社区概念的诠释——视角的差异与实然的内涵》，《陕西行政学院学报》2011年第2期。

④ 黎熙元、童晓频、蒋廉雄：《社区建设——理念、实践与模式比较》，商务印书馆2006年版，第6页。

⑤ [德]斐迪南·滕尼斯：《共同体与社会——纯粹社会学的基本概念》，第53页。

⑥ 杨淑琴、王柳丽：《国家权力的介入与社区概念嬗变——对中国城市社区建设实践的理论反思》，《学术界》2010年第6期。

围内的社会”；两者的区别在于，前者是“礼俗社会”，而后者是“法理社会”。从两位中国著名社会学家对社区与社会这两个概念的界定可以看出，中国早期社区研究基本上承袭了滕尼斯的社会——社区二分法与芝加哥学派的人文区位学传统。①

改革开放后，随着单位分房向商品房市场的转向，我国城市社会结构急剧变化。社区相关概念及其实践应运而生，并逐步进入我国官方话语社体系。1992年10月，党的十四大报告指出：“搞好社区文化、村镇文化、企业文化、校园文化的建设，进一步开展军民共建、警民共建文明单位等群众性活动，把精神文明建设落实到城乡基层。”②1997年9月，党的十五大报告指出：“城乡基层政权机关和基层群众性自治组织，都要健全民主选举制度，实行政务和财务公开，让群众参与讨论和决定基层公共事务和公益事业，对干部实行民主监督。”③2000年12月，民政部将“社区”明确定义为“聚居在一定地域范围内的人们所组成的社会生活共同体”，将“城市社区”明确定义“经过社区体制改革后作了规模调整的居民委员会辖区”④。

社区是社会的细胞，是社会最基本的单位，已日益成为各种政策的落实点、各种利益的交汇点、各类组织的落脚点、各种矛盾的集聚点，是创新社会治理的重要突破口。在当今中国治理体系中，社区治理具有基础性地位和作用。⑤ 2002年11月，党的十六大报告指出：“健全基层自治组织和民主管理制度……完善城市居民自治，建立管理有序、文明祥和的新型社区。”⑥2007

① 杨淑琴、王柳丽：《国家权力的介入与社区概念嬗变——对中国城市社区建设实践的理论反思》。

② 江泽民：《加快改革开放和现代化建设步伐，夺取有中国特色社会主义事业的更大胜利——在中国共产党第十四次全国代表大会上的报告》（1992年10月12日），《十四大以来重要文献选编》（上），中央文献出版社2011年版，第27页。

③ 江泽民：《高举邓小平理论伟大旗帜，把建设有中国特色社会主义事业全面推向二十一世纪——在中国共产党第十五次全国代表大会上的报告》（1997年9月12日），《十五大以来重要文献选编》（上），中央文献出版社2011年版，第28页。

④ 《民政部关于在全国推进城市社区建设的意见》（2000年23号文件），中共中央办公厅、国务院办公厅2000年12月12日颁布。

⑤ 唐忠新：《社区治理国家治理的基础性工程》，《光明日报》2014年4月4日。

⑥ 江泽民：《全面建设小康社会，开创中国特色社会主义事业新局面——在中国共产党第十六次全国代表大会上的报告》（2002年11月28日），《十六大以来重要文献选编》（上），中央文献出版社2011年版，第25页。

年10月，党的十七大报告指出："要健全基层党组织领导的充满活力的基层群众自治机制，扩大基层群众自治范围，完善民主管理制度，把城乡社区建设成为管理有序、服务完善、文明祥和的社会生活共同体。"[①]2012年11月，党的十八大报告指出："在城乡社区治理、基层公共事务和公益事业中实行群众自我管理、自我服务、自我教育、自我监督，是人民依法直接行使民主权利的重要方式。"[②]2017年10月，党的十九大报告提出，"加强社区治理体系建设，推动社会治理重心向基层下移，发挥社会组织作用，实现政府治理和社会调节、居民自治良性互动。"[③]2019年10月，党的十九届四中全会提出，要"推动社会治理和服务重心向基层下移，把更多资源下沉到基层，更好提供精准化、精细化服务"[④]。2020年10月，党的十九届五中全会提出，要"推动社会治理重心向基层下移，向基层放权赋能，加强城乡社区治理和服务体系建设"[⑤]。

① 胡锦涛：《高举中国特色社会主义伟大旗帜，为夺取全面建设小康社会新胜利而奋斗——在中国共产党第十七次全国代表大会上的报告》（2007年10月15日），《十七大以来重要文献选编》（上），中央文献出版社2013年版，第23页。

② 胡锦涛：《坚定不移沿着中国特色社会主义道路前进，为全面建成小康社会而奋斗——在中国共产党第十八次全国代表大会上的报告》（2012年11月8日），《十八大以来重要文献选编》（上），中央文献出版社2018年版，第21页。

③ 习近平：《决胜全面建成小康社会，夺取新时代中国特色社会主义伟大胜利——在中国共产党第十九次全国代表大会上的报告》（2017年10月18日），《十九大以来重要文献选编》（上），中央文献出版社2019年版，第35页。

④ 《中共中央关于坚持和完善中国特色社会主义制度，推进国家治理体系和治理能力现代化若干重大问题的决定》（2019年10月31日），新华社2019年11月5日。

⑤ 《中共中央关于制定国民经济和社会发展第十四个五年规划和二〇三五年远景目标的建议》，2020年10月29日中国共产党第十九届中央委员会第五次全体会议通过。

第三章　打造新时代基层治理新格局

第一节　党建引领

制度优势与治理效能互为表里。中华人民共和国成立70年来，中国共产党领导中国人民创造了世所罕见的经济持续增长和社会长期稳定奇迹，中华民族迎来了从站起来、富起来到强起来的伟大飞跃。出色的治理成绩单背后，是中国特色社会主义制度优势与国家治理效能的高度统一和相互促进。2013年11月，党的十八届三中全会首次提出“推进国家治理体系和治理能力现代化”这个重大命题，并把“完善和发展中国特色社会主义制度、推进国家治理体系和治理能力现代化”确定为全面深化改革的总目标。自此，治理现代化成为我国现代化建设的重要维度，堪称继工业、农业、国防和科学技术现代化之后的“第五个”现代化。[①]2019年10月，党的十九届四中全会再次聚焦坚持和完善中国特色社会主义制度、推进国家治理体系和治理能力现代化的重大问题并就此作出重要部署，审议通过了《中共中央关于坚持和完善中国特色社会主义制度、推进国家治理体系和治理能力现代化若干重大问题的决定》，为坚持和完善中国特色社会主义制度、推进国家治理体系和治理能力现代化提供了科学指南。

党的领导制度是我国的根本领导制度，在整个国家制度体系中处于统领

---

① 罗家为：《党建引领基层治理现代化：中国叙事与优化路径》，《中共宁波市委党校学报》2022年第2期。

地位。“近代以来中国共产党领导政治革命与国家建设，引领社会变革与社会建设，才真正完成传统中国向现代中国的转型。立足于这个基本国情，当代中国基层治理应该在党的领导下实现国家与社会的合作，治理的主体应该是多元与一元的统一。”[①]“改革开放以来的中国社会治理实践过程中，核心领导始终是中国共产党。其实践过程是从国家层面推动一轴多元治理结构的形成与完善，并通过这一结构的动态发展保障党建引领的功能稳定。社会综合力量成为社会治理实践过程的合理补充，基于公共性培育与社会增能，党建引领促进社会参与的合法性实现。”[②]显然，党的领导是中国现代化发展的基本政治逻辑，是国家治理体系和能力现代化的基础与保障。由于加强基层党组织建设完全可能成为带动我国社会治理水平迈上新台阶的“红色引擎”[③]，“以基层党建引领推动社会精细化治理，便成为国家治理能力现代化和治理体系现代化的客观要求和必然选择”[④]。

2019年5月，中共中央办公厅印发《关于加强和改进城市基层党的建设工作的意见》，强调要强化城市基层党组织的政治功能与协调服务能力，扩大新兴领域党建覆盖，领导群团组织与社会组织参与治理，提升党组织领导基层治理工作水平。2019年6月，中共中央办公厅、国务院办公厅印发《关于加强和改进乡村治理的指导意见》，强调要完善村党组织领导乡村治理的体制机制，建立以基层党组织为领导、村民自治组织和村务监督组织为基础、集体经济组织和农民合作组织为纽带、其他经济社会组织为补充的村级组织体系。2019年10月，党的十九届四中全会《决定》指出，要“健全基层党组织领导的基层群众自治机制”。2020年10月，党的十九届五中全会提出，要“健全党组织领导的自治、法治、德治相结合的城乡基层治理体系”。2021年11月，党的十九届六中全会《决议》指出，要“健全党组织领导的自治、法治、德治相结合的城乡基层治理体系，推动社会治理重心向基层下移，建

① 祝灵君：《再组织化：中国共产党引领基层治理的战略选择》，《长白学刊》2016年第6期。

② 蒋卓晔：《党建引领中国社会治理的实践逻辑》，《科学社会主义》2019年第2期。

③ 韩冬雪：《基层党建与社区治理如何互促互进》，《人民论坛》2017年第5期。

④ 高海波：《从粗放式管理到精细化治理：党建引领社会治理的内在逻辑研究》，《中共太原市委党校学报》2018年第3期。

设共建共治共享的社会治理制度，建设人人有责、人人尽责、人人享有的社会治理共同体”。这些顶层设计和决策部署，明确了基层治理现代化的目标方向和重要内容，成为贯穿社会治理和基层建设的一条红线。

第二节　自治为基

人民是历史的创造者、历史发展的推动者和所有社会事业的实践者。马克思主义经典作家指出，“不是国家制度创造人民，而是人民创造国家制度”①，“人民主权不是凭借君王产生的，君王倒是凭借人民主权产生的”②。毛泽东指出：“人民，只有人民，才是创造世界历史的动力。”③事实上，中国共产党各个历史时期取得胜利的根本就在于，与人民群众保持了良好的鱼水关系。1948年9月至1949年1月三大战役期间，全国支前民工就高达880多万，比人民解放军投入部队总数超出4倍以上。④因此，陈毅曾多次说过：“华东战场上的国民党反动派是老百姓用独轮车把他推倒的。”⑤新中国成立之后，人民当家作主成为中国社会主义民主政治的本质特征。1954年《中华人民共和国宪法》规定，“中华人民共和国的一切权力属于人民”，“一切国家机关必须依靠人民群众，经常保持同群众的密切联系，倾听群众的意见，接受群众的监督”，“一切国家机关工作人员必须效忠人民民主制度，服从宪法和法律，努力为人民服务”。⑥

改革开放后，中国特色社会主义民主制度呈现出渐进发展的特征。邓小

① 《马克思恩格斯全集》第3卷，人民出版社2002年版，第40页。
② 《马克思恩格斯全集》第3卷，第37页。
③ 毛泽东：《论联合政府》（1945年4月24日），《毛泽东选集》第3卷，人民出版社2009年版，第1031页。
④ 张许峰：《主政之基——西柏坡的红色记忆》（上），河北新闻网2011年6月20日。
⑤ 王玉平：《“赶考”的历史与现实反思》，《党政论坛》2017年第4期。
⑥ 《中华人民共和国宪法》，人民出版社1954年版，第3页。

平指出，“没有民主就没有社会主义，就没有社会主义的现代化”[①]，“中国人民今天所需要的民主，只能是社会主义民主或称人民民主，而不是资产阶级的个人主义的民主”[②]，要“从制度上保证党和国家政治生活的民主化、经济管理的民主化、整个社会生活的民主化”[③]。十五大报告指出，要“进一步扩大社会主义民主，健全社会主义法制，依法治国，建设社会主义法治国家”[④]；十六大报告指出，“人民当家作主是社会主义民主政治的本质要求”[⑤]；十七大报告中指出，“人民民主是社会主义的生命”[⑥]。十八大报告中指出，“人民民主是我们党始终高扬的光辉旗帜”[⑦]；十九大报告中指出，“人民是历史的创造者，是决定党和国家前途命运的根本力量”[⑧]，“发展社会主义民主政治就是要体现人民意志、保障人民权益、激发人民创造活力，用制度体系保证人民当家作主”[⑨]。

推进国家治理体系和治理能力现代化须以城乡社区为基础单元，完善群众参与基层社会治理的制度化渠道，健全充满活力的基层群众自治制度。党的十九大报告指出，人民是历史的创造者，是决定党和国家前途命运的根本力量，必须把人民对美好生活的向往作为奋斗目标，依靠人民创造历史伟

① 邓小平：《坚持四项基本原则》（1979年3月30日），《邓小平文选》第2卷，人民出版社1994年版，第168页。

② 邓小平：《坚持四项基本原则》（1979年3月30日），《邓小平文选》第2卷，第175页。

③ 邓小平：《党和国家领导制度的改革》（1980年8月18日），《邓小平文选》第2卷，第336页。

④ 江泽民：《高举邓小平理论伟大旗帜，把建设有中国特色社会主义事业全面推向二十一世纪》（1997年9月12日），《十五大以来重要文献选编》(上)，第26页。

⑤ 江泽民：《全面建设小康社会，开创中国特色社会主义事业新局面》（2002年11月8日），《十六大以来重要文献选编》（上），第24页。

⑥ 胡锦涛：《高举中国特色社会主义伟大旗帜，为夺取全面建设小康社会新胜利而奋斗》（2007年10月5日），《十七大以来重要文献选编》（上），第22页。

⑦ 胡锦涛：《坚定不移沿着中国特色社会主义道路前进，为全面建成小康社会而奋斗》（2012年11月8日），《十八大以来重要文献选编》（上），第19页。

⑧ 习近平：《决胜全面建成小康社会，夺取新时代中国特色社会主义伟大胜利——在中国共产党第十九次全国代表大会上的报告》（2017年10月18日），《十九大以来重要文献选编》（上），第15页。

⑨ 习近平：《决胜全面建成小康社会，夺取新时代中国特色社会主义伟大胜利——在中国共产党第十九次全国代表大会上的报告》（2017年10月18日），《十九大以来重要文献选编》（上），第25页。

业。发挥制度优势并将制度优势转化为治理效能，必须坚持以人民为中心，坚持人民主体性。因此，加强社区治理体系建设，必须推动社会治理重心向基层下移，发挥社会组织作用，实现政府治理和社会调节、居民自治良性互动。“在城乡社区治理、基层公共事务和公益事业中广泛实行群众自我管理、自我服务、自我教育、自我监督，拓宽人民群众反映意见和建议的渠道，着力推进基层直接民主制度化、规范化、程序化。”①

第三节　法治保障

1954年，新中国第一部宪法的诞生标志着中国社会主义法制建设步入正轨。1978年，十一届三中全会确立的“有法可依、有法必依、执法必严、违法必严”十六字方针推动了中国社会主义法制建设不断健全与完善。1997年，党的十五大提出“加强立法工作，提高立法质量，到2010年形成有中国特色社会主义法律体系”，并把“依法治国，建设社会主义法治国家”作为党领导人民治理国家的基本方略。2002年，党的十六大提出“要把坚持党的领导、人民当家作主和依法治国有机统一起来”。2007年，党的十七大提出“全面落实依法治国基本方略，加快建设社会主义法治国家”。2011年，十一届全国人大四次会议郑重宣布：“中国特色社会主义法律体系已经形成。”这表明：中国已在根本上实现从无法可依到有法可依的历史性转变，各项事业发展步入法治化轨道。2012年，党的十八大提出“科学立法、严格执法、公正司法、全民守法”的新十六字方针，标志着党领导人民治理国家走向全面法治，中国特色社会主义法治内涵不断丰富。

2014年10月，党的十八届四中全会对新时代推进依法治国进行了新的谋划，作出了《中共中央关于全面推进依法治国若干重大问题的决定》，明确了依法治国的指导思想、基本原则和总体目标，首次提出“建设中国特色社

① 《中共中央关于坚持和完善中国特色社会主义制度、推进国家治理体系和治理能力现代化若干重大问题的决定》，人民网2019年11月6日。

会主义法治体系”的论断，标志着中央的法治思想从法制体系到法治体系的深化和发展。2019年10月，党的十九届四中全会提出，“建设中国特色社会主义法治体系、建设社会主义法治国家是坚持和发展中国特色社会主义的内在要求”①。

在新的历史条件下，“必须坚持依法治国和以德治国相结合，使法治和德治在国家治理中相互补充、相互促进、相得益彰，推进国家治理体系和治理能力现代化”②。“三治融合”中，自治是点的激活，法治、德治是线的明确，三治融合确保多元共治是面的形成。三者之间，自治是的目标，法治是保障，而德治是基础。因此，基层社会治理应以自治为基，德治为先，法治为本，切实做好三治深度融合的大文章。

第四节 德治培育

“为政以德，譬如北辰，居其所而众星共之。”自孔子以降，儒家历来强调要把道德教化作为国家政治实施的手段。孟子认为：“人皆有不忍之心。先王有不忍人之心，斯有不忍人之政矣。以不忍人之心行不忍人之政，治天下可运之掌上。”荀子认为，“礼者，法之大分，类之纲纪也”，“非礼，是无法也”。显然，荀子把“礼”与“刑”都当作治理国家的根本手段。“法律是准绳，任何时候都必须遵循；道德是基石，任何时候都不可忽视。”③回顾中国共产党70年的治国理政历程，可以发现，“依法治国”与“以德治国”一直作为我们国家治国理政、社会建设的基本方略与途径，两者起着相互支撑、相互补充的作用。

新中国成立初期，中国共产党高度重视以德治国，把“五爱”确立为中华

① 《中共中央关于坚持和完善中国特色社会主义制度、推进国家治理体系和治理能力现代化若干重大问题的决定》，人民网2019年11月6日。

② 《习近平谈治国理政》第2卷，外文出版社2017年版，第133页。

③ 《习近平谈治国理政》，第133页。

人民共和国全体国民的公德并写入宪法，通过树立雷锋、焦裕禄、王进喜等道德模范将社会主义道德品质传递给每一个国民。[①]20世纪80年代初，中国共青团在中国共产党的指引下，首创并联合全国学联、全国总工会、全国妇联等其他八个单位，在全国青少年中创建以“五讲四美三热爱”为基本内容的社会主义精神文明教育活动。此后一段时间内，道德建设出现被忽视的倾向，“我们最大的失误是在教育方面，思想政治工作薄弱了，教育发展不够”[②]。2001年9月，中共中央印发实施《公民道德建设实施纲要》。2002年11月，党的十六大报告强调，“依法治国与以德治国相结合”，随后载入了党章，以德治国的重要地位得到进一步确认。2006年3月，“八荣八耻”社会主义荣辱观的提出深化了我们党对社会主义道德建设规律的认识。同年10月，党的十六届六中全会第一次明确提出“建设社会主义核心价值体系”重大命题和战略任务。2012年11月，中共十八大提出24个字社会主义核心价值观。

2013年12月，中共中央办公厅印发《关于培育和践行社会主义核心价值观的意见》。2015年2月，习近平总书记在中国春节团拜会上发表重要讲话时强调，“要重视家庭建设，注重家庭、注重家教、注重家风，紧密结合培育和弘扬社会主义核心价值观，发扬光大中华民族传统家庭美德”[③]。2017年10月，党的十九大指出，“必须坚持马克思主义，牢固树立共产主义远大理想和中国特色社会主义共同理想，培育和践行社会主义核心价值观，不断增强意识形态领域主导权和话语权，推动中华优秀传统文化创造性转化、创新性发展，继承革命文化，发展社会主义先进文化，不忘本来、吸收外来、面向未来，更好构筑中国精神、中国价值、中国力量，为人民提供精神指引”[④]。十九届四中全会指出，“注重发挥家庭家教家风在基层社会治理中的重要作用”[⑤]。

---

① 黄玲、陆婷：《中国共产党法治与德治相结合治国方略的历史轨迹、内在逻辑与基本经验》，《上海党史与党建》2019年第12期。

② 邓小平：《保持艰苦奋斗的传统》（1989年3月23日），《邓小平文选》第3卷，人民出版社1993年版，第290页。

③ 《习近平关于全面建成小康社会论述摘编》，中央文献出版社2016年版，第121页。

④ 《习近平谈新时代坚持和发展中国特色社会主义的基本方略》，新华网2017年10月18日。

⑤ 《中共中央关于坚持和完善中国特色社会主义制度、推进国家治理体系和治理能力现代化若干重大问题的决定》，人民网2019年11月6日。

第五节　智治支撑

良好的社会治理是社会和谐稳定、人民安居乐业的前提和保障，但随着各项改革进入攻坚阶段，传统的治理机制、治理方式面临严峻挑战。如何找到化解社会转型期“疑难杂症”的药方？2013年，桐乡市高桥镇越丰村，通过强化党建引领，组建了三支植根于民间的团队——百姓参政团、道德评判团、百事服务团，由老百姓参与公共决策，自己的事自己说了算，自己参与干，干得怎么样自己评判。在高桥试点的基础上，嘉兴市成立了“三治”建设领导小组，探索构建“法治、德治、自治”基层社会治理模式，最终在全市范围内逐步形成了“大事一起干、好坏大家判、事事有人管”的基层社会治理新格局。后来这一经验经过总结首先在浙江省推广，而后再向全国蔓延，还被党的十九大报告采纳，成为新时代坚持和发展“枫桥经验”的精髓。2021年11月，党的十九届六中全会提出，要坚持和发展新时代“枫桥经验”。

伴随着计算机、互联网、物联网、信息通信技术（ICT）、传感器、App、云计算、AI技术等的不断深入推进，大数据背景下的信息化与智能化为社会治理带来“变量”的同时，也带来“增量”。一方面，社会治理环境更趋复杂、治理主体更加多元、治理过程更加动态、治理结果更不确定，新的治理问题不断涌现；另一方面，信息化治理与智能化治理成为技术治理实践的最新形式[①]，基层治理效能提升的新的突破口。因此，以大数据思维，将数字治理技术与整体性理念相结合，着力推动信息化与智能化“变量”转化为社会治理的“增量”成为基层治理创新的新路径。

党的十八大提出“四化同步”重大发展战略，并将信息化作为这一发展战略的重要组成部分。2013年民政部、国家发展和改革委员会、工业和信息化部、公安部、财政部印发《关于推进社区公共服务综合信息平台建设的指导意见》，强调依托信息手段和标准化建设，实行“前台一口受理、后台分工协同”的运行模式。2017年中共中央、国务院发布《关于加强城乡社区治理的意

① 张丙宣：《把握好技术治理的四个原则》，《学习时报》2018年1月1日。

见》，指出“增强社区信息化应用能力”是加强城乡社区“六大能力”体系建设的重要组成部分。党的十九大报告将“智能化”作为社会治理“四化”发展目标之一，并要求“打造共建共治共享的社会治理格局”，“提高社会治理社会化、法治化、智能化、专业化水平”。对“智能化”的强调，为实现社区信息化治理的转型升级指明了方向。2020年10月，党的十九届五中全会提出，要“以数字化助推城乡发展和治理模式创新”和“构建网格化管理、精细化服务、信息化支撑、开放共享的基层管理服务平台”。2021年4月，中共中央、国务院颁布的《关于加强基层治理体系和治理能力现代化建设的意见》中明确提出要“加强基层智慧治理能力建设”，体现了基层治理数字化转型的根本要求，同时也是中国特色基层治理制度“智治”展现的必然逻辑。这些顶层设计和决策部署，为基层治理信息化指明了发展方向。当前，通过我国各地的基层治理探索实践，已建立起自治、法治、德治相结合多维构成的基层治理体系，并不断探索固基、强基的数字治理能力，已经形成我国基层治理体系与基层治理能力现代化推进的内在逻辑。①

在新冠疫情防控阻击战中，各地依托互联网技术和大数据技术与街道（乡镇）、社区网格连接，全面及时了解疫情并作出科学决策；运用微信群、微信公众号、QQ群、智慧社区 App 等信息化手段，进行民主协商、资源配置、远程办事、民生保障，从而实现了对社区网格的全面、精准、及时、高效管理。疫情之后，各地须大力推动社区治理由信息化向智能化转型升级，着力消除信息部门化、碎片化现象，彻底解决部门间信息共享不足、协同联动不够、服务效能不高等问题，实现技术治理制度与治理对象的有效衔接；承认社会多方治理主体的多样化利益诉求，加强对各治理主体的人文关怀，并提高不同群体的信息技术应用、适应乃至驾驭能力；让社区居民作为社区信息化建设的参与者，社区信息化治理的共治者，共享信息技术革新与应用的红利，真正以居民需求为导向，充分运用信息技术推进社区治理体系和治理能力的现代化。②

① 傅荣校：《基层数字治理的“智治”逻辑》，《小康》2021年第24期。
② 陈荣卓、刘亚楠：《城市社区治理信息化的技术偏好与适应性变革——基于“第三批全国社区治理与服务创新实验区”的多案例分析》，《社会主义研究》2019年第4期。

第四章　建制调整改革后的绵阳基层治理实践[①]

乡镇行政区划和村级建制调整改革后，绵阳坚持“六个导向”，紧扣“四大任务”，推动“两项改革”从“物理变化”产生“化学反应”，创新设立“暖心驿站”“两院一体、医养结合”等50项典型经验在全省推广，“村网共建”“红领巾”校车等130余项改革做法被央省媒体宣传报道。

第一节　绵阳基层治理的主要做法及工作成效

一、科学绘就工作蓝图

习近平总书记指出，做到科学决策，首先要有战略眼光，看得远、想得深。绵阳在省委、市委的坚强领导下，始终站在战略和全局的高度，将做好“两项改革”“后半篇”文章融入治蜀兴川、改革兴绵大棋局之中，牢牢把握乡村振兴发展趋势，抢抓各种战略机遇，整体谋划“两项改革”是什么、现在缺什么、最需要干什么，坚持“谋定而后动”，因地制宜、精准施策，对接中央、省、市规划编制，健全了推进“后半篇”文章的组织架构，绘就好深化“后半篇”文章的崭新画卷，夯实了做好“后半篇”文章的制度基

① 本章撰写人员分别为绵阳市委政研室杨世华、金鹏、张作程。

础。

（一）高规格构建组织领导体系

把做好“后半篇”文章列入“一把手”工程，坚持“书记抓”“抓书记”，成立了市委书记任组长的工作领导小组，组建了市委副书记牵头抓总的工作专班，县、乡两级党委和19个牵头市直部门相应成立领导机构和工作专班，层层压实工作责任，形成了上下联动、条块结合、统筹推进的整体合力。在全省工作推进会、专题培训会、绵阳现场推进会召开后，及时召开市委常委会、工作推进会、领导小组第二次（扩大）会议贯彻落实相关会议精神，筑牢做好“后半篇”文章的思想基础和行动基础。

（二）坚持问题导向科学制定方案

秉持“想清楚了再干”“干就要干成”的理念，紧扣优化资源配置、提升发展质量、增强服务能力、提高治理效能“四大任务”，列出28个专题，组织有关市领导和28个调研组，集中开展了为期一周的调查研究，发现问题131个，形成调研报告28篇。针对发现问题和发展需要，突出改革思维，着力体制机制创新，研究制定了1个管总的《实施意见》和28个专项工作方案，明确153项重点任务。严格对标省“1+24+1”改革方案，结合市“1+28”改革方案，制定了《2021年重点工作任务》，明确152项重点任务，对省上方案进行全面贯彻、精准对接，采取“项目制+清单制+责任制”方式推动省市改革方案确定的各项任务落地生根。

（三）坚持先行先试分类分步实施

突出抓点示范、以点带面，分不同地域、不同类型确定了23个乡镇（街道）开展先行先试，进一步验证改革方案的科学性、可行性和可操作性。召开全市做好“两项改革”“后半篇”文章动员部署电视电话会议，综合试点全面铺开。举办专题培训班，建立月通报、季督查、季调度、半年研判、年终考核的“五个一”调度机制，完善拉练比拼、对上争取、信息报送、绩效考核等工作机制，已开展1轮全覆盖专项督导，落实“三张问题清单”，通报问题61条，提出工作建议79条；已开展拉练比拼3次。在全市范围内遴选30个乡镇（街道）、100个村（社区），开展“两项改革”“后半篇”文章示范镇村创建工作，形成了先进促后进、后进赶先进的工作格局。

二、全面落实重点任务

综合试点以来，绵阳紧扣优化资源配置、提升发展质量、增强服务能力、提高治理效能“四大任务”，有序推动权力下放，资源下沉，管理服务下移，打基础、补短板、强弱项，加快基层治理体系和治理能力现代化建设。

（一）在“活”字上下功夫，做好资源要素整合文章

构建运转顺畅、高效有序的乡镇机关运行机制，是推进“两项改革”“后半篇”文章的关键一环。绵阳坚持把优化资源配置作为基础性工程，着力盘活用好镇村公有资产和乡镇机构编制等资源，坚决避免走“加机构、加编制、加人员、加经费”老路，进一步为乡镇放权赋能，乡镇统筹调配各类资源的能力持续增强。

1. 用活机构编制资源

优化乡镇机构编制资源配置，有序推动权力下放、资源下沉、管理服务下移。允许乡镇在机构限额内，按照综合办事机构“6+X”、事业单位“2+X”模式，因地制宜调整设置机构。综合考虑乡镇人口数量、辖区面积、经济发展等因素，科学制定核定标准，创新“基本编制+浮动编制+周转编制”三步核编法，建立动态调整机制，解决了乡镇核编不科学、力量分散的问题。允许县市区自行研究是否将部分派驻机构下放给乡镇，并将日常管理、年度考核、目标绩效考核等管理权限下放给乡镇，乡镇对派驻机构的统筹协调功能进一步增强，解决了乡镇机构协同不够、效率不高的问题。

2. 放活基层管理权限

分驻地镇、中心镇、重点镇、特色镇和一般乡镇，制定委托下放乡镇的行政权力事项“1+4”指导清单，其中基础清单43项、4张特色清单87项，有力破解了乡镇权小责大、权责不对等问题。成立了乡镇（街道）综合行政执法办公室166个，建立乡镇属地为主、统一指挥派驻机构、统筹协调上级相关

部门的综合执法体系；鼓励县级执法队伍向乡镇延伸，开展联合执法，解决了乡镇多头执法、执法缺位的问题；建强执法队伍，规定乡镇综合执法办人员不少于2人，常态化开展执法培训，鼓励符合报考条件的乡镇干部全员考取行政执法证，并将考证情况纳入目标绩效管理，解决了乡镇执法力量薄弱的问题。建立完善联席会议、纵向联动、横向配合的协调机制，强化行政执法规范化建设，解决了县乡执法协调机制不畅的问题。

3. 盘活闲置公有资产

分类开展闲置资产清理核实工作，分级分类建立台账，全市共摸排出镇村闲置国有资产90余万平方米。采用租赁、出售、入股、举办公益事业、国有公司统一经营等方式，促进镇村闲置资产利用效益最大化，盘活镇村闲置公有资产1722宗、盘活率74.6%。采取改造、调剂、置换、租用等方式逐步解决乡镇干部周转房用房紧张问题，有序推进15个省级试点乡镇周转房新建工程和周转房维修改造工程，已落实1841套5.94万平方米，安置乡镇干部2277人，乡镇干部居住条件得到有效改善。

4. 激活政府购买服务

制定《绵阳市乡镇政府购买服务指导性目录》，包含基本公共服务、社会管理服务、技术服务等5大类，覆盖农村文艺演出、贫困残疾人救助与康复、乡镇和村居代理记账等28项具体购买事项。鼓励和引导具备法人资格的农村集体经济组织、农民专业合作组织、社会组织等承接政府购买服务项目。充分引入竞争机制，采取公开招标、竞争性谈判等方式提升购买服务质量和效率，做到“养事不养人”。试点以来，引进培育社会组织等承接主体59家，全市已投入9600余万元用于乡镇政府购买服务，促进了政府职能转变，提高了公共服务质量。

（二）在“强”字上下功夫，做好发展质量提升文章

发展是解决一切问题的基础和关键。绵阳坚持把提升发展质量作为牵引性工程，加快补齐乡村规划、公共基础设施、农村集体经济等短板，做强做优特色产业，为推动乡村全面振兴打牢基础、赢得先机。

1. 强化规划引领发展

坚持规划“一张图”、建设“一盘棋”，聚焦中心镇、特色镇、重点镇和多合一村，开展乡镇国土空间规划和“多规合一”规划编制试点，先行开展15个乡镇国土空间总体规划、60个“多规合一”实用性村庄规划编制。大力推行乡村规划师制度，派驻乡村规划师全方位参与各类乡村规划编制，全过程协助项目规划建设，招聘乡村规划师17名、机构和个人志愿者13名，落实专项经费700余万元，参与规划审查项目200余项、参与指导乡村振兴产业项目建设近百个。开展全域土地综合整治试点，3个乡镇入围四川省向国家申报的全域土地综合整治试点乡镇名单。扎实推进农村宅基地和集体建设用地登记颁证工作，全面完成农村地籍调查，登记宅基地106.62万宗1.68万公顷，颁证率98.57%；登记集体建设用地8661宗309.95公顷，颁证率93.26%，为盘活集体建设用地奠定基础。

2. 强化基础设施建设

统筹推进农村公路、农村水利、农村电网、通信等基础设施建设，同步推进被撤并乡镇场镇市政基础设施建设。持续优化农村路网结构，农村公路规模从1.7万公里增加至2.3万公里。加快推进首批413.4公里撤并村畅通工程和产业路、旅游路工程，逐步解决撤并建制村与新村委会缺乏直连道路、绕行严重等问题。投资4.68亿元实施农村电网升级改造工程，创新推行“村网共建”农村要素服务保障模式，供电可靠率达到99.8%，基本消除农村电网“卡脖子”“低电压”等问题。率先在全省建立市、县、乡三级电信设施建设和保护协调机制，全市所有行政村实现光纤网络和4G网络全覆盖。扎实推进美丽宜居乡村建设，划定乡镇集中式饮用水源保护区158个，农村污水有效治理率提升到70.9%，农村生活垃圾治理率提升到99.2%，农村户用卫生厕所普及率提升到94.8%。

3. 强化特色产业支撑

按照“组织化、规模化、专业化、市场化、信息化”的思路，采取强镇带弱镇、强村带弱村等方式，支持跨乡镇、跨村打造优势产业基地，试点以来新增现代农业标准化基地25.6万亩。大力培育新型农业经营主体，推进经营权流转、股份合作、代耕代种、土地托管等，试点以来新增市级以上农业新型经营主体149个，新建市级现代农业园区10个。推广“2+5+N”农业社会化服务模式，构建产前、产中、产后“一站式”社会化服务体系。深化农旅、文旅、森旅融合，大力培育乡村观光、康养、研学等乡村旅游业态，新打造乡村旅游精品线路2条。

4. 强化集体经济融合

综合考虑资源禀赋、债权债务等因素，通过直接合并、分步整合、联合经营等方式，稳妥推进合并村集体经济组织整合，实现完全融合发展的村集体经济组织达到556个，占合并村总数的45.4%。深化集体资产“三权分置”改革，将128.97亿元农村集体资产、2179.24万亩集体土地的所有权确权到不同层级的农村集体经济组织，全市56.4%的村、43%的组集体经济组织将集体资产折股量化到户到人。建立完善村集体经济组织治理、经营运行、发展扶持、收益分配、监督管理等机制，村集体经济组织自我“造血”功能不断提升，561个建制村集体经济收入达到3万元以上，其中217个村超过10万元。

（三）在“优”字上下功夫，做好公共服务供给文章

“两项改革”后，办事有无影响、条件有无改善、安全有无保障，是群众最关注、最牵挂的事。改革的成败最终还是要人民群众来评价。在推进“后半篇”文章中，绵阳坚持把增强服务能力作为民心工程，创新服务方式、优化服务供给、提升服务品质，群众获得感、幸福感不断增强。

1. 优化镇村便民服务体系

坚持以群众需求为导向，赋予乡镇行政审批和公共服务事项230项，优化镇村便民服务机构设置，标准化建设便民服务中心166个、暂保留分中心104个、规范村（社区）便民服务室2069个，形成“中心+分中心+服务室”的镇村便民服务体系。依托绵阳“一网通办”平台，搭建“一件事一次办”专区，30件群众常办“一件事”实现“全程网办”。完善村（社区）群众事务代办机制，梳理村（社区）代办服务高频事项12项，基本实现“小事不出村、大事不出镇”。

2. 优化城乡教育供给体系

按照“高中向城区集中、初中向中心镇集中、小学向乡镇集中、幼儿园向人口集聚区集中”的思路，科学制定乡镇学校布局调整实施方案，撤

销高中阶段学校3所；调整初中学校12所，涉及县（市、区）师生比优化至1：13.3，生均办学成本下降380元；调整九年一贯制学校和小学学校74所，涉及县（市、区）师生比优化至1：17.6，加快推动178所中心集镇寄宿制学校改扩建，提供标准寄宿学位12.1万余个，有效解决乡镇学校“散、弱、空”等问题。创新推行“名校托新校”“强校带弱校”等集团化办学模式，有效推动城市优质教育资源向乡村辐射，城乡教育均衡化发展迈出新步伐。

3. 优化医疗卫生服务体系

围绕“统筹区域、建强中心、夯实网底”总体思路，按照宜并则并、宜留则留原则，调整乡镇卫生院和村卫生室设置，推动116个卫生分院与153个建制卫生院人、财、物全面整合和一体化运行，建制乡镇卫生院床位数、卫生人员数、执业（助理）以上医师数分别较改革前增加27.96%、26.02%、30.46%。加快建设紧密型县域医共体，推动“县级医院强”向“县域医疗强”转变。遴选30个中心镇、特色镇中心卫生院布局县域医疗卫生次中心，引导人、财、物重点投放及精准供给，3至5年内达到二级综合医院水平。

4. 优化农村养老服务体系

按照“撤小并大、撤旧并新、撤远并近”原则，优化养老服务机构布局，全市养老机构保留165所、改扩建66所、撤并57所、新建12所。加快构建“中心—站—点”的农村养老服务格局，建成区域性养老服务中心36个、服务站68个、服务点241个。在全省率先出台《特困供养机构（敬老院）运营与服务质量规范》等4个覆盖养老服务机构运营、评价等地方标准，探索推行“两院一体”医养结合新模式，组建医疗养老联合体，农村养老服务质量不断提升。

5. 优化公共文化服务体系

优化配置农村公共文化资源，完善基层文化阵地服务功能，健全文明乡风淳朴民风机制，推进公共文化服务标准化。搭建市、县、乡三级共建共享数字公共文化平台，管好用好乡镇（街道）综合文化站、广播站等公共文化阵地，建成乡史馆（村史馆）15个，农村公共文化产品供给能力逐步提升。加强基层文化队伍建设，建立基层文艺人才库，培养乡土文化能人、民族民间文化传承人，引导社会力量参与农村公共文化服务。创建全国文明村镇7

个、全省文明村镇12个，评选出市级文明村镇81个，市、县级以上文明村达到60%。

（四）在“合”字上下功夫，做好基层治理创新文章

衡量基层社会治理现代化的一个重要标准是能否把社会治理中的制度优势转化为治理效能。绵阳坚持把提高治理效能作为保障性工程，健全党组织领导下的基层治理体系，充分发挥镇村干部队伍、社会治理力量等作用，推动自治、法治、德治、智治“四治融合”，切实打通治理服务“最后一公里”。

1. 突出党建引领促融合

坚持以提升组织力、增强政治功能为重点，以务实举措建强基层党组织。在全省率先完成村（社区）“两委”换届，村党组织书记平均年龄45.5岁，较上届下降1.7岁；大专及以上学历812人，较上届提高9%；“一肩挑”比例达95.4%。将符合条件的村党支部升格为党总支、党委，规范村（社区）纪检组织设置，探索“提级备案”优化村民小组长队伍结构等13项举措，基层党组织在基层治理中的领导核心作用更加凸显。挂牌成立中国（绵阳）科技城城乡基层治理学院，计划2021年示范培训基层干部不少于1000人。

2. 推动力量下沉促整合

坚持宜合则合、专兼结合，优化“两所一庭”布局，乡镇司法所从292个调整为166个、派出所从171个调整为139个、人民法庭从53个调整为42个。推动矛盾纠纷多元化解协调中心与乡镇综治中心一体化运行，整合综合治理、应急管理等各类网格，建立“多网合一、一网运行”全科网格化管理服务模式，实现“一员多用”。创新推行“一村（社区）一警务助理”。优化应急管理服务设施布局，设置区域性消防救援站点29个，建成应急避难所（点）1945个、救灾物资储备库10个、储备站（点）531个，“一主两辅”的基层应急力量体系加快形成。

3. 加强群众自治促心合

健全党组织领导下的群众自治组织体系，充分调动群众参与自治的主动性积极性。优化村民小组组织构架，全市村民小组从23480个减少至14347个，减幅38.9%。在新桥镇、永昌镇、青莲镇探索搭建社会治理调度平台，有效实

现科技赋能“微治理”、服务群众“零距离”。制定基层群众性自治组织依法自治事项清单和协助政府工作事项清单，完善自治章程、村规民约、红白理事会、“红黑榜”等制度，“民事民论、民事民办、民事民管”的基层自治格局加快形成。全面推行“党建引领+综合服务+综治保障+科技赋能”社区治理新模式，落实新建小区公建配套社区服务设施移交机制，创新社区、社会组织、社会工作“三社联动”机制，探索形成“一核四化”“166N”“六自六化”等社区治理经验，6个县（市、区）、25个社区被纳入省级城乡社区治理试点行列。

第二节　绵阳基层治理的工作启示

绵阳在综合试点过程中，通过不断探索实践，进一步深化了做好“两项改革”“后半篇”文章的认识和理解，提炼形成了以下几点启示。

启示一：省委和市委的坚强领导是做好“两项改革”“后半篇”文章的政治保证。

省委十一届六次全会以来，三次省委全会、两次读书班、四次省委常委会会议作出谋划部署，先后召开工作推进会、专题培训会和绵阳现场推进会，充分体现了省委对“两项改革”，特别是对“后半篇”文章的高度重视、强烈的使命担当和“抓铁有痕、踏石留印”的务实作风。实践证明，省委作出“两项改革”的决策部署是十分正确的，在“前半篇”文章完成后顺势推进“后半篇”文章是十分必要的。绵阳在推动综合试点工作中，切实提高政治站位，坚持把做好“两项改革”“后半篇”文章作为全面推进乡村振兴的先手棋、加快农业农村现代化的关键招、深化基层治理改革的主抓手，系统推进各项试点任务，确保了改革有力、有序、有效推进。

启示二：坚持以人民为中心的发展思想是做好“两项改革”“后半篇”文章的根本出发点和落脚点。

“两项改革”是一次坚持以人民为中心、充分发动和依靠群众的改革实践。绵阳在推动综合试点工作中，始终坚持以人民为中心的发展思想，在谋划推进“后半篇”文章中，牢固树立正确政绩观，把群众是否满意作为根本标准，及时回应各方关切。把解决“两项改革”衍生问题和与群众切身利益密切相关的问题放在优先位置，确保群众当前利益不受损、长期利益有增进，努力让群众增强改革获得感，为推动乡村振兴和县域经济高质量发展奠定了坚实的群众基础。

启示三：坚持改革创新是做好“两项改革”“后半篇”文章的重要法宝。

习近平总书记强调，要强化全局视野和系统思维，加强改革政策统筹、进度统筹、效果统筹，发挥改革整体效应。“两项改革”本质上是一场体制性变革、结构性调整、格局性重塑。省委从根本宗旨、问题导向、底线思维等方面统揽改革全局，强调自下而上进行探索。绵阳在推动综合试点工作中，始终坚持解放思想，强化改革思维，从制度建设、机构设置、资源整合、版图重构、利益联结等方面的实际问题出发，着力解决体制性障碍、机制性梗阻和政策性问题，探索形成一批特色改革经验做法，确保真正达到改革的预期目的。

启示四：坚持底线思维是做好“两项改革”“后半篇”文章的重要保障。

做好“后半篇”文章涉及范围广、触及利益多。省委在谋划和推进改革过程中，始终坚持稳中求进工作基调，要求正确处理好“审慎”与“开拓”的关系。绵阳在推进综合试点工作中，强化底线意识，坚决守住“农民享受的政策不变、农村各类权属不变、农业经济利益关系不变”的政策红线，在谋划和推进改革中，坚持依法依规，多方听取基层干部和广大群众的意见建议，综合试点中没有发生一起群众信访事件，改革平稳有序推进。

第三节　绵阳基层治理仍需解决的问题

综合试点以来，从面上看，各地各牵头部门工作推进力度大、总体效果好，但工作推进不平衡、不深入、不细致等问题还客观存在。通过调研和平时掌握的情况看，各地各牵头部门在工作推进中仍然不同程度存在一些问题。

一、工作责任还没有完全压实

县市区（园区）在统筹推进上力度不够，对推进“后半篇”文章和换届工作没有做到通盘考虑，协同联动不强，工作持续推进效果不好；领导小组办公室人员配备不齐、变动频繁，工作有断档情况。县级部门培训督导力度不够，针对换届后乡镇新手多、人员变动大等情况，没有针对性开展培训，特别是深入镇村实地督促指导不到位。平武县仅有编办、行政审批局等10个部门对牵头负责的专项工作方案开展了业务培训；北川县仅有财政局、农业农村局等5个部门开展了业务培训。乡镇（街道）抓工作的力度不够，乡镇换届过后，大部分乡镇未明确具体牵头负责人、未组建工作专班、未建立工作推进机制，普遍存在“班子成员人人抓等于无人抓”的等问题。一些乡镇党委，特别是党委书记对“后半篇”文章重视不够、认识不深，导致工作责任不明、工作效果不好。

二、工作推进上还不够平衡

当前，仍然存在“上热下冷”的现象，而且工作力度、热度和饱和度呈现逐级递减趋势。从总体上看，县市区普遍好于园区，承担改革试点任务多的县市区普遍好于少的县市区，牵头市直部门普遍好于牵头县级部门。此外，牵头部门之间的联动、县市区（园区）同部门之间的联动明显不足，缺乏“一盘棋”思想。从县市区（园区）来看，有的县市区（园区）在认识上还不到位，缺少系统研究和谋划，工作推进乏力，改革成效不明显。安州区综合执法局与本级住建、交通等部门职责职权尚未完全厘清；涪城区推进村集体经济融合发展、基层医疗机构整合等方面与牵头市直部门共同研究、整体推进的力度还不够；平武、北川镇村闲置公有资产盘活率分别为44%、33.8%，远低于全市73.6%的平均水平。从牵头部门来看，有的部门重视不够、按部就班，缺乏有力抓手，找不到改革突破口和着力点，缺少特色亮点。2021年新增的供销改革专项方案，在推进落实上还有差距，部分县级供销社“无网点、无人员、无资金”，完成预期目标比较困难。

三、系统集成还没有完全到位

（一）统筹思考谋划不够

部分县市区（园区）在工作推进中没有打破行业部门壁垒，就事论事，系统集成推进不够。部分县市区综合执法部门反映，与本级有关业务部门协调存在难度，前端属于行业部门的管理存在缺位，导致末端执法工作任务叠加，工作推进难度较大。

（二）改革创新办法不多

特别是新任县级部门一把手、乡镇党委书记对做好“两项改革”“后半篇”文章，在认识理解上还存在差距，将“后半篇”等同于抓农业农村工作，对“后半篇”文章心中无底、脑中无策、手中无招。盐亭县在统筹推进区域性养老中心、医疗机构建设、教育机构布局调整等方面，缺少改革系统谋划，基本是常规动作，特色改革做法不多。

（三）改革任务落实不好

优化资源配置方面，乡镇权力清单配套制度建设不完善，部分赋予乡镇的行政权力事项，乡镇承接能力不足；乡镇行政执法证考试中无“综合执法”项目，执法证件申领耗时较长；部分闲置镇村公有资产因所处位置偏远、证照缺失等，难以有效盘活利用。提升发展质量方面，乡村规划编制较为滞后；部分村组集体经济存在历史债务等，阻碍了村集体经济融合和发展。提升服务能力方面，省一体化政务服务平台全覆盖运行不畅，部分省级部门业务系统未与一体化政务服务平台对接；“医养结合”模式的医疗服务、保障与现行医保政策不匹配；“县管校聘”工作缺乏指导性、可操作性的实施方案或细则等。提高治理效能方面，网格员、基层灾害信息员、护林员等工作量大、任务重、待遇低，工作积极性不高，特别是疫情防控、防火防汛等重要任务、关键环节上风险翻倍，待遇缺乏保障。

（四）经验推广还需进一步用力

各地探索的部分典型经验仍然存在点上“热热闹闹”、面上“平平淡淡”现象，大部分试点经验还停留在某个县市区甚至某个点位上，没有真正做到以点带面、点面结合，没有在更大范围复制推广应用。比如，游仙区“村网共建”模式仅在50个村开展试点，尚未在全区面上推开；涪城区杨家镇玉皇社区新型“装配式建筑”农房改革试点创新，也未在面上推广。

第四节　绵阳基层治理的对策建议

一、进一步强化抓点示范引领和政策支持

按照“谋划一批改革试点、实施一批重点项目、破解一批治理难题、形成一批经验做法”目标任务，加快推进30个先进乡镇（街道）、100个先进村（社区）创建工作，加紧研究制定创建工作标准，细化指标体系，督促指导各创建对象围绕创建工作方案要求，加大改革创新力度，加快形成一批改革创新做法和改革实物量，在全市范围内营造比学赶超、奋勇争先的良好氛围。统筹推进创建工作，综合运用督导考核、监测评估等方式，科学评价创建工作。建立联系指导机制，根据创建先进乡镇（街道）和先进村（社区）承接的专项改革任务，建立县级领导和县级部门联系指导制度，加强组织领导和统筹协调，强化政策支持和资金保障，加大督促指导力度，及时协调解决创建工作中遇到的困难和问题，确保创建工作取得实效。将创建先进乡镇（街道）和先进村（社区）纳入督导重点对象，加强跟踪督导，及时总结改革经验，并通过工作动态、拉练比拼等方式，适时推出一批可复制、可推广的典型做法。加大政策资金和人才支持力度，支持在人才培养使用、土地集约利用、产权制度改革等方面先行先试、创新政策、探索新路；支持依法盘活农村存量建设用地，鼓励新增建设用地依法用于涉改项目；优先保障创建

先进乡镇（街道）和先进村（社区）实用型人才技能培训需求，每年推荐一批干部双向交流挂职，鼓励支持专家学者、大中专学生、专业技术人才实地实践，加大先进乡镇（街道）和先进村（社区）优秀人才的培养使用力度。

二、进一步抓好工作机制推进落实

在前期试点过程中，绵阳创新实施了“项目制+清单制+督考制”“专班推进+常态督导+拉练比拼”等工作推进机制，在工作中发挥了重要作用。下一步关键是抓好这些机制的落实。各项机制牵头负责部门应对机制落实情况进行一次摸排，对没有按要求完成的要进一步督促落实，推动各项机制高效运转起来。各县市区（园区）应结合本地实际，建立完善相应的常态化推进机制，确保上下贯通、执行有力。把常态化推进机制落实情况纳入“后半篇”文章年度目标绩效考核内容，加强对常态化推进机制实施情况的跟踪问效。加大对上争取力度，按照对上争取机制要求，各牵头市直部门原则上每季度要向上汇报争取一次，及时汇报沟通、协调解决须省级层面解决的问题，争取更多项目资金。应提前做好汇报争取的攻略，必要时可邀请市委、市政府领导一同前往汇报争取，确保更多试点、项目、资金落地绵阳。对标《全省乡镇行政区划和村级建制调整改革成效监测评估指标体系评分细则》，组织开展全市中期监测评估，进一步查弱项、补短板。

三、进一步加大对镇村干部培训指导力度

针对县乡换届后出现的人员变动大、新手多等新情况、新问题，将“后半篇”文章列入镇村干部培训计划，开展镇村党组织书记专题业务培训。进一步加大三级书记抓“后半篇”文章工作力度，对新任部门“一把手”、乡镇党委书记和村级党组织书记开展一轮全覆盖专题培训。建议乡镇（街道）党（工）委书记由市上进行统一培训，村（社区）党组织书记由各县市区组织培训。统筹组织好培训工作，安排好培训课程，确保课程具有较强的针对性、专业性。采取专题培训、政策答疑、工作交流、现场观摩等形式，对规

划编制、综合执法等政策予以阐释说明、答疑释惑，确保县市区掌握精神、知晓政策、能够落地。用好中国（绵阳）科技城城乡基层治理学院等教育培训阵地，分层分类抓好基层干部教育培训，大力提升乡镇干部抓发展、抓服务、抓治理能力。利用好换届契机，在改革中历练和识别干部，做好工作交接，确保人员不掉链、工作不断档。

第二篇

案例汇编

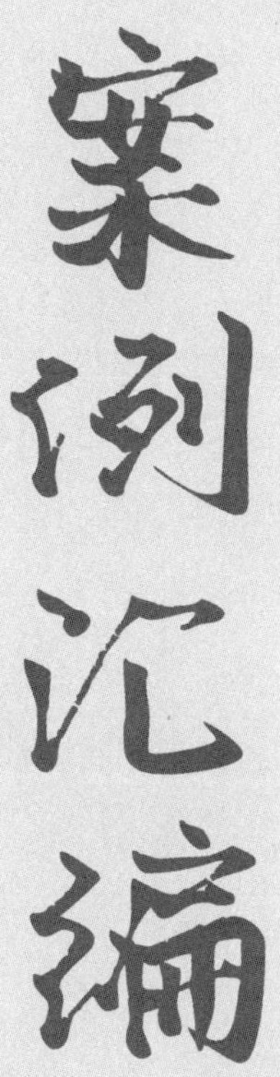

基层治理的绵阳实践

基层治理是国家治理的基石，统筹推进乡镇（街道）和城乡社区治理，是实现国家治理体系和治理能力现代化的基础工程。近年来，绵阳基层治理体系和治理能力现代化建设呈现党建引领、自治先导、德治教化、法治保障、智治支撑等新趋势、新特点，取得了显著成效。

第五章　县域治理

第一节　善用“微治理”做好“大文章”

——盐亭县党建引领基层“五微治理”聚力乡村振兴[①]

一、引言

盐亭辖区面积1645平方公里，辖1个省级经济开发区，16个乡镇（含1个民族乡），1个街道，总人口62万人。先后荣获第二批全国乡村治理示范村1个，四川省首批乡村治理示范村2个，四川省第二批乡村治理示范镇1个，四川省第二批乡村治理示范村2个，2021年度四川省合并村集体经济融合发展试点先进村1个，2021年度省级乡村振兴示范村4个，2021年度省级乡村振兴重点帮扶优秀村1个。近年来，盐亭县坚持问题导向，聚焦群众身边的“小事”，按照先试点后推广、以点到面的工作方式，大力开展基层“五微治理”：通过整治“微腐败”构建清正廉洁的政治“大环境”，通过整合“微资本”搞活村集体经济“大产业”，通过织密治理“微网格”构建共享共治“大格局”，通过用好“微权力”激发群众自治“大功效”，通过挖掘“微身份”培养担当作为“大行家”，从而建立健全了现代乡村治理体系，提高了基层治理质效，为乡村振兴提供了重要保障。

---

① 案例由盐亭县委组织部提供，盐亭县委党校李慧、盐亭县委组织部王梦宇编写。

二、主要做法及成效

（一）整治“微腐败”，构建清正廉洁的政治“大环境”

坚持“主责在党委（党组）、落实在基层一线、重点在全面监督、关键在压力传导”的思维，结合全县廉政风险防控和“微腐败”治理工作实际，创新微权力“四单合一”防控体系（即权力流程清单、风险责任清单、问题分类清单、案例警示清单），实现用制度管权、管事、管人，形成决策权、执行权、监督权相互制约、相互协调的权力运行机制，进一步规范民生等行权领域权力运行。充分发挥党领导下的县、乡、村三级纪检监察机构日常监督作用，强化集中派驻、交叉检查和专项督查的针对性监督。村（社区）持续开展事务“三公开”行动，通过公示栏、广播、互联网等平台，常态化公开村（社区）的“党务、村务、财务”。极大增强了村（社区）干部的廉政意识，充分保障了群众对村级事务的知情权，营造了干部清正、政府清廉、政治清明的政治大环境。

（二）整合“微资本”，搞活村集体经济“大产业”

按照“一片区一主业一特色”发展思路，深入开展调研，明确了盐亭县村集体经济发展方向，出台《盐亭县村级集体经济“一年消薄三年壮大”行动实施方案（2022—2025年）》，制定《“16+3”项任务领办明细表》，细化为“16+3”项具体举措，形成县级领导监督、职能部门指导、乡镇（街道）为主体、村（社区）具体实施的工作格局，确定“1+N”联合体入股县属国企、参与基层供销社市场化运营、抱团飞地发展等6种村集体经济发展主导模式。村级集体经济组织充分结合本村实际，对村集体的资金、资源、资产进行盘活，最大限度地发挥村级集体“微资本”的效益，拉动了乡村地区的经济发展引擎，推动乡村振兴进程。整合村集体经济组织股份，主动承担市供销社试点任务，创新“一体两网四机制”的基层供销社建设运行模式。西陵镇龙泉村使用村集体经济发展扶持资金，整治撂荒地300亩用于粮食种植，年增加集体经收入8.4万元。巨龙镇天水村整合各类项目资金300万元，入股天水缘公司，村集体获得年保底分红20万元。西陵镇高凤村、石道场村与同镇联盟村合作，“飞地”抱团建设气调库开展社会化服务，实现村级集体经济获利36万元。这几种做法，受到省委主要领导肯定性批示、省农业农村厅推广；2021年，中国经济网以《健全“四大”体系，壮大村级集体经济》为题，对盐亭县壮大村集体经济的做法进行了报道。

（三）织密治理“微网格”，构建共享共治“大格局”

结合“两项改革”后半篇文章，制定《村级建制调整后网格化管理服务工作方案》，将全县划分为300个村级网格，在县、乡镇（街道）、村（社区）三级网格基础上，进一步延伸基层网格，设置村（居）民小组四级网格，社（楼栋）五级网格（格中格）。修订完善《盐亭县网格员管理办法（试行）》，进一步细化网格员职能职责，规范网格员配置，建立人员台账，基层党组织采取“日常走访+集中排查”双线模式，每村组网格员每周定期走访所辖网格内的居民，做好问题收集，并上报至网格化服务管理平台，每周召开一次分析研判会。在重点敏感时段，乡镇（街道）党（工）委组织力量开展“拉网式”排查，每半月召开一次专题党委会，对收集的问题线索进行研究、讨论，对苗头性、倾向性问题提前处置。网格员通过“社区e通”将群众诉求上报至网格化服务管理平台，网格化监管中心根据部门职能职责进行案件分流，相关职能部门主动对接，限时办理。2021年，全县网格化服务平台共受理各类事件114474余件，其中提前处理不稳定因素案件448件，有效降低了越级上访、多头举报、群众闹事等不良现象发生频率，真正实现网格管理问需于民服务于民的宗旨。

（四）用好“微权力”，激发群众自治“大功效”

探索党建引领下的基层群众自治模式，创新“四强化”举措，以点到面地探索，以村（社区）为单位，成立党员议事会、群众协商会、村民监事会等自治组织，在村规民约、村庄规划建设、村集体经济发展等涉及村民切身利益事项上征集民意、出谋划策。出台《关于健全完善城乡社区协商制度，提升基层群众自治能力工作方案》，明确村（社区）议事协商的工作措施，村（社区）议事会每月固定一天时间，开展“好好说”研讨会，探讨收集的民意内容，制定实施方案，经议事会成员2/3以上同意后，报村（社区）党支部确定。大兴乡林园村率先开展试点，解决了建制调整前原两村群众在诸多村级事务上的矛盾。西陵镇三河村创新五老共治（即老党员、老干部、老教师、老军人、老先进）“1116”工作法，建立“联合村老年协会”，2021年调解各种矛盾纠纷45余起，在维护农村和谐安定上起到了重大作用。2021年，全县189个行政村均已成立形式多样的自治组织，基本形成协商主体广泛、内容丰富、形式多样、成效显著的城乡社区协商新局面，基层群众自治能力得到全面提升。2021年第22期《乡镇论坛》以《盐亭县“四强化”推进基层群众自治》为题报道了盐亭的做法。

（五）挖掘“微身份”，培养担当作为“大行家”

加大农民教育管理系统建设，遴选符合高素质农民资格条件的农村人才，进入高素质农民培育对象信息库，进行重点培养。制定《农村人才评价体系》，为农村本土人才的培养构建起制度框架，针对性地开展农业技术人才专业培训，采取集中理论学习、基地实作实训、入户讲解、交流讨论、参观学习等方式培育新型农业技术人才。2014—2021年共培育职业农民859人次，培育考核认证通过率达100%。每年组织开展嫘祖故里农业英才的评审，遴选出在农业行业中贡献突出的本土农业人才，给予表扬奖励，进行推广宣传。符合县域发展需求的农村人才不断涌现，培养了一批批有乡愁、懂业务、讲规矩的农业致富带头人。莲花湖乡莲花石村邀请在外成功人士谢云回村创业，创立佳康农业公司，依托果蔬种植大力发展现代观光农旅业，辐射带动周边多家农户开办农家乐，促进了村级经济的发展。

三、经验与启示

实现乡村振兴目标，党建引领是“根”和“魂”，乡村治理是着力点。中国基层社会治理面临着基层党组织弱化、利益诉求多元化、治理难度不断加大、基层治理体系不健全等新形势和新问题。党的十八大以来，习近平总书记高度重视社会治理工作，形成了一套完整的社会治理思想。2022年中央一号文件对实施乡村振兴战略和乡村治理进一步作出重要部署。盐亭县以党建引领乡村治理促进乡村振兴的政治责任感和历史使命感，把加强党的领导和党的建设贯穿乡村治理全过程各方面，深入推进党建引领乡村治理的实践，是落实党中央决策部署、加强农村基层党组织建设和乡村治理的重要举措，是巩固拓展脱贫攻坚成果、全面推进乡村振兴的重要保证，是夯实社会治理基层基础、加快构建共建共治共享基层治理格局的重要内容。

（一）必须坚持党建领航，牢牢把握基层治理正确方向

农村基层党组织是农村各种组织和各项工作的领导核心，在推进基层治理现代化的过程中发挥着政治保证、组织保证的作用。农村基层治理要坚持党的领导，提高基层干部的政治素养和领导能力，把党的思想政治优势转化为推进农村基层治理现代化的政治保障力。只有坚持把加强基层党建作为推进基层治理的重要法宝，突出政治功能、强化旗帜引领、推动社会治理重心落到城乡基层，乡村治理才会有组织、有带头人，否则就是一盘散沙。盐亭县基层“五微治理”正是在党的领导下创新开展的。全县基层党组织围绕突出政治功能，抓实基本教育，基本建设，基本队伍，基本制度，基本保障，以及“三会一课”、进一步规范党员发展、党费收缴等基层基础工作。村级党组织带头人和支部战斗堡垒作用发挥更明显，打通了党建和基层治理融合发展的瓶颈，实现了党建全面引领，基层治理全面提升。

（二）要始终坚持问题导向，从源头上解决影响社会和谐稳定的突出问题

社会治理的最终目的是凝聚社会共识、优化社会秩序、推动社会发展、促进社会和谐。新形势下要最大限度地减少乡村治理工作中的阻力和不和谐因素，助推提升乡村治理水平，就必须鼓励和支持社会各方面参与社会治理，实现自治。基层“微腐败”看起来小，但也可能导致“大祸害”，损害的是老百姓切身利益，啃食的是群众获得感，挥霍的是基层群众对党的信任。盐亭县“微腐败”治理始终坚持把维护好社会良好秩序、凝聚民心、促进社会和谐稳定作为基层治理的最终目的，不断增强了群众正风反腐“获得感”，彻底打通了全面从严治党“最后一公里”，实现了基层治理零遗漏、

零投诉、零懈怠的“三零”局面。盐亭县“微网格”治理深度结合盐亭县基层社会治理中出现的各种疑难杂症，进一步规范了群众的有效诉求渠道，让党委、政府能够有效掌握基层社会社情民意，及时处置苗头性、倾向性、疑难性问题，找准了源头，堵塞了漏洞，防患于未然，助推了精细管理，激发了基层治理活力，为扎实推进乡村振兴战略、构建幸福美丽和谐盐亭提供了坚强的组织保证和良好的社会环境。

（三）要紧扣群众现实需求，全心全意办好百姓身边事

基层治理的关键在于打通联系服务群众“最后一公里”，不断提升人民群众的获得感、幸福感、安全感。基层治理的核心理念在于共建共治共享，着力构建人人有责、人人尽责、人人享有的社会治理共同体。要畅通群众参与渠道，激发群众参与意愿，提升群众参与能力。要加强和创新社会治理，通过共建共治共享的社会治理格局，将各种利益和问题反映出来，将各种智慧、资金、资源集合起来，将各种事情有计划、按步骤地切实推行，并且让人民群众公平公正地分享各种利益。盐亭县通过用好“微权力”，激发群众自治“大功效”的做法，是加强和创新社会治理的结果，也是提高和保障民生水平的具体体现和内在要求。

（四）要着力壮大集体经济，为乡村治理奠定物质基础

农村村级集体经济是提高农民组织化程度的重要载体；是坚持和完善统分结合的双层经营体制的制度基础；是整合资源全面推进乡村振兴、建设现代化农村重要一环。乡村振兴要取得新进展、基层治理要取得新实效、农业农村要现代化，村级集体经济必须壮大。如何让村集体经济在党建引领基层治理助力乡村振兴中发挥更大作用？盐亭县的实践做出了回答：加强党对新型村级体经济发展的领导，为乡村振兴取得新进展聚合力；不断优化集体经济发展软硬环境，为乡村振兴取得新进展聚活力；加强多层次人才引进，为乡村振兴取得新进展聚人力；多种模式发展新型村级集体经济，为乡村振兴取得新进展聚张力；健全利益分配制度促共同富裕，为乡村振兴取得新进展聚内生动力。盐亭县把发展壮大农集村集体经济作为强基工程，精准施策、

靶向发力，推动村级集体经济走上发展快车道，有力地促进了乡村全面振兴，为推进农业农村现代化建设迈出了坚实的新步伐。

第二节　发挥综治中心作用　完善基层治理体系

——江油市强化县、乡、村三级综治中心功能打造社会治理共同体①

一、引言

江油辖区面积2719平方公里，总人口86万，辖23个乡镇、1个办事处和1个省级高新技术产业园区。近年来，江油在加快县域经济升级转型的同时，把社会治理、平安创建纳入改革发展大局，在实践“共治共建共享”的社会治理共同体过程中，充分发挥综治中心维护社会和谐稳定、化解社会矛盾及保障群众安居乐业的功能，围绕“市级建体系、乡镇强实体、村（社区）打基础”的定位，强化县、乡、村三级综治中心功能建设，着力把综治中心打造成为加强和创新基层社会治理的“大脑中枢”、平安建设“指挥部”、治安防控“参谋部”、整体联动的“组织部”，基本形成了“矛盾纠纷联调、社会治安联防、重点问题联治、重点人员联管、服务管理联抓、基层平安联创”的社会治理共同体这一新格局。

二、主要做法及成效

（一）市级“建体系”，发挥组织引领作用

人人有责、人人尽责、人人享有的社会治理，不是无为而治，更不是无序治理，必须有统一组织领导。县级综治中心就必须在社会治理中起到组织引领作用。因此，江油以市级综治中心建设为统领，从县级层面的机制建设

① 案例由江油市委政法委提供，江油市委党校杨安业、王元君，江油市政法委蒋小林编写。

着手，以进一步建立健全“三大体系”，统领起全市范围的社会综治工作。

1. 综治搭台公安唱戏，完善立体化社会治安防控体系

坚持“党政领导、公安主导、社会协同、公众参与”原则，整体依托公安指挥中心和公安实战指挥体系，保障市级综治中心建设运行，既有效解决了防范组织指挥、防范队伍建设、防范机制和保障等一系列问题，又充分融入了公安扁平化指挥、网格化巡防等改革经验，更全面利用了城市“天网工程”“雪亮工程”等信息化建设成果，基本构建起“空中有监控、地面有巡逻、路上有卡点、群众有参与”的立体化治安防控体系，真正意义上实现了市级综治中心的实体化、实战化。

2. 整合资源共建共治，创新矛盾纠纷多元化解体系

江油建立起大数据排查研判、调处责任、疏导管控、多元联动、激励保障五大体系，形成包括法院、检察院、公安、司法、信访和相关职能部门在内，各司其职又密切配合的联动格局，设立一级联动单位13个，二级联动单位65个，三级联动单位14个。把矛盾纠纷多元化解工作列入乡镇部门年度工作目标考核内容，层层压紧压实工作责任。从政法部门、律师队伍、基层法律工作者、心理咨询师中遴选112名调解专家，按照各自所长组建交通事故、征地拆迁等12个专家库，为矛盾纠纷多元化解提供人才保障和智力支撑。

3. 重心下移专兼并重，构建城乡网格化服务管理体系

江油市委、市政府全面主导基层社会治理工作，以网格化管理、社会化服务为方向，全面实行“网格问需、集成分解、零距离服务”措施。为保证工作，市财政每年投入400余万元专项资金用于网格化服务管理体系运行，并将网格员补助和培训费用列入民生项目予以保障；各村（社区）配备专用电脑，并按“六个一”标准为每个网格员配备了手持终端、工作服、工作包、民情日记、红袖套、胸牌。市域440个村（社区）、23个镇乡（办事处）和市级25个重点单位接入了网格化服务管理系统，城乡459个网格全面覆盖并投入运行，城区48个社区全部实现网格员专职化，全市网格化服务管理工作实现无缝隙全覆盖。

（二）乡镇“强实体”，提升办事能力

在县域社会治理中，乡镇（街道）在社会治理中起着枢纽作用，既要下情上传，又要统筹好辖区各方资源，推动综治中心规范化建设、实体化运行。为此，江油市把乡镇（街道）综治中心定位为集“风险防范、矛盾化解，资源聚合、立体防控、网格管理、法律服务、心理疏导”于一体的基层社会治理综合战斗实体，推进乡镇综治中心建设，主要做法为：

1. 聚合各方力量

各乡镇党委、政府担负起牵头主抓责任，把综治中心规范化建设纳入本地经济社会发展总体部署，积极统筹协调有关部门、各单位、各社会组织、个体力量，推动规范化建设顺利实施，切实保障好建设所需项目、资金等得到有效落实。

2. 整合部门职能

在乡镇网格化监管中心的基础上，群工办、派出所、司法所等部门派员入驻综治中心集中办公，建立完善“打防控”一体化、实体化工作机制，同时进一步完善多部门联动工作机制职能，将卫生院、学校、银行、企业等驻乡镇（街道）有关单位纳入联动运行模式中，形成方方面面推进基层社会治理工作的强大合力。

3. 融合信息资源

将“雪亮工程”“小天网”、网格化管理、矛盾纠纷多元化解、社会心理服务等社会监督、管理、服务系统统一接入乡镇综治中心，建立起以视频监控图像信息共享平台为核心，纵向贯通、横向集成的综治信息平台，具体承担辖区信息收集研判、指挥调度、示范引领和监管考核等职能，同时开展视频监控巡查、视频监控运维管理、综治维稳信息收集研判、对村社平台运行监管考核等工作，确保了信息收集不留死角、不漏盲区，做到底数清、情况明。

（三）村社“打基础”，突出一线找事全覆盖

村社是基层社会治理的源头地，也是整个社会综治工作信息收集来源地，矛盾化解的一线，风险防控的主战场，要实现社会治理全覆盖，就必须

发挥好村社在综治工作中的基础性作用。为此，江油市充分发挥村社“六员”作用，发挥好联动机制，夯实了村社综治中心建设基础，健全完善了村社治理体系。通过进一步整合各村社网格员、司法助理员、人民调解员、保安人员、单位内保人员、联户共建员等“六员”力量，使其成为基层社会治理的中坚力量，主要做法为：

1. 抓基础性信息搜集

发挥“六员”优势，全面采录“人地车物事”等基础要素，并通过入户走访，及时收集反映群众关注的热点、难点问题，现场排查楼栋院落等安全隐患；积极构建社区信息平台，在“雪亮工程”基础上，利用“互联网+”建立“党支部微信群”“村民小组微信群”“楼栋微信群”“店商微信群”等，丰富了在线信息公告、信息搜集渠道及手段。

2. 抓源头性矛盾化解

矛盾风险化解重在日常。在村（社区）中建立了矛盾风险定期排查、集中排查、日常排查制度，目的在于突出关口前移、重心下移，及时了解掌握社情民意，对一些潜在的苗头性问题进行及时介入、提前干预。将工作做在平常，基本实现了矛盾早化解、隐患早消除，形成了小事不出村（社区），大事早报告的前置处置工作氛围。

3. 抓重点人管控教转

以社区服刑人员矫正、严重精神障碍患者关爱帮扶、临困人员救助、流动人口排查等工作为重点，充分利用综治中心资源做好社会心理服务、疏导和危机干预工作，进一步提升了特殊人群服务管理水平，防止肇事肇祸，降低了“民转刑”的发生率。

4. 抓群众性治安防范

大力推进平安联创，不断壮大企事业单位、村社和治安志愿者三类群防群治组织。充分发挥村社治保会、调解委员会作用，夯实基层维稳和治安防范力量；搞好企事业单位内部巡逻防范，完善企业与周边村社的联防；积极动员组织热心公益事业的群众参加治安志愿者队伍，开展义务巡逻防控。

三、经验与启示

党的十九届四中全会明确提出，要建设人人有责、人人尽责、人人享有的社会治理共同体。在推进县域治理能力现代化建设、实践社会治理共同体的治理理念下，江油市进一步厘清了县、乡、村三级综治中心各自定位，强化了县、乡、村三级综治中心功能，通过“市级建体系、乡镇强实体、村（社区）打基础”建设，把综治中心打造成为新时代社会治理工作的基础平台，充分发挥了各级中心的作用，有效地动员社会各界广泛参与，夯实了社会治理基础，确保社会治理高效开展。近年来通过“强化县、乡、村三级综治中心功能建设，打造社会治理共同体”，改变了过去那种“政府的社会治理”模式，基本形成“矛盾纠纷联调、社会治安联防、重点问题联治、重点人员联管、服务管理联抓、基层平安联创”的“六联”社会治理格局，推动实现了基层社会治理工作大指挥、大联动、大融合，在县域基本形成了“人人有责、人人尽责、人人享有”的社会治理共同体。

（一）党委领导、政府主导是核心

党的十九届四中全会从推进国家治理体系和治理能力现代化的战略高度，明确提出要“完善党委领导、政府负责、民主协商、社会协同、公众参与、法治保障、科技支撑的社会治理体系”。这为“党委领导、政府主导、多元共治”社会治理新格局的形成指明了方向、提供了遵循。江油市三级综治中心规范化建设离不开江油市委、市政府的重视和支持，市委、市政府将综治中心规范建设纳入全市目标考核，确保了江油市三级综治中心建设有力推进。首先是党建引领。中国共产党的领导是中国特色社会主义的本质特征和最大优势，要充分发挥党在社会治理中总揽全局、协调各方的领导核心作用。其次是制度保障。强化各级政府抓好社会治理的责任，引领和推动社会力量参与社会治理。再次是落地于村（社区）。村（社区）是社会治理的主阵地，也是人们最能体验到美好生活的空间，这就要求政府的工作重心向下、方式多元、能力提升。

（二）整合资源、齐抓共管是关键

基层社会治理涉及方方面面，部门参与、联动融合是社会治理共同体的必然要求。只有动员协调与社会治理密切相关的党政职能部门积极参与，共享信息资源，实现齐抓共管的联动工作机制，才能确保各项工作高效展开。关键在于明确三级综治中心各自权际边界，要在进一步厘清县、乡、村三级中心各自定位、切实强化实战功能的基础上，坚持以维护政权安全、社会稳定和满足群众需要为改革导向，紧跟社会治理社会化、法治化、智能化、专业化发展方向，把网格化服务管理、“雪亮工程”、矛盾纠纷多元化解、社会心理疏导等融入综治中心平台，通过整合群防群治志愿者、基层法律服务志愿者、社会心理工作者等社会专业力量广泛参与，以多元共治、购买服务的方式，回应群众关切，高效解决诉求。通过政府公共服务、自治组织服务、社会群团组织社会化服务、专业人员的专业化服务的有机融合，才能有效夯实基层治理基础，提升群众的获得感和满意度，推动基层社会治理工作大指挥大联动大融合，才能基本形成“矛盾纠纷联调、社会治安联防、重点问题联治、重点人员联管、服务管理联抓、基层平安联创”社会治理格局，才能最终真正形成有人领事（县级综治中心）、有人办事（乡镇综治中心）、有人找事（村社区综治中心）的上下联动、齐抓共管的治理格局。

（三）社会参与、共建共治是基础

推进社会治理共同体建设，政府要改变过去“政府的社会治理”的方式，要逐步从传统的管控式管理转变为协商式治理，从单向度的权威式管理转变为多向度的互动式治理，从单一分散的事后处置式管理转变为政社互动的事前预防式治理。要把社会治理更多资源、服务、管理放到基层，实现资源下沉、服务下沉、管理下沉，推行网格化管理和服务，把资源聚集到网格，把服务聚焦到网格，把力量延伸到网格，把矛盾化解在网格，把问题解决在网格，实现基层社会治理的精细化、精准化、精心化和精品化。健全基层诉求表达、利益沟通、矛盾协调机制，引导群众自觉遵守法律法规，主动自觉、理性有序、依法有效地参与基层社会治理；改革完善社会组织管理制度，优化社会组织成长环境，拓展社会组织发展空间，通过政府购买、合作开发、平台搭建等形式支持社会组织参与社会治理；尊重并发挥市民公约、乡规民约、行业规章、团体章程等社会规范在社会治理中的积极作用，全方位、深层次提高各类社会主体的治理能力，形成社会治理合力。

第三节　创新“五大工程”提升治理效能

——北川羌族自治县开展基层治理能力提升攻坚行动①

一、引言

北川是华夏始祖大禹的诞生地、全国唯一的羌族自治县，辖区面积3083平方公里，辖9镇10乡（其中民族乡1个），有行政村202个，社区33个，总人口23.1万。2021年实现地区生产总值88.11亿元，同比增长8.4%，增速居全市9个县市区第5位。先后荣获国家生态文明建设示范县、全国民族团结进步示范县，“北川构筑羌城市域社会治理新高地”典型案例成功入围全国“2021年社会治理创新案例”。近年来，为有效解决治理手段单一、机制体制不健全、政策体系不完善、干部治理能力有待提升、社会组织发育不成熟、缺乏科技创新带动等一系列问题，北川县积极开展基层治理能力提升攻坚行动，通过实施基层党建提档、干部素质提能、“三治融合”提质、应急建设提速、社会统筹提效“五大工程”，逐步建立起党组织统一领导、政府依法履责、各类组织积极协同、群众广泛参与，自治、法治、德治相结合的基层治理体系；推动形成党建引领基层治理体制机制更加完善、基层政权建设更加有力、基层群众自治更加规范、基层公共服务更加高效、党的执政基础更加坚实的城乡基层治理新格局，治理效能大幅提升。

① 案例由北川县委组织部提供，绵阳市委党校杨富兰、北川县委组织部黄昌涛编写。

二、主要做法及成效

（一）党建强基，把优势聚到党组织带动上来

1. 深化“党建引领+组织建设”

围绕提升组织力、强化政治功能，全方位加强基层党组织建设和党建阵地建设，试点建设跨区域、跨行业、跨部门党建联盟，大幅提升基层党组织覆盖面；开展社区“双报到”活动，积极探索乡村“导师帮带制”试点，不断延伸基层组织的“神经末梢”，一系列深受群众欢迎的“红色矩阵”也因此逐渐形成。

2. 将党支部设置到小区、楼宇和产业链上

以打造城镇15分钟、农村30分钟基本公共服务圈为目标，开展两新组织“两个覆盖”、打造“党群吉米家园”（羌语“心连心”的意思），并通过探索“红色物业”试点，构建“居民小区党组织+业主委员会+物业服务机构”三方联动格局。目前，全县两新组织“两个覆盖”比例达到100%，100个党群吉米家园遍布城乡，“红色物业”党建示范建设顺利推进，城镇15分钟、农村30分钟基本公共服务圈逐渐形成。

（二）干部提能，把底气提到效能发动上来

1. 发挥“头雁”引领力

统筹实施“一把手”提能、专业化领导干部培养、年轻干部铸魂三大工程，组织开展基层治理能力提升、乡村振兴能力提升、成渝双城经济圈建设等专题研讨班，培养高素质专业化执政骨干。北川县永昌镇沐曦社区副主任、31岁的罗超正在积极准备硕士研究生考试。全日制大学本科毕业的她，这次的目标是西南科技大学公共管理专业。“日常的工作本来就要求我们不断提升自己，加之县上又出台了政策，对村（社区）干部提升学历和专业技能的，要进行一定比例的补助，这就更加激发了我们学习提能的积极性。”罗超告诉调研人员一行，她就职的社区有一大半干部都报名准备进行学历提升。

2. 强化“归雁”吸引力

坚持以才招才，扩大人才朋友圈，落实“人才新政十条”和“四大人才

工程”。制定乡村人才振兴行动方案，实施“羌山育才计划”，按照精准引才、产业聚才、服务留才的要求，重点评选100名处于行业领先地位、能引领发展的基层治理潜力型人才；开展第一批“海纳北川，才聚羌山”招才引智活动，成功举办成都专场招聘会，吸引了509人报名；创新开展招募“乡村合伙人”活动，吸引乡土能人和在外强人到村发展，招募合伙人35名，盘活乡村闲置资产等15宗。

3. 激发“雏雁”内生力

强化东西部协作人才交流，充分利用挂职历练、顶岗锻炼、交流任职等形式，加强年轻干部锻炼提能，先后选派2名党政干部、2名专技人才赴柯城区开展挂职交流。办好基层专题示范培训，全面实施“羌山领头羊”学历提升计划，196名村社干部报名充电提能，45岁以下村（社区）党组织书记在读和获得大专及以上学历占比达97.44%，不断夯实乡村振兴人才根基。

（三）“三治”融合，把目标放到善治联动上来

1. 下好自治“一盘棋”

根据羌族传统文化和习俗，在各村（社区）搭建“有事好商量”平台，创新“三羌共治”调解模式，建立“同一套网格、同一支队伍、管多种事情”的“全科网格化”管理服务体系，打造“社区网格长、小区网格长+专兼职网格员+社会力量”的“2+1+N”网格管理架构。以先进的文化引领群众、服务群众，引导群众在村（社区）治理中依法自我管理、自我服务、自我教育和自我监督。

2. 凝聚德治“一条心”

深化全民阅读，办好“2021书香北川·全民阅读”活动。推动文化惠民演出等“三下乡”活动常态化制度化，广泛开展“我们的节日”主题系列文化活动。结合新时代文明实践，深入开展乡风文明提升行动，抓好乡村文化振兴示范乡镇、示范村（社区）创建，积极支持有条件的乡（村）建立乡（村）史馆，扎实推进农村公共文化服务效能提升工作；持续开展“十星级文明户”“最美家庭”“文明家庭”“北川好人”等先进典型评选，引导村民“写家训、晒家训”，按照“一乡（镇）一品，一村一色”原则构建起

“三馆一站一中心”的县、乡、村三级公共文化服务体系。

3. 织密法治“一张网”

结合八五普法工作，建设常态化宣传阵地，并通过实施“法治带头人”“法律明白人”培育工程，开展“六无”平安村（社区）创建，推广“综治警务”模式和一村（社区）一警务助理等，让全县基层治理工作有法可依、有法必依。在北川许多社区和村里，都活跃着“三支队伍”（网格员队伍、人民调解员队伍、红袖标平安志愿者队伍）的身影，每个社区和村子，都有几个“法治带头人”和“法治明白人”。

（四）智慧护航，把切口开到科技驱动上来

1.“智慧+党建”，全方位搭建组织建设“云平台”

构建基层党组织数字地图，变静态为动态、突出多媒体展示，搭建组织结构树状图、智慧党建、“党代表直通车”、书记项目等模块，集成领导班子、“三务公开”、组织制度等信息公开，推动党建工作延伸至每户、传递至每人；结合巩固拓展党史学习教育成果，开设网上“微党课”“视频党校”智慧学习模块，融入直播平台、录音亭、VR等数字化教育形式，打造“云讲堂”直播间，定期邀请党校师资、党务工作者、理论骨干等为党员进行视频授课。组织普通党员开展“我来讲党课”“理论大家读”活动，构建“网络化+互动式”党员教育培训新模式；开发党员“双报到”、360党支部、党员积分、“红黑榜”等功能，党员通过在线学习、会议签到、参与社区志愿服务等积累“泽古货币”，实现党员星级化管理数字赋能。基层党委通过后台智能数据，直观分析了解党组织和党员情况，为党建科学化决策提供有力支撑。

2.“智慧+政务”，全覆盖赋能便民服务“一网通”

将低保申请、宅基地审批、退耕还林等12项管理权限下放到村社，融入指尖，实现行政审批“一站式服务、扁平化管理”。回应群众关切，梳理整合12大类82项服务事项，延伸扩展水、电、气、物业、停车等费用缴纳，真正实现一键秒办；构建“美丽羌城”信息模块，汇集政府机构、学校、医院、商超、银行、车站等图文信息查询，动态发布天气、辖区负氧离子含量、水、细颗粒物等环境实时监测数据。整理民政、社保、住房、工会、法律、就业等招聘等政策文件、政策解读及一图读懂750余条，形成内容丰富生动、涉及领域广泛、获取方式便捷的政策数据库，提供全方位权威政策信息便捷渠道；搭建“社区治理我参与”民生信息收集平台，实时收集整理物业服务、志愿需求、社区管理、智慧永昌等意见建议，及时曝光不良行为和社会问题。建立居民、志愿者及社会组织参与社会事务的双向通道，打造“一键招募”“一键报名”“一键参与”全流程闭环式服务，实现群众需求与志愿服务“指尖对接”。已开展困难群众关爱、疫情防控、交通劝导、应急突发抢险、心理抚慰、法律咨询等志愿者服务1000余人次。

3. “智慧+防疫”，全链条织密疫情防控“安全网”

紧扣疫情防控要求，构建无接触服务体系，开通返乡、外出人员自助申报系统，提前申报返乡、外出行程信息，提高疫情防控摸排效率，让防疫关口不断前移。针对居家隔离人员，畅通社区提供生活物品采购、上门核酸检测、信息咨询等网络服务，以数据流量支撑“零接触”管控。依托社区卫生服务中心，搭建医生与居家隔离人员“直通车”视频系统，构建线上线下一体化医疗卫生服务模式。通过线上问诊、线上监测、线上指导、线上心理辅导，实现医护人员、社区工作者与居家隔离人员三方无接触服务，降低感染风险，减少人力、物力消耗。建立医疗物资储备、购买、捐赠窗口，开通线上购买、预定口罩、消毒品等家用防疫实用物资和捐赠卫生医疗物品功能，在方便居民和企业、社会机构的同时，为防疫物资缺口统计、科学合理调配物资提供科学依据。

（五）社会协同，把重心落到统筹推动上来

1. 从“单一管”到“多元治”

将城乡社区服务纳入政府购买服务指导性目录，并建立了政协“两代表一委员”制度、创新社区提案机制，整合志愿服务组织、民间协会组织、基层自治组织、社会团体组织等资源力量，大力推行“一员多用”“多岗合一”，有效统筹各领域参与社会治理活动。

2. 从“小气候”到“大环境”

开展扶老助残、基层治理等社会工作服务试点；设立孵化培育基金，建设孵化基地，2025年底每个社区将至少拥有5个社区社会组织；探索建立社会组织综合服务平台，提供孵化培育、能力建设、资源链接、成果展示、规范引导等综合性服务，力争到2025年形成“分级负责、覆盖广泛、功能互补、协同联动”的社会组织综合服务平台。

3. 从“粗线条”到“微治理”

以社区为治理单元，北川大力实施城乡社区综合服务设施“补短板”达标工程，不断完善“党建引领+综合服务+综治保障+科技赋能”治理新框架，打造省级城乡社区治理试点县、试点乡镇、试点社区，呈现出了以点带面、以优促建、整体提升的局面。

三、经验与启示

“完善和发展中国特色社会主义制度，推进国家治理体系和治理能力现代化”是党的十八届三中全会确定的我国全面深化改革的总目标，党的十九届四中全会提出坚持和完善共建共治共享的社会治理制度必须“构建基层社会治理新格局”。基层是我国社会治理的基础和重心，是党执政的基层细胞，也是社会治理最基础的单元和最深厚的支撑点，因此，推进基层治理体系和治理能力特别是城乡基层的现代化意义重大。北川县通过创新“五大工程”，治理体系更加健全、治理效能不断提升，人民群众参与治理过程、感受治理变化、享受治理成果，获得感幸福感安全感进一步增强。

（一）坚持用高质量党建引领基层治理现代化

习近平总书记强调，要把加强基层党的建设、巩固党的执政基础作为贯穿社会治理和基层建设的一条红线。党建强基是基层治理能力提升的重要前提。北川县村集体经济自身“造血”功能稳步提升，最根本的原因就是健全了党组织对村集体经济发展的领导机制。同时，北川县围绕提升组织力、强化政治功能，全方位加强基层党组织建设和党建阵地建设，强化理想信念教育，将党支部设置到小区、楼宇和产业链上，全县两新组织“两个覆盖”比例达到100%，100个党群吉米家园遍布城乡，“红色物业”党建示范建设顺利推进，都是北川县高质量党建引领基层治理现代化的重要体现。

（二）坚持用高素质人才支撑基层治理现代化

人才兴则乡村兴，人才强则乡村强。习近平总书记指出，着力培养忠诚干净担当的高素质干部，着力集聚爱国奉献的各方面优秀人才。基层务必抓好执政骨干队伍和人才队伍建设，才能满足新时代新要求。北川县坚持用高素质人才支撑基层治理现代化，把提高治理能力作为新时代干部队伍建设的重大任务，充分发挥“头雁”引领力、强化“归雁”吸引力、激发“雏雁”内生力，将基层治理内容纳入干部教培规划、把制度优势转化为治理效能，为北川县基层治理现代化提供了人才支撑。

（三）坚持用先进文化引领和服务群众

优秀传统文化是中华民族的“根”和“魂”，传承和弘扬中华优秀传统文化与涵养社会主义核心价值观、建设社会主义精神文明的有机结合，为推进基层“三治融合”发挥了积极作用。北川县以先进文化推进“三治”融合，深化“三羌共治”矛盾化解机制，搭建“有事好商量”平台，建立“众人的事情由众人商量着办”基层议事机制，开展民族团结进步宣传教育，开展“好媳妇”“好婆婆”“好邻居”“身边好人”等活动，让北川的基层群众自治充满活力，法治能力得到大幅提升，民族宗教领域治理体系和治理能力日益现代化，是坚持用先进文化引领和服务群众的生动实践。

（四）坚持以智慧护航破解治理难题

基层治理离不开科技创新助力。习近平总书记在多次重要讲话中，特别强调要利用好互联网和网络信息技术，提升社会治理的智能化水平。北川县通过实施智慧护航，通过科技驱动把稳“航向之舵”、筑牢“船身骨架”、鼓满“前进风帆”，以“智慧+党建”，搭建组织建设“云平台”；以“智慧+政务”实现便民服务“一网通”；以“智慧+防疫”，筑牢疫情防控“安全网”，一系列的“智慧护航”才让许多基层治理难题迎刃而解，才确保了基层治理这艘“大船”开足马力全速前行。

（五）坚持让各方力量有效融入基层治理

习近平总书记要求，要夯实社会治理基层基础，推动社会治理重心下移，构建党组织领导的共建共治共享的城乡基层治理格局。基层治理是一项涉及面广、纷繁复杂的系统工程，离不开党委的统一领导，离不开各方力量的参与。北川县正是通过实施社会协同工程，积极发挥党委总揽大局、协调各方作用，统筹好群团组织、社会组织、行业协会、社会团体等积极参与基层治理，将各方力量和资源有效融入基层治理；通过搭建基层协商共治、公共资源共享、社会组织服务等平台，鼓励志愿服务组织、民间协会组织、社会团体组织等资源力量积极参与基层治理，才让全县的基层治理气氛更加温暖和谐，效能日益提升。

第四节　完善“公调对接”模式　矛盾调解提档升级

——涪城区“1+3”公调对接治理模式调处矛盾纠纷①

一、引言

近年来，涪城不断拓展工作思路，根据四川省司法厅、四川省公安厅《关于建立完善人民调解与治安调解衔接联运机制的意见》（川司法发〔2016〕65号）和相关法律法规规定，在学习“枫桥经验”和借鉴外地实践的基础上，在全省率先提出并实施了“1+3”公调对接模式。“1+3”公调对接模式成功实施之后，其经验做法被多家媒体宣传，中央政法委新闻中心、中央电视台、中央人民广播电台、中国长安网、法制日报、新华社、人民公安报、四川电视台等多家媒体采访、宣传报道，公安部、司法部、省委政法委、省多元化解办、省公安厅、市委市政府等上级相关部门相关领导多次到涪城检查指导公调对接工作，并给予充分肯定。

① 案例由绵阳市公安局涪城区分局治安大队、城郊派出所提供，涪城区委党校禹红梅、黄桂林编写。

二、主要做法及成效

（一）“1+3”公调对接模式的主要做法

“1+3”公调对接模式中的“1”指的是“搭建一个公调对接平台”，“3”即“24小时驻所跟班调解员为主体、接警处民警参与、专业人士适时介入”。其具体做法如下：

1. 搭建对接平台，有效整合资源

“公调对接”机制是指公安机关接处警与人民调解对接的工作机制，是有效整合公安治安调解和人民调解资源，共同解决矛盾纠纷的一种有效方式。而要有效整合二者，推动治安调解和人民调解成功衔接，需要搭建一个工作平台。

2017年，涪城区按照统一规划设计、统一人性化装修、统一安装同步录音录像、统一标识标牌、统一配置办公设施“五统一”要求，共投资32万余元，为城区和重点乡镇八个派出所搭建了公调对接的工作平台——人民调解委员会驻派出所调解室（以下简称“驻所人民调解室”）。驻所人民调解室实行统一挂牌，标牌名称统一为“XX街道办事处（镇、乡）调解委员会驻派出所人民调解工作室”。门牌统一悬挂于调解室门外，尺寸、规格、颜色皆按统一要求设计。驻所人民调解室的硬件建设由区公安分局负责。结合各派出所实际，在办公区内本着与值班室相邻或相近的原则，单独设立调解室、候调室（兼调解员办公室），按照统一装潢标准，设置统一宣传标语，配备统一办公设施进行建设。有条件的派出所，增设室外调解场所，借助树木、亭阁等自然环境，适当改造形成较为轻松休闲的调解场所，便于在舒缓氛围中调解部分纠纷。调解室和候调室安装视频音频采录设备，全程记录调解过程，确保调解活动公开、公正、公平；安装显示屏，用于展示相关证据，滚动播放相关法规、劝导语及相关案例。工作平台的建设，有效保障了公调对接工作的成功开展。

2. 建成专职队伍，确保专事专办

“1+3”公调对接模式的参与人员包括接警处民警、调解员和其他专业人士，而在调解过程中，占主体地位、起主要作用的是24小时驻所跟班调解员。为保障每个驻所人民调解室配备3—4名专职调解员，由区司法局、公安机关通过公开招聘、择优录取的方式，招聘了一批综合实力强、相关工作经验丰富的社会人士担任专职人民调解员，驻所开展工作。调解员须参加区司法局组织的统一培训并考试合格后方可上岗。上岗后，公安分局秉承“谁使用谁管理”的原则，将管理责任落实给实施公调对接的派出所，通过思想教育、纪律教育、保密教育、政策法律教育，提升队伍政治、纪律意识、保密意识、法律意识、奉献意识，使“人民调解为人民”植根于调解员心中。为全面提升驻所人民调解员业务能力，调解员除了要接受岗前培训之外，还需接受随岗培训，并参加相关能力比拼竞赛，让调解员在学中干、干中学，以赛促训，准确把握调解技巧，提升调解能力。在日常管理中，驻所调解员统一着装，佩人民调解专用徽章和工作牌，与派出所值班组捆绑运行、实行24小时驻所轮流值班，与民警同吃、同住、同学习、同考核。在节假日和特殊时间节点纠纷高发时，适时调整调解员班组和人数，确保驻所调解工作无缝联勤、优质运行。调解员实行聘任制，聘期一年，根据岗位需要可续聘。由辖区保安公司与其签订用工合同并购买“五险一金”。驻所人民调解员劳动报酬由两部分构成：一是基本工资和绩效工资，由保安公司依照公安分局考核情况进行发放；二是个案补贴，由所在街道（乡、镇）调解委员依据纠纷难易程度计算并发放。

3. 聘请专业人士，提升公调质量

随着经济社会的发展，矛盾纠纷呈现出多元化、涉众化、复杂化等特点，为此，涪城通过政府购买服务的方式聘请了一部分专业人士参与矛盾纠纷调解。

专栏1　涪城区专业人士参与矛盾纠纷调解模式

邀请律师介入。采取两种方式介入：邀请律师现场参与调解，为调解提供法律援助；由各派出所联系相关律师事务所确定律师，开通专线，为调解员、纠纷当事人在线咨询法律提供方便。

邀请心理专家介入。针对婚姻家庭、情感纠纷等，邀请心理专家到场，对当事人进行心理疏导，平抚情绪，为成功调解、化解提供条件。

邀请法官提供咨询。对有重大影响的纠纷，邀请法官为调解员提供咨询参考。

邀请其他相关专业人士、邻里有威望的人员介入。构建调解专家库，增强化解调解的专业性、权威性，同时也方便当事人在库中选择自己信任的专业人士参与调解。专业人士的适时介入，有效提高了矛盾纠纷调解成功率。

4. 制定运行模式，规范公调程序

第一步，先期处警。接到群众报警求助的民间纠纷和适用调解的治安案件警情，派出所值班民警先期处警。当场调查核实并进行调解，现场尽量达成调解协议，从而提高处警现场调解结案率，最大限度防止矛盾进一步激化升级或二次处警的发生。第二步，调查取证。对轻微打架等纠纷，现场调解不成且属于公安机关受案范围的治安案件，民警应及时按照相关程序开展调查取证工作，查明主要事实、提取相关证据，制作笔录、材料，调取音、视频，根据具体情况确定是移送人民调解室调解，还是由案侦队调查处理。对属于人民法院受案范围的案件，无法现场调解，应告知当事人可以依法向人民法院提起诉讼。第三步，纠纷移送。值班民警认为一时难以调解且可以委托驻所调解室调解的案件，经双方当事人同意，并填写《矛盾纠纷移送审批及反馈表》，报派出所当天值班领导审批后，连同相关证据材料随案移送驻所调解室进行调处。驻所调解室应对基本情况进行初审，符合受理条件的纠纷，应及时受理，并确定主要调解员调解。第四步，组织调解。驻所调解室受理移送的矛盾纠纷案件后，当日立即组织调解，调解未成功的约定时间再调解。在调解过程中应按照调解程序依法进行调处，制作调解笔录，并由人民调解员及当事人签字、捺印或盖章。制作《人民调解协议书》，一式三份，双方当事人各执一份，驻所调解室留存一份。对一次调解不成功的，七个工作日内开展第二次调解，30个工作日内多次调解仍不成功的，由人民调解员在《调解协议书》中注明调解不成功，双方当事人签字确认。其中，属治安类的纠纷，返回原受理民警作治安处罚；属民事类的纠纷，终止解调，并告知可走讼诉程序。第五步，归档反馈。调解成功达成协议的，人民调解室应在三个工作日内，将相关调解材料经主办民警审核合格后交派出所内勤归档；对调解不成功，需要公安机关依法处罚的，驻所调解室将相关材料整理后当日退回原值班民警进一步处理。第六步，适时回访。在纠纷调解后，无论调解成功与否，人民调解员都应该适时有针对性的回访，了解双方当事人对调解结果的意见和建议，跟踪协议的履行情况，从而防止纠纷激化、矛盾升级。具体流程如下：

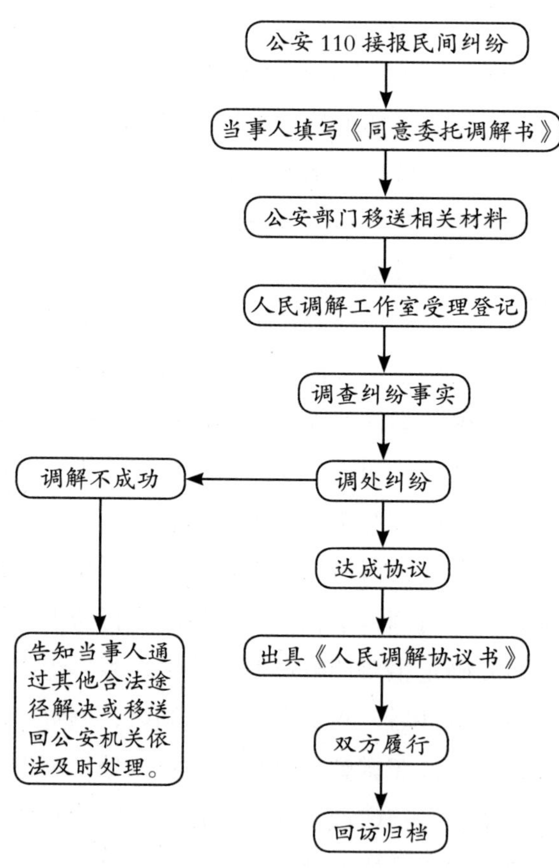

图1　涪城区公调对接流程图

5. 完善保障机制，保证长效运行

建立“权责明晰”的调处工作机制。制定了《绵阳市公安局涪城分局“公调对接”工作实施意见（试行）》，不断健全完善纠纷受理登记、移送调处、反馈回访等环节工作流程，做到“接警环节适时分流、证据收集环节首接负责、移交环节严密手续”，有效减少工作中的推诿、扯皮和延误现象。建立“胜任岗位”的职业保障机制。实行调解员“持证上岗”制，应聘人员须经司法局及分局审核、考试合格后方可聘用，具体由公安机关管理、考核、使用。推行调解员“等级评定”，举办“金牌调解员”大比武活动，不断激发人民调解队伍活力。建立调解员长效培训机制，采取以会代训、经验交流、案卷质量评比、案例分析研讨等方法，不断提升调解水平和能力。建立“以奖代补”的考核奖惩机制。明确驻所调解员薪酬由“基本工资+绩效”构成，基本工资部分由分局统一核定为1500元，绩效部分由派出所根据计件数、成功率奖励以及违反管理规定、工作纪律扣减，量化考核，兑现奖惩，切实增强调解人员责任感、激发事业心。

（二）实行“1+3”公调对接模式取得的成效

1. 缓解基层民警压力，助力暖警工程

一方面缓解了民警的工作压力。对于派出所民警来说，警力主要以打击处理犯罪对象为主。但是，在实施“1+3”公调对接模式以前，由于值班民警的大量接警案件均为矛盾纠纷，使其不得不花费大量的时间和精力用于化解矛盾纠纷。实施“公调对接”机制后，从根本上减轻和缓解了基层民警的工作压力，让民警腾出时间，有更多的精力投入公安主业中。据统计，实行“1+3”公调对接模式后，每年受理的纠纷中，民警直接参与调解的占比仅为27%，工作强度较之前减轻了一半。另一方面，缓解了民警的精神压力。在实施“1+3”公调对接模式以前，由于工作压力大，辖区民警情绪崩溃、精神抑郁的现象时有发生。实行“1+3”公调对接模式后，通过点招驻所调解员与派出所值班组24小时同步运行、无缝衔接，民警的心理压力、精神压力有效舒缓，民警不再为值班备勤期间被非警务类纠纷缠绕感到苦恼和焦虑，公调对接俨然已成为暖警工程建设的“润滑剂”。

2. 解决积存案件，消化历史遗留问题

实施“1+3”公调对接模式前，由于纠纷案件多，又实行的是值班民警包干制，致使许多案件未及时调解而被积压下来，案件越积越多，引发雪球效应，有的案件拖半年、一年，甚至成为历史遗留问题。实施公调对接之后，由于有了专职人民调解员，不仅使大量新接案件第一时间得到化解，还能有效组织人员安排时间，针对积存案件和历史遗留问题全程跟踪处理和调解，成功化解了不少积存案件纠纷和历史遗留问题。

3. 增强工作专业性，提升社会公信力

由于驻所人员调解员均是年富力强、阅历丰富且经过专业培训的专职人员，加之律师、心理专家、邻里威望人士、社会评论的辅助，以及调解室匠心独具的温馨布局、功能完善的设施装备等，大大提升了调解工作的专业性和成效性。通过公调对接及时跟进，辖区内矛盾纠纷调解率、协议履行率大幅提高，2017—2019年，8个驻派出所人民调解室共受理纠纷7831件，共调解纠纷7808件，调解率99.7%，调解成功7543件，成功率96.3 %。纠纷应回访7272件，已回访7244件，回访率99.6%，满意7176 件，基本满意67件，不满意1件，满意率99.9%。无一例民间纠纷向治安、刑事案件转化，无因矛盾纠纷化解调不及时引发的群体事件，未发生因调处不当导致矛盾升级或引发不稳定事端的情况。在2019年群众安全感满意度测评中，涪城得分1.9562分，位列全市第一。

4. 维护社会稳定，凸显治理成效

“1+3”公调对接模式有力提升了基层派出所接处警源头矛盾纠纷调处化解工作效能，促使经常性、难度大、耗时长，涉众多、积怨深等极易引发群体事件的矛盾纠纷得到及时化解，群众满意度明显提高，辖区不和谐因素得到化解和控制，派出所民警也成功脱离纠纷缠扰，全力投入到侦查破案、治安管理、巡逻防范、服务群众等各项警务工作中去。辖区治安状况明显好转，以2019年为例，全年侵财案件较2018年下降15%，其中入室盗窃案件下降50%、扒窃案件下降17%。有效维护了辖区平安稳定和治安秩序。

三、经验与启示

涪城区创新提出并实施的“1+3”公调对接模式，是新时代对“枫桥经验”的坚持和传承，体现了共建共治共享的社会治理新理念。该模式有效地将人民调解和治安调解衔接起来，成功做到了主动疏导、就近处理矛盾纠纷，在源头发现矛盾，在源头调处矛盾，提升了矛盾纠纷调处的专业化和工作效能，助推了平安和谐涪城建设，为完善人民调解、行政调解、司法调解联动工作体系，推进社会治理能力和治理体系现代化提供了有益参考。该模式的成功实施给予了我们以下思考：

（一）公调对接模式是新时代对“枫桥经验”的坚持和传承

“枫桥经验”始创于20世纪60年代的浙江省绍兴市诸暨县（现诸暨市）枫桥镇，其内涵是：发动和依靠群众，坚持矛盾不上交，就地化解。之后，“枫桥经验”得到不断发展，被赋予了鲜明的时代特色，形成了枫桥新经验：党政动手，依靠群众，预防纠纷，化解矛盾，维护稳定。习近平总书记在多个场合强调，要坚持和发展枫桥经验，党的十九届四中全会更加明确提出，要完善正确处理新形势下人民内部矛盾有效机制，坚持和发展新时代“枫桥经验”。涪城区实施的“1+3”公调对接模式重视在源头、在基层发现矛盾，在源头、在基层调处矛盾纠纷，成功做到了主动疏导、就近处理矛盾纠纷，把矛盾化解在基层，解决在萌芽状态，避免了矛盾的上交、纠纷的扩大化，有效地维护了社会稳定和人民群众的根本利益，是新时代对“枫桥经验”的坚持和传承。

（二）公调对接模式体现共建共治共享的社会治理新理念

党的十九大提出，要加强社会治理制度建设，打造共建共治共享的社会治理格局。“共建共治共享”是新时代社会治理的新理念，也是新时代社会治理的新目标和新要求。“共建”，即共同参与社会建设，充分调动人民群众的积极性，尊重和听取人民群众的意志和意愿；“共治”即共同参与社会治理，支持人民群众和广大社会力量参与社会治理，人人参与，人人尽责；“共享”即共同参与分享，就是要让全体人民共同享受社会治理成果。“1+3”公调对接模式重视搭建平台，整合社会资源，不仅重视招聘综合实力强、相关工作经验丰富的社会人士参与矛盾纠纷调处，也重视引进律师、法官、心理专家等行业专业人士参与矛盾纠纷调处，既能够有效整合社会资源，调动社会力量，形成社会矛盾纠纷化解的合力，也能推动社会矛盾纠纷化解向着社会化、法治化、专业化的方向发展，充分体现了共建共治共享的社会治理新理念。

（三）公调对接模式为完善人民调解、行政调解、司法调解联动工作体系，推进社会治理能力和治理体系现代化提供了有益参考

人民调解、行政调解、司法调解一直是我国调解工作中的三大主要调解方式，三者在调解主体、受理纠纷和矛盾的范围、调解达成协议的效力等方面存在不同，且各有自身的优势与不足。由于受调解制度等多方面因素的影响，三大调解手段存在单兵作战、各自为政的问题，彼此之间缺乏有效的衔接机制，未形成合力，导致矛盾纠纷调处效果欠佳。而随着社会矛盾纠纷的日益多样化、复杂化和扩大化，牵涉面越来越广、关联性越来越强，仅仅依靠某一种手段，并不能有效解决矛盾纠纷，因此，推动人民调解、行政调解、司法调解三者有机衔接，完善人民调解、行政调解、司法调解“三调联动”机制，是当前和今后很长一段时间社会矛盾纠纷调解工作的重点。涪城实行的“1+3”公调对接模式有效地将人民调解和行政调解衔接起来，充分发挥了二者的优势，有效地弥补了公安机关任务繁重、精力分散的不足，提高了调解效率，预防了矛盾升级，为推动人民调解、行政调解、司法调解“三调联动”提供了有效典范。实践证明，开展好“公调对接”工作能够有效保障维护社会公平正义，化解好矛盾纠纷，维护好群众利益。“公调对接”模式有力地推动了基层社会治理的发展创新，是推进社会治理能力和治理体系现代化的重要方式。

第五节　有事来协商　闹心变暖心

——安州区搭建“有事来协商”平台助推基层治理创新[①]

一、引言

绵阳市安州区于2019年被列入政协四川省委员会“有事来协商”平台建设工作试点。自试点工作以来，安州区坚持“政协搭好协商平台，各界参与议得了事，协商结果落得了地”的工作目标，以“政协来搭台、协商面对面、共绘同心圆”为方针，以“规范平台建设、丰富协商内容、创新协商形式、广泛开展活动”为抓手，稳步推进平台建设工作。探索了“八步工作法”，建立了把协商成果转化成建言资政、凝聚共识“双向发力”的载体，形成了“有事来协商”平台建设多轮驱动、广泛覆盖的格局，发挥了人民政协作为专门协商机构的重要作用，推进了政治协商与基层治理的有效衔接，取得了基层社会治理的好成效。

二、主要做法及成效

（一）主要做法

1. 坚持党的领导，建立工作机制，推进党政工作制度与政协履职制度有效衔接

习近平总书记指出，中国共产党的领导“是中国特色社会主义最本质的特征，也是人民政协事业发展进步的根本保证”。安州区创新建立了党委、政府、政协联动的工作机制，区委在听取区政协关于试点工作思路汇报后，专题召开常委会研究部署，区委印发了《开展“有事来协商”平台建设工作实施意见》（绵安委〔2019〕52号），作出制度性安排，纳入区委工作要点、区委贯彻十九届四中全会意见、区委年度绩效考核、区政府工作报告和

① 案例由安州区政协提供，安州区委党校周福兰编写。

主要领导牵头调研重点课题；设立政协工作联络组，给予经费保障；组建了区委“有事来协商”专项工作督导组。各部门、乡镇党委（党组）把“有事来协商”平台建设工作纳入大党建格局，一起部署、一起推进、一起考核，使党政工作制度与政协履职制度有效衔接。全区组建了3个部门、10个乡镇政协工作联络组，分管统战工作领导班子成员兼任组长，对不是政协委员的联络组长及时协商为委员，配备专（兼）职工作人员42名，确保有事来协商工作有力有序有效运行。

2. 加强四级联动，建立运行机制，推进政协协商民主与基层群众自治有效衔接

按照汪洋主席“要把加强工作制度建设作为推进专门协商机构建设的基础工程来抓，努力形成系统配套、严谨规范、衔接顺畅的制度体系”的要求，安州区创新建立规范的运行机制，提炼出“议题征集、发布预告、走访调研、开展协商、反馈意见、成果转化、跟踪督促、综合评议”八步工作法，建立联络组工作制度、结果反馈、成果转化长效机制，形成闭环式平台建设、管理、运行制度机制；制定区级总平台“2+4+X”频次和部门综合平台、乡镇平台“4+X”频次保底目标，实行年度计划+实施方案+台账管理机制。全区以“集中+分散”“固定+流动”“会场+现场”等方式，搭建政协机关、部门、乡镇、村（社区）四级网格化联动平台44个，并建立“政协委员工作室”“聊天室”“院坝议事会”“小板凳”“流动服务站”等为补充，促进政协协商与基层群众自治有效衔接。

3. 突出委员管理，建立引领机制，推进委员履职担当与基层群众共治有效衔接

按照习近平总书记“懂政协、会协商、善议政”的要求，安州区从加强委员思想引领和管理制度入手，建立主席会议成员联系常委，常委联系委员，委员联系各界代表人士的“三联工作机制”，引领委员积极主动参与协商活动，推进委员履职担当与基层群众共治有效衔接。以“三联一驻两活动”为载体，强化委员履职担当。通过区政协党组成员、机关委室和界别小组联系部门、乡镇协商平台；乡镇政协工作联络组联系住镇委员、委员联系

各界代表人士；委员和各界代表人士分片区联系各村（社区）平台“三联系”形式，全区207名政协委员和780余名人才库各界代表人士定期和不定期到所联系地村、社区、专合组织和企业“民情驿站”驻点，利用“委员接待日”收集社情民意，反馈、转交群众诉求，开展小微协商，让委员和各界代表人士站在服务前台。开展“百姓提案”“三个走进”活动，每名委员联系2—3名各界代表人士，定期到联系村（社区）、企业走访座谈，形成“百姓提案”，通过进村组、进企业、进现场走访调研，聚焦项目推进、乡村振兴、脱贫攻坚等工作，积极建言献策。

4. 强调专微协商，建立转化机制，推进协商成果转化与经济社会发展有效衔接

按照习近平总书记“人民政协……要倾听群众呼声，反映群众愿望，抓住民生领域实际问题做好工作，协助党和政府增进人民福祉”的要求，安州区创新建立协商成果转化机制，将10个乡镇“有事来协商”平台建设工作纳入区委年度目标绩效考核，组织政协委员、各界代表人士，对“有事来协商”活动形成的综合协商报告、协商纪要、建议案或提案、社情民意，开展民主监督、调研视察、社会评议，推动协商成果转化与经济社会发展有效衔接。

5. 注重探索创新，建立创新机制，推动民主协商过程与民主协商成果有效衔接

探索推行“八步工作法”，规范协商议事活动流程。按照“建设高效平台、优化协商活动”的工作目标，创新推行了“八步工作法”，制定协商活动工作标准，确保协商活动程序规范。即：议题征集，通过党政点题、政协选题、委员荐题、广泛征题等逐级审核筛选确定议题，并形成年度协商计划和工作台账；发布预告，根据协商议题，提前10个工作日向协商关联方或社会发布协商预告；走访调研，组织协商议题关联方和人才库代表现场走访调研，摸清实情，找准问题关键、矛盾焦点，寻求协商共同点，为协商议事会做好充分准备；开展协商，本着“就事、就近、就地、就便”的原则，组织协商议题关联方和人才库代表以民主恳谈会、群众听证会、议事协调会、意见征询会等形式开展面对面协商；反馈意见，将协商中达成的共识及其意见建议梳理形成报告、纪要、建议案或提案等书面成果，反馈给关联方及相关部门；成果转化，

对协商中形成的需要党委、政府协调解决的协商成果，在报经党政主要负责同志研究批示后，及时督促议题关联方及相关部门予以办理；跟踪督促，组织开展协商结果落实落地情况跟踪监督。对办理中出现的新情况、新问题，可进行再调研、再协商，推动协商成果落到实处；综合评议，对协商成果及办理情况进行满意度评价，查找不足、总结经验，完善协商制度规范，广泛开展社会宣传，营造良好舆论氛围，增强平台建设的影响力。

6. 强化因地制宜，建立特色机制，推动民主协商深度和民主协商宽度的有效衔接

各协商平台建设单位以“规范平台建设、丰富协商内容、创新协商形式、广泛开展活动”为抓手，积极探索和完善平台建设工作机制，形成了“百花齐放、百家争鸣”的平台建设工作特色。睢水镇政协工委探索出了“一平台两评议三走进四融合”平台建设模式，即以政协委员活动室为平台，评议协商议题、评议协商成效，走进问题做研判、走进现场添措施、走进群众看成效，融合党建、融合社会治理、融合乡村振兴、融合经济发展。界牌镇政协工作联络组探索出了“1+3+N”平台建设模式，即搭建一个镇级平台，采取“及时商、灵活商、定期商”三种协商方式，运用“N次”不限量不限时的协商形态。秀水镇政协工作联络组探索出了“开口传党音、开门听民意、开方解民忧”的“三开”平台建设模式。河清镇政协工作联络组探索出了“三四三工作法”，即协商前广泛选题、广泛征求意见、广泛开展调研“三个广泛”；积极组织镇村组干部、党群代表、人才库人才、驻镇政协委员等“四类人员”参与；最终凝结为“达成一个共识、形成一套方案、建成一套机制”的“三大成果”。黄土镇政协工作联络组探索实施“146”工作法，即围绕一个凝聚共识的目标，汇聚村组干部、利益相关方、党群代表和协商人才四方力量，开展收集问题—确定议题—走访调研—议事协商—分流落实—监督评议的六步协商流程。塔水镇政协工委探索实行政协各界代表人士“四个一批”动态储备和调整机制（即储备一批、清退一批、优化一批、特邀一批）、“一村（社区）一员”联络服务机制和“政协委员包片”责任制。高川乡政协工作联络组探索出了“2+2+N”协商工作机制。即着力“打响一个协商品牌、建强一个协商阵地”，协商前“深入群众听民意，实地调研

解民需”，开展“N”次面对面小微协商。各乡镇、各行业根据自己的情况，不断探索符合自身特点的协调机制，推动协调民主落到实处。

（二）主要成效

1. 干部作风不断改进

通过协商平台建设工作的深入推进，基层干部在多频次参与协商活动后悄然完成了角色转变，与群众的关系从管理者和被管理者转变为平等对话者、协商者，由简单、呆板的政策宣讲者、政策执行者转变为晓之以理、动之以情的劝慰者、群众利益的守护者。

2. 干群关系更加紧密

安州区自开展“有事来协商”平台建设工作以来，通过区政协党组成员、机关委室和界别小组联系部门、乡镇协商平台，乡镇政协工作联络组联系驻镇委员、各界代表人士，委员和各界代表人士分片区联系各村（社区）平台“三联系”形式，全区207名政协委员和780余名人才库各界代表人士定期和不定期到所联系地村、社区、专合组织和企业“民情驿站”驻点，利用“委员接待日”收集社情民意，反馈、转交群众诉求，开展小微协商，让委员和各界代表人士站在服务前台，定期到联系村（社区）、企业走访座谈，形成“百姓提案”，通过进村组、进企业、进现场走访调研，聚焦项目推进、乡村振兴、脱贫攻坚等工作，积极建言献策。在推动解决实际问题的同时，也让群众了解了党的政策，凝聚了人心，增进了共识，群众对干部的依赖感逐步增强，基层干部在群众的威信逐步提升，干群关系更加密切。

3. 群众生活更加美好

安州区就“助推科技城新中心建设”“助力精准扶贫”“优化营商环境”“疫情防控和复工复产”“乡镇、村（社区）区划调整”“城乡环境综合治理”等重点，开展调研视察、专题议政，形成专题报告，加大成果转化力度，形成了长效机制，群众得到了实实在在的实惠。如：黄土镇在开展“加快推进猕猴桃产业高质量发展”的协商活动后，按照协商共识，乐兴猕猴桃协会统一建立了“乐兴”猕猴桃产品品牌准入规则和使用办法，制定了“乐兴”猕猴桃生产技术标准，为猕猴桃产业健康可持续发展奠定基础；桑枣镇在开展“关于乡村民宿管理”的协商活动后，按照协商共识，桑枣民宿协会对蝴蝶谷景区民宿规范了标识标牌，统一制定了停车费、水费、污水处理费、垃圾清运费收取标准并固定下来，促进了民宿良性竞争，推动了蝴蝶谷旅游民宿提档升级；睢水镇在开展“皇帽村人居环境治理”专题协商后，按照协商共识，统一制定了皇帽村人均垃圾收集和转运费收取标准，并纳入村规民约管理；秀水镇在开展“成青路中修中重型货车限行事宜”的协商活动后，按照协商共识，制定了成青路中修期间单双号限行、分时间段限行的方案，并由交管部门负责实施。

三、经验与启示

习近平总书记在党的十九大报告中强调“有事好商量，众人的事情由众人商量，是人民民主的真谛”。为更好地把总书记的指示精神落到实处，充分发挥人民政协协商为民、监督为民、议政为民的作用，解决老百姓的烦心事，绵阳市安州区按照省政协办公厅《关于在部分县级政协开展“有事来协商”平台建设试点工作的通知》精神，推动协商民主向基层延伸，以灵活多样、群众便利、管用适用的方式进行，不断扩大协商范围，把“有事来协商”平台建设成为协商民主与基层治理深入实践的平台，民意民智广泛汇聚、群众意愿畅通对接、群众参与、群策群力共同协商议事的平台。始终坚持以不建机构建机制为遵循，积极创新探索人民政协协商与基层治理的新途径、新方法，压紧压实委员责任，在推进基层治理体系和治理能力现代化中发挥了应有作用。

（一）必须始终坚持党的领导

党的十九大报告指出：“协商民主是实现党的领导的重要方式，是我国社会主义民主政治的特有形式和独特优势。”中国共产党是中国特色社会主义事业的领导核心。党政军民学、东西南北中，党是领导一切的。党发挥着总揽全局、协调各方的领导核心作用。这个领导天然地包括对基层协商民主的领导。在协商中解决问题和矛盾，按照规范有序合法地寻求解决问题的方法，这正是我们党进行社会治理的目标之一，可以看出我国的协商民主本身就蕴含了党的领导；另一方面，可以将基层的协商民主看作一场“群众路线”的崭新实验，是我们走近群众、依靠群众、为了群众的重要实践。党委政府支持并参与基层协商民主平台的建设，既是反形式主义、官僚主义、享乐主义和奢靡之风“四风问题”的有力手段，也是实现从群众中来，提升自身领导水平、执政能力的有力措施。从安州的实践看，首先是各级党委政府高度重视，将“有事来商量”作为创新基层治理的新突破、新抓手；区委常委会专题研究、审议方案、提供政策性意见，并提供必要的人财物支持，从上至下推动平台建设，为其“站台”，减少阻力，形成合力；乡镇党委政府作为深处基层的堡垒和推进平台建设落地落实的操刀者，直接组织人员参与到平台建设和运行中，确保推进协商民主向基层延伸，建设运行“有事来商量”协商平台过程中党的领导始终不动摇、始终不松懈。

（二）必须始终坚持以人民为中心的理念

民心是最大的政治，人民立场是中国共产党的根本政治立场，是马克思主义政党区别于其他政党的显著标志。我们党的根本宗旨是全心全意为人民服务，坚持人民立场、依靠群众是政治巡视的逻辑起点和基本原则。安州区“有事来协商”平台建设工作，始终坚持以人民为中心的发展思想，把赢得民心民意作为根本着力点和落脚点，紧盯群众反映强烈、矛盾突出的领域和区域，广泛吸纳群众参与协商，协商结果力求利民；强化平台信息收集、预警功能，注重解决实际矛盾的功能建设，建立“问题库”和“以解决问题库”，注重问题解决后的分析整理和总结，形成解决同类问题的制度化、程序化方案，在一定领域内形成“填空式”问题解决模式；选择在镇乡层面建立中心主阵地和“社区聊天室”，在村、专合组织和新经济组织建立“院坝议事协商会”，通过“流动小板凳”“流动服务站”方式方法，广泛开展“流动协商”“微协商”活动，做到精准服务群众，推动协商民主向基层延伸，解决人民群众中生产生活中遇到的各种困难和问题，最大限度地维护了人民群众的利益，增强了人民群众对党的信心、信任和信赖，进一步密切党同人民群众的血肉联系，厚植党执政的根基。

（三）必须充分发挥协商主体的作用

协商民主从根本上讲是一个议事方式、议事程序、议事规则的问题。摸索、总结完善、建立健全基层协商民主机制，这个制度应该包括议题的征集、发布预告、走访调研、协商的开展、意见的反馈、协商结果的督促等，一套机制是否能有效运转，实现建立机制的初衷，人就成了关键因素。安州区吸纳各界精英、培育协商主体共同参与，为协商民主夯实了基础。广泛吸纳各行各业的人才精英，切实为协商活动的开展提供人才保障，按照党政领导、政协委员、专家学者、各界代表人士、群众代表、利益相关方一定的比例配置协商主体，使参会人员有广泛性、群众性和专业对口性；坚持训与练相结合，进一步加强协商队伍建设，由于协商队伍分别来自不同职业和岗位，特别是各界人士代表，对政协协商不太了解，为此，注重先期集中培训，明确建言不决策，讲明协商平台建设的政治定位，政协协商的政治性、人民性、开放性和实效性，发挥好人民政协作为专门协商机构的重要作用，推进政协协商和基层治理有效衔接；积极培育活动主持人，协商活动主持人相对其他会议而言具有独立性，但必须保证协商活动的公正性、公平性、平等性、合法性，按照“懂政协、会协商、善议政，守纪律、讲规矩、重品行”的要求，在主持人的选育中，主要是由分管党的建设工作的乡镇政协工委或政协工作联络组组长担任，与协商主题无相关利益、有较强责任心、能公正并有一定主持能力者担任主持人，记录过程尽可能地详尽，确保真实完整地反映发言者的本意。

（四）必须始终坚持创新驱动的发展思路

协商民主是否能在基层生根发芽，很重要的一环就是看能否形成一套适合基层的科学协商机制。中国共产领导下的协商民主已经探索、实践、运行多年，可以说是伴随党诞生、成长、成熟的全过程。但将协商民主作为开展基层社会治理突破口大规模运用时间相对较短，协商的议题、形式、程序、人员的选定都需要摸着石头过河，在实践中不断创新。比如，在安州的实践中，“专题协商”和“微协商”相融模式，就是创新驱动的典型，把握“专题协商议政”和“微协商”的不同要求，实行交叉分解协商，专题协商牵扯过多过大的问题，就分解成多个微协商，微协商注重选择群众所盼、所需，且能通过协商群策群力解决的问题。

第六章　乡镇（街道）治理

第一节　深化三社联动　创新服务体系

——江油市中坝街道着力打造“三社联动”服务体系①

一、引言

中坝街道是中共江油市委、江油市人民政府所在地，辖16个社区、1个行政村，面积10.09平方千米，常住人口18万余人，有居民小区529个，物业管理小区175个。街道共有社区党委15个，社区（村）党总支2个，党支部108个，党员3716名。先后获得“四川省首批基层治理示范街道”“新时代文明实践中心建设全国试点”“乡风文明建设省级试点工作先进单位”“绵阳市城乡基层治理制度创新和能力建设示范六强街道”“绵阳市依法治市工作先进单位”“全国文明城市创建工作先进集体”等荣誉称号。近年来，街道办事处将社区作为主要管理服务对象，不断加强城乡社区治理实践创新，先后确立了省市县民政部门城乡社区治理试点和组织口党群服务中心等项目，为探索“三社联动”治理模式提供了实践基础。

① 案例由江油市中坝街道办事处提供，江油市委党校王元君编写。

二、主要做法及成效

（一）实施社区阵地亲民化改造，优化联动环境

1. 确定阵地建设面积标准

以行政区划调整为契机，通过“购置转建”（即购买、置换、划转、共建）等方式，整合辖区内闲置或新增国有资产、社区自有资产、零散资产，按照建设用房原址改建不低于100m²/社区、异地新设不低于200m²/社区的标准打造阵地。

2. 构建“三去一改”治理新场景

按照“党委领导、区域统筹、多方参与、共驻共建”的思路，整合组织口、民政口、社区共建单位等资源，积极获取资金支持，统筹社区党建和便民服务两个需求、两类资源，推进实施去机关化、去形式化、去办公化、增亲民化的“三去一改”项目，以提高社区阵地利用率。

专栏2　江油市中坝街道“三去一改”项目

“去机关化”，即变社区阵地广场为服务群众大舞台。许多原有社区院坝主要用于停车，亲民化改造对院坝进行了重新设计，增设了文化墙、宣传栏、公共服务设施，创新打造成百姓大舞台、邻里空间。

“去形式化”，即对社区办公场所进行人性化改造，设置无障碍通道、导引区、办事休息区、自助服务区，增添软凳、异型圆桌、添置布艺沙发和抱枕，角落处设置报刊架、扫码充电宝和公用雨伞架等设施。

“去办公化”，即围绕“三社联动”做好加减法，改“办公柜台”为“服务吧台”。按照“党建咨询、社会组织孵化、信息服务、居民议事、惠民办事、矛盾调解、文化娱乐、儿童关爱、综合养老”等多种功能划分区域，精心打造党建阵地、党群学校、人才驿站、日间照料中心、妇女儿童之家、新时代文明实践站、退役军人服务站、图书阅览室等场所，并预留知识型、服务型、文艺型社区未来发展空间，以满足社会组织、社工队伍工作需要和党员群众个性化服务需求及群众日益增长

的精神文化需求，从而增加社区“家”的温度。

（二）开展社工干部专业化赋能，增强联动力量

1. 强化以专业示范促进社工干部思想转变

以老旧小区治理难问题为突破口，选取四个不同类型老旧小区，通过政府购买服务方式，引进专业社工组织入驻小区，注重运用专业知识解决具体问题的示范。对比研究专业社工组织与传统社区在问题解决方式、成效方面的差异，使社工干部深刻认识到用社工专业知识化解矛盾的潜能和优势，从而激活干部思想，激发干部热情，破解了城市社区治理思想上的“转向”难题。

2. 强化社工干部专业化培训

坚持实施社工干部专业化发展计划，以政府购买服务方式引进专业社工组织加强对社区干部开展专业培训。通过社区出题、专业社工组织答题、社区评分方式，选取四个案例，由专业社工组织带领社区干部全程参与解决，从而提升社区干部专业化水平和能力。

3. 强化对社工干部加强专业学习的激励

广泛要求社工干部持证上岗，通过给予持有社工证社区干部经济补贴的方式，激励更多社区干部自主加强专业知识学习，积极考取社工证，以不断扩大社区干部持证比例。当前，中坝街道已把社区常职干部持有社工证比例达标纳入年终目标考核体系，从而倒逼社区加快提升持证率步伐。

（三）引导社区居民自助化服务，创新联动方式

1. 建强自助服务体系

以提升社区党组织组织力为突破，在社区成立党委，将支部建在小区，构建“街道党工委、社区党委、小区党支部”上下联动的三级组织引领居民自助服务体系。首先，以党建为引领，推动小区依法依规成立自治组织，支持和指导有条件的居民小区成立业委会、自助管理委员会和自治党支部，积极动员居民自愿加入。其次，以自管委为依托，引进社会组织和社工专业人才，成立社区矛盾调解委员会，兜底调解社区综合矛盾；成立公益性社会组

织，对特殊、困残等人群进行关心关爱、心理咨询、疏导帮扶；成立自治性社会组织，对上协调电梯加装、安装路灯等公益性事务，对下完善“居民服务居民”自助服务功能，如治理污水、管理车辆等，目前已成立或链接“心灵工坊”等公益性社会组织、自治性社会组织，有效提升了自助服务水平。

2. 探索联合自治机制

在自治、共治、德治、法治“四治”框架下形成“小区+小区”联合自治机制。即有条件的小区结对帮助基础条件差的小区，尤其是在临近的新、老小区之间，积极探索新小区的管理人员兼职管理老小区的模式，形成以新带老、以点成面，完成有规范的区域性管理。同时发动“双报到”党员、网格员、专业社工组织、专业社工人才等力量积极加入，充实联合自治血肉。

3. 创设自助服务项目

针对无物业管理老旧小区散乱差问题，通过梳理居民反映较多、较大、较强的问题，创设“微资金、微心愿、微投入”“365 帮帮团”“独家温暖”“4点半课堂”“党妈家庭会”“家门口诊室”等自助服务项目，以业委会、自治党支部或专门自治组织为平台，积极开展“平安千家夜巡活动”“爱心志愿宣传”“无偿献血”“扶贫济困，奉献爱心”等多种自助服务活动，将社区、社会组织、社工专业人才“三社”有效联动起来，增添了小区工作的温度，提升了居民幸福感、获得感。

（四）激发社会组织专业活力，保障联动质效

在市民政局指导下，积极谋划成立了“川悦明天”社会工作服务站、向阳社会工作服务中心等专业社工组织。为激发社会组织新活力，街道以政府购买服务形式实施公益创投项目，积极开展小区党建、社区文化、综合养老、助残和救助、心理健康等工作，有效整合了“三社”力量。如“川悦明天”社会工作服务站在做好留守儿童和困境儿童家庭监护评估、安全和心理健康教育、成长性格培育、隔代教育能力建设等系列社会工作服务的同时，还联动社区、社会组织、社工专业人才“三社”力量，培训、动员、整合包括儿童工作队伍、学校、监护人、社区志愿者、社会爱心人士等资源，建立了一支稳定的儿童关爱保护工作队伍，凸显出社会组织的专业活力。一是运

用社工专业理论、专业模式、专业方法进行介入帮扶；二是发挥社工资源链接专业优势进行社会公益资源整合与对接，帮助困境儿童获得其他专业支持，包括但不限于心理疏导、司法援助、课业辅导、暑期线上陪伴等。该站共开展困境儿童个案10余个，累计服务50余次，服务对象及家庭的个别化需求得到较大满足；累计为20余名困境儿童链接持续的助学资源，帮助困境儿童获得更多教育支持，专业服务得到被帮扶儿童家庭一致好评。

三、经验与启示

“三社联动”是创新社区治理的一种成功经验概括，是指通过社区建设、社会组织培育和社会工作现代化体制，形成资源共享、优势互补、相互促进的良好局面，加快形成政府与社会之间互联、互动、互补的社会治理新格局。中坝街道以社区为基础、社会组织为载体、社会工作为支撑，激发治理活力，创建新时代社区治理共同体，打造共建共治共享美好家园，取得良好效果。

（一）党建引领是基层治理必须坚持的根本原则

习近平总书记指出，“党的力量来自组织，组织能使力量倍增”。在“三社联动”协同治理中，社区、社会组织、社工专业人才作用的发挥要依靠“街道党工委、社区党委、小区党支部”三级党组织上下联动、有机衔接。社区要统筹辖区各方资源更好满足居民多样化需求，若没有党组织的引领、党员先锋模范作用的示范，小区自治组织基本上是一盘散沙、专业社工人才难以引进、自助化活动难以开展，居民生活仍然是“自扫门前雪”，城市“生人社会”难以转型，基层治理会陷入“有形无效”的尴尬境地。中坝街道的实践证明，基层三级党组织的合理分工与协作是党的路线方针政策贯彻落实到基层的政治保证，是“三社联动”开展各项工作的领导核心、是协调各类基层社会组织、整合基层各类社会资源的综合枢纽。

（二）为民服务是基层治理必须坚持的根本价值取向

“为民”是党的目标定位和价值追求。基层治理工作以“为民”为目的而展开，其出发点和落脚点落实到为民服务上，为民履职、服务群众，进而推进发展，同时还要以是否做到“为民”作为衡量治理质量和效果的根本标准。中坝街道打造“三社联动”服务体系的实践表明，为民服务是基层治理必须坚持的根本价值取向。其实施的“三社联动”不仅要求社区阵地亲民化，更要求在开展各项工作中做到“亲民”“为民”，为社区居民提供专业化服务。中坝街道实施的“社区阵地亲民化”模式，不仅增添了“家”的温馨，也更加惠民、便民。

（三）多元共治是基层治理必须坚持的根本法宝

社区要实现有效治理，必须吸引更多主体参与到社区治理之中，实现政府治理、社会调节、居民自治良性互动，这也可避免政府在社区治理中的作用失灵，对于推动社区治理民主化、现代化具有重要的实践价值。中坝街道实施的“三社联动”，其本质就在于进一步完善党委领导、政府负责、社会协同、公众参与的社会治理格局。“三社联动”机制不仅充分发挥了党委政府的主导作用，大力推进政府购买服务，整合各类资源，加强各类资金引导，还广泛动员各类主体积极参与，从而实现政府治理与社会自我调节、居民自治的良性互动，形成了政府引导下的社区、社会专业组织、居民多方参与的社会治理共同体，治理效能明显提升。

（四）专业赋能是基层治理必须坚持的重要举措

提高社会治理专业化水平，对于打造共建共治共享的社会治理格局具有重要的指导意义。随着社会进入信息时代，人类面临的问题越来越复杂、越来越专业，必须通过专业化分工，让专门人才解决专业问题。目前，“人多、事杂、钱少、权小”是城市基层治理面临的普遍问题，积攒的很多问题仅凭社区是“想管管不了，也管不好”。中坝街道“三社联动”实践以来，坚持专业赋能基层，引进了社会专业组织，增添了专业社工人才，有效解决了“管不好”的问题。实践中，“三社联动”坚持社会事社会办、专业事专业办原则，通过政府购买服务，委托有专业能力的社会组织承接服务，社会组织再聘用社工专业人才提供服务，这样更好发挥出了“三社”联动各自优势，从而形成“互助、互联、互动”的治理叠加效应，有效提升基层社会服务管理综合效能。

第二节　党建引领强基础　乡村振兴添动能

——游仙区新桥镇探索党建统领基层治理的“新桥”路径[①]

一、引言

游仙区新桥镇距绵阳城中心9公里，辖区面积89.75平方公里，辖14个村、4个社区，总人口4.43万人，农民人均纯收入19369元；镇党委现有直属党委6个、党总支12个、党支部13个，党员1843人。先后荣获“四川省先进基层党组织”“四川省乡村振兴战略先进镇”“四川省文明村镇”“四川省乡镇治理现代化试点镇”“四川省第二批乡村治理示范镇”等荣誉称号。近年来，新桥镇党委坚持以党建引领基层社会治理，聚焦“新瓶装老酒”的认识偏差，强化思想引领，变革治理理念；聚焦“九龙不治水”的机制障碍，强化组织引领，优化治理架构；聚焦“落实靠干部”的关键因素，强化作风引领，激发治理活力；聚焦“群众最满意”的工作宗旨，强化目标引领，提升治理效能；切实推动现代治理在新桥落地见效。

二、主要做法及成效

（一）聚焦“新瓶装老酒”的认识偏差，强化思想引领，变革治理理念

1. 着眼关键抓引领

固化党委中心组学习，创新“党委成员+班子成员+党组织书记”学习模式，组织“关键少数”开展专题学习研讨每年度不低于6次，确保基层治理的

① 案例由游仙区新桥镇人民政府提供，游仙区委党校敬谢林编写。

政治方向不走偏。

2. 围绕重点抓突破

针对治理工作中观念落后、形式老套、各自为政等问题，组织干部赴“枫桥经验”发源地浙江省枫源村等地，开展“走出去+引进来”学习活动2批次，探索形成“四新三实”社会治理新模式，即直面“两项改革”衍生的新问题，搭建信息收集反馈平台，变“群众跑腿”为“干部上门”；贯彻基层社会治理的新要求，搭建集成分析调度平台，变传统治理为智慧治理；顺应群众美好生活的新期待，搭建线上互助共享平台，变单一治理为多元治理；探索干部激励评价的新模式，搭建服务实绩量化平台，变粗放管理为精准治理。通过构建“实体化”机构，实现“实战化”运行和“实效化”治理，各类矛盾纠纷得到全方位分级化解，真正做到了“小事不出村、大事不出镇”，实现了“发展更好、服务更优、社会更和谐、治理更有效、群众更满意”的治理目标。

3. 结合实际抓落实

新桥镇结合乡镇行政区划和村级建制调整改革衍生的“新问题”，通过全覆盖走访，收集意见建议224条，召开镇村组三级干部会议，凝聚思想共识，着力变“群众跑腿”为“干部上门”、传统治理为智慧治理、单一治理为多元治理，形成了“以党的建设为统领、群众需求为导向、智慧集成为手段、多元共治为支撑”的符合新桥城乡接合部实际的现代治理理念。

（二）聚焦“九龙不治水”的机制障碍，强化组织引领，优化治理架构

1. 健全党领导的治理体系

按照“党的建设、经济发展、民生服务、和谐稳定”集团化工作理念，成立全省首个以镇党委书记任主任，镇长、人大主席、分管党建、分管政法的副书记为副主任的新桥镇党委全面依法治镇委员会，设立城乡基层治理功能型党支部和社会治理办公室，落实专职工作人员3名，兼职干部6名，负责基层治理各项工作落实落地。

2. 搭建服务于民的治理平台

该镇通过“两条线”、“一站式”服务整合各方力量，搭建基层治理

平台，切实推进基层治理工作形成合力。线上创新打造“心之桥社会治理调度平台”，设置“新语心愿、玩转新桥、文明实践”等版块，同步开发信息研判、指挥调度、平安新桥等大数据分析系统，实现科技赋能“微治理”、服务群众“零距离”；线下按照“一厅五室”（信访接待大厅、新乡贤调解室、分流调度室、心理疏导干预室、人民调解室、联动工作室）布局综治中心，实行矛盾纠纷红黄蓝“三色预警”管理模式。同时建设村级公共法律服务工作室18个，签约法律服务队伍2支。仅2022年第一季度，免费为群众提供法律咨询和服务1200余人次，累计办理各类群众诉求、纠纷101件，联调16件。

3. 汇聚合力共治的治理资源

着力精准高效服务管理，建设镇村社工驿站（室），减轻村社干部负担，提升基层社会治理水平。汇聚“镇、村、企、民”多方力量，创新建立“企业主体、专兼结合、镇管村用、共建共享”的“村网共建、多网合一”要素服务模式，实现了群众广泛受益、企业降本增效、治理精准有效。

（三）聚焦“落实靠干部”的关键因素，强化作风引领，激发治理活力

1. 锤炼锻造村级班子

持续推动基层党建“3+2”书记项目，严格按照“三个三分之一”规范村级阵地，群策群力修订完善村规民约。镇党委获全省先进基层党组织、胜利村党委晋升2A级市级示范党组织，同福村、云凤社区党组织获评A级市级示范党组织，基层组织战斗力、凝聚力、号召力不断提升。

2. 选优配强干部队伍

注重人才回引培养，以有浓厚的乡村情怀、敬业的奉献精神和务实的为民情怀为选配优秀村干部标准，通过区级选派、异地调任、择优留任等方式，选优配强村（社区）党组织书记，圆满完成18个村（社区）换届选举。村级班子平均年龄43.6岁，比换届前下降2.4岁，新增后备干部43名。

3. 持续深化作风建设

将作风能力攻坚行动细化为任务清单，通过“总体目标+分项目标、全年任务+阶段任务、长期任务+短期任务”进一步明确奋斗目标、具体措施、

责任部门和责任领导，确保在作风建设行动中精准发力、靶向破题。2021年组织开展警示教育16次，通报典型案例30件次，组织观看警示教育片3部，开展“院坝问廉”9场，从灵魂深处根植勤政廉政思想基础，提振干部干事创业激情。

（四）聚焦“群众最满意”的工作宗旨，强化目标引领，提升治理效能

新桥镇围绕“满足群众对美好生活需要”目标，寓治理于服务之中，实现基层治理效能提升。

1. 集体经济更强

开展宅基地“三权分置”改革，全镇5个村集体经济联合社与10家企业签订集体建设用地合作经营协议。2021年全镇村、社集体经济组织整理闲置集体建设用地511亩，总收入4088万元。其中胜利村集体经济股份联合社资产由原来的184万元增至2500余万元，年收益达30万余元。

2. 人居环境更靓

围绕“一环两场三线四片”（一环为新桥—云凤—街子—新桥内环线，两场为街子场、云凤场，三片指新跃民主片、柏荣龙骨片、岳家回龙片，四线为绵梓路、老108、魏街路、胜忠路沿线），抓实垃圾、污水、厕所三大革命。抢抓旅游环线、省级乡村振兴先进镇建设等机遇，推动基础设施提档升级，场镇污水收集率达95%以上。

3. 文明实践更丰

规范化打造新时代文明实践“1所18站3点”，建成共享物品“微平台”21处，推进便民服务落细、落小。组建“心之桥”志愿服务队72支，链接公益组织、爱心人士等共同参与社会帮扶救助，传导文明新风，形成共建共治共享的良好氛围。

三、经验与启示

基层治理是国家治理的基石，统筹推进镇村社会治理，是实现国家治理体系和治理能力现代化的基础工程。新桥镇以基层治理体系和治理能力建

设为主攻方向，坚持问题导向，结合乡镇行政区划调整和村级建制调整改革“后半篇”文章衍生的“新问题”，积极探索以党的建设为统领、以群众需求为导向，着力破除治理理念陈旧、治理架构缺憾、治理力量薄弱、治理效能偏低的基层治理难题，大大提升了基层治理服务的科学化、精细化和智能化水平，成功探索出党建统领基层治理的“新桥”路径。

（一）基层治理核心在于坚持党的全面领导

党政军民学、东南西北中，党是领导一切的。要加强党的领导，推动党组织向最基层延伸，健全基层党组织工作体系，为城乡社区治理提供坚强保证。基层社会治理必须牢牢把握住党的领导这条主线，真正把基层党建的政治优势转化为基层社会治理的工作优势；必须以严密的基层党组织工作体系为依托，形成总揽全局、协调各方的领导体系，实现整体治理、协同治理和系统治理；必须大力提升党组织的社会动员能力，整合凝聚各方治理力量和资源，切实提高共建共治共享水平。新桥镇始终牢牢把握住了党组织领导基层社会治理这一主线，坚持了正确政治方向，并采取了一系列具体举措，充分发挥了基层党组织的战斗堡垒作用和党员的先锋模范作用。同样，在搭建治理平台，优化治理架构，汇聚治理资源，强化治理干部队伍建设，完善提升治理基础等方面，党建均发挥了关键的价值提供和模范引领作用，充分证明了基层党建强，基层社会治理就强。

（二）基层治理根本在于坚持以人民为中心

党的十九届六中全会《决议》强调，“全党必须永远保持同人民群众的血肉联系，站稳人民立场，坚持人民主体地位，尊重人民首创精神，践行以人民为中心的发展思想”。社会治理的本质是人，习近平总书记强调，要面对面、心贴心、实打实做好群众工作，扎扎实实解决好群众最关心最直接最现实的利益问题、最困难最忧虑最急迫的实际问题。要加强基础保障，寓管理于服务之中，不断满足人民群众日益增长的美好生活需要；要坚持问题导向，从最重要的工作抓起，疏通痛点和堵点，集中全力做好兜底性、基础性、普惠性民生工程；要充分整合社会各类治理资源与力量，确保充足可持续的社会服务供给。新桥镇以群众满意为目标，打造“亲民、便民、利民”政府，不断增强基层公共服务能力，正是深刻理解并切实践行了以人民为中心的发展思想，做到了群众关心的和关注的事事有回音、件件有落实，从思想上真切感受到群众的呼声，从行动上切实回应了群众的诉求。2021年11月，新桥镇被评为“四川省第二批基层治理示范镇”就是最好的印证。

（三）基层治理关键在于坚持强化干部队伍建设

2021年7月中共中央、国务院发布《关于加强基层治理体系和治理能力现代化建设的意见》，提出加强基层政权治理能力建设，特别是要在行政执行能力、为民服务能力、议事协商能力、应急管理能力、平安建设能力等方面提升增强。在基层治理体系和治理能力现代化的持续推进中，面对新形势下的基层治理需求和挑战，基层党员干部更加需要全方位地提升自身治理能力：强化带头力量，发挥“火车头”引领作用，确保政治方向不跑偏；拓宽用人视野，把方方面面优秀人才聚集到党和人民事业中来，充分发挥干部队伍和各方面人才作用；深化教育培训，提升基层干部队伍治理能力和作风建设。近年来，新桥镇聚焦干部队伍建设，通过严格任职条件、拓宽干部来源、充实后备力量等方式配优配强基层治理干部队伍，创新治理理念，增强治理质效，切实践行了“全心全意为人民服务”的宗旨。

第三节　三治融合，四措并举　创新乡村治理

——江油市新安镇着力构建乡村治理新模式[①]

一、引言

新安镇位于江油市东北部，辖区面积96.52平方公里，全镇总人口3.26万

① 案例由新安镇人民政府提供，江油市委党校王元君编写。

人，辖10个行政村、2个社区，86个村民小组。先后获评“第七批全国一村一品示范村镇”“四川省第二批乡村治理示范村镇”“四川省实施乡村振兴战略工作先进乡镇”“全国文明城市创建和全国新时代文明实践中心建设试点工作先进单位”。近年来，新安镇按照实施乡村振兴战略的总体要求，在“治理有效”上下功夫，从思想塑魂入手，在制度执行上发力，在自治手段上创新，构建起了自治、法治、德治相结合乡村治理体系。

二、主要做法及成效

（一）注重思想塑魂，让治理新理念深入人心

1. 线上与线下相结合，强阵地

线上通过制定“学习强国”“学习书柜”积分兑换制，在各村新时代文明实践站设置积分兑换点，定期举办积分换实物活动提高自主学习激情；同时开设“云课堂、微宣讲”，“甜蜜新安”微信公众号，打造镇域理论宣讲阵地。线下通过人居环境综合整治，打造各具特色的主题院落，强化实体阵地建设。运用墙体漫画、连环画、小雕塑、旧农具等元素在天岭村打造“忆旧归园”主题院落，突出节水、节粮、节能、绿色照明、资源循环利用、闲置物品共享等勤俭节约文化以德化人；运用村庄旧史、村民小故事、新村头条等元素在黑滩村打造村史馆，展示“敢闯敢试敢为人先，实干苦干干成事业”的新安精神催人奋进。

2. 内育与外聘相结合，建队伍

通过内育和外聘方式组建专家队伍、专业队伍、村（社）志愿者队伍、五老队伍、百姓宣讲队伍等5支队伍。专家队伍、专业队伍主要以外聘为主，专家队伍由帮扶过、指导过本镇工作，对本镇情况十分熟悉的各行业专家组成；专业队伍是由正指导本镇工作的驻村团队、律师团队、医疗团队、金融团队、农技团队等组成；村（社）志愿者队伍、五老队伍（老党员、老干部、老战士、老教师、老模范）、百姓宣讲队伍均为本镇域、本村域原住居民。五支队伍主要以身边人讲身边事、身边事教育身边人的方式，让广大群众接受文明洗礼，体会“身边的感动”。同时召集镇域内政治理论水平较高

的骨干志愿者组建“红色”党员政策宣讲队，宣传阐释党中央大政方针、解读共建共治理念，提高群众觉悟水平。

3. 集中与分散相结合，重宣教

定期举办“甜蜜新安大讲堂”进行集中理论宣讲，有力传播乡村治理理念，使广大群众明晰治理思路，明确治理方向；组织镇机关及村社区志愿者，面向全镇招募读书爱好者，集中举行好书分享会，推荐学习《习近平新时代中国特色社会主义思想学习纲要》《习近平谈治国理政》等经典原著，使“学原著、悟原理”学习活动落到实处；充分利用节庆机遇，采取“坝坝宴”“乡村大舞台”“农民春晚”等形式，将《文明新风倡议》《村规民约》《社会主义核心价值观》《民法典》《婚姻法》等让村民自觉传播并演绎出来，有力制止了高价彩礼、炫富比阔、铺张浪费等陈规陋习蔓延。分散宣教主要通过分时分地采取“小板凳”“院坝党课”“快板”等老百姓喜闻乐见的形式入院入户进行重点宣传，打通思想塑魂最后一米。集中重普及、分散有重点，以此构建起特色鲜明的政策宣传教育项目体系，增强了理论转化实效。

（二）强化制度执行，让治理实践规范运行

1. 抓实党委领导体制

严格落实镇党委抓农村基层党组织建设和乡村治理的主体责任，建立健全优化协同高效的工作运行机制；通过明确职责、调优机构、选优配强干部等措施，为乡村治理工作提供人力、物力、财力保障；通过创新开展“党建月月红”“党员大比武”等活动，强化基层党建。

2. 创新议事协商机制

变“替民做主”为“让民做主”。按照协商于民、协商为民的要求和“一事一议”“一案一策”的原则，由无利害关系的党员、退休干部包案共同办理矛盾纠纷案件，并采取“民情会审”“群众议事会”“议事厅”等模式广泛开展讨论、村民表决、基层党组织研究办理，以此推动问题解决在萌芽、矛盾化解在基层，先后已成功调处村民纠纷20余件。

3. 推行“荣誉村民”制度

健全外来人员参与机制。对提供技术指导的“土专家”“田秀才”等致富带头人或外来人员在本村居住且从事农业生产经营满1年的，由村民大会对其个人综合情况进行评议表决，符合条件的颁发“荣誉村民”证书，享受与本村村民在就业、医疗、教育等方面的同等权益，从而充实村级治理力量。目前已评选“荣誉村民”10名。

4. 建立村务公开机制

在制度上要明确必须公开事项以及公开时间，要求各村规范建设信息公示栏，不断增加工作的公开度和透明度。引导村民养成看公示的习惯，使村民自觉地参与到对村党务、村务、财务的监督中来，对制度执行情况进行全方位、多角度、深层次的监督，真正把制度的执行置于村民监督之下。

5. 健全村监委监督机制

明确村监委会主任及成员职责，加强村监委会对“两委”执行党的路线方针及村各项管理的监督。通过科学设置考核内容、考核程序、考核标准，及时公布考核结果的方式对村干部“上考下评”进行严格监督，以硬性的考核促进各项制度的坚决执行。

（三）创新自治手段，让治理成为自觉行动

1. 推行“五长自治”

瞄准农村治理的难点痛点，在农村党员队伍中推选“五长”，即每村结合党员分布和村民自然居住区域情况，每200户左右选定一名骨干党员担任“片区长”负总责，下设线长、路长、河长分管区域电缆网线、道路、水利设施的巡查和安全检查，片区内每10—20户设置一个“院落长”，协助做好民意收集、环境卫生、矛盾排查等工作。全镇共划分片区55个，设置“五长”275名，先后为群众办理民生实事200余件。

2. 组建环卫检查组

按照“庭院内外绿化美”“居室整洁靓丽美”“物品堆放整齐美”“厨卫分离清洁美”“绿色低碳环保美”“身心健康生活美”等基本标准，常态化开展“最美庭院”“最清洁户”等评比，实行量化考核、互评互学、动态

管理，引导居民爱护环境卫生。同时以“图片+简短文字”的形式，对乱丢垃圾、乱堆乱放、不文明饲养宠物、乱贴乱画、破坏公共设施等不文明行为进行监督，形成巡访名册、相册和手册等，及时对不文明行为曝光，并劝导教育，促进自治习惯养成。

3. 组建七彩志愿服务队伍

根据群众多样化需求，从志愿服务专业化出发，组建了“红橙黄绿青蓝紫”七彩志愿服务大队。即“红色”政策宣讲队、“橙色”矛盾纠纷调处队、“黄色”治安巡逻队、“绿色”环保服务队、“青色”文明劝导队、“蓝色”科技服务队、“紫色”敬老服务队，形成了“甜蜜新安”七彩志愿服务品牌，极大地调动了村民自治积极性。

4. 组建互助小家

通过搭建志愿服务“户”联网，实施志愿者包挂联系农户工作机制，定期入户农户征求群众“微需求”，开展“微服务”，实现“微心愿”，推动文明实践由“进村”到“入户”转变，由“见人”向“走心”深化，不断增进乡里乡亲的情谊。

5. 开设“公德银行”

居民通过垃圾分类获公德积分，再用积分换取服务，获实物增值。充分利用科技手段，购置了两台智能垃圾分类箱，居民可通过人脸识别注册后，进行分数积分，自动分类，并且具有无人值守、无须专袋、精确计量、自动监测等特点，居民公德积分可以兑换大米、洗衣粉、洗洁精等日常生活用品，从而使垃圾分类成为一种时尚。人们从“不懂分类”变为“主动分类”，从“随手扔”到“随手分”，形成全员主动参与垃圾分类的良好氛围。

6. 打造“家风家训主题文化园”

利用村民自家院子打造融观赏、休闲、教育、警示于一体的“家风家训主题文化园”，将家训元素嵌入庭院的景色中。文化园内容包括：优秀家风家训格言、文学名著中的经典家训名篇、老百姓喜闻乐见的家风谚语、居民身边的好家风家训故事，以及一些不良家风的反面典型案例等。同时以此为依托开展温馨家庭活动，设置孝善榜，进行家风宣教，同时曝光不孝反面典型，使遵守良好家风家训成为村民自觉行动。

三、经验与启示

习近平总书记指出，“实施乡村振兴战略的总目标是农业农村现代化，总方针是坚持农业农村优先发展……要夯实乡村治理这个根基。”近年来，新安镇党委、政府按照中央、省、市关于实施乡村振兴战略决策部署，以农村人居环境整治为切入点，深入学习浙江“千村示范、万村整治”工程经验，紧扣群众参与主体，努力构建在党的领导下自治、法治、德治三治结合的乡村治理体系，培育文明新风，扎实推进美丽宜居乡村建设，初步形成了乡村治理新安模式。

（一）统一思想是基础

“保证党的团结统一是党的生命，也是我们党能成为百年大党、创造世纪伟业的关键所在。”新安镇是一个丘陵乡镇，和大多数丘陵乡镇一样，面临着人多才少，老龄化严重，思想僵化，贫困问题突出等普遍问题。为解决这些问题，新安镇党委政府立足新安实际，提出“产业新安”全域化、“美丽新安”景区化、“甜蜜新安”感知化、“党建新安”品牌化的“四化新安”发展思路，全镇上下通过“强阵地”“建队伍”“强宣传”几项举措，将党的路线方针政策、新安的乡村振兴战略目标价值和思路部署宣讲到村落庭院、田间地头，从而提高了全体村民思想认识，凝了心聚了力，从人居环境整治入手消除杂音、铺平道路，为新安镇实现“四化新安”的乡村振兴目标奠定了基础，使新安人居环境“美”起来、乡风民风“纯”起来、群众生活“富”起来。

（二）健全制度是前提

科学合理的治理制度是保障基层治理有效的前提。基层自治从本质上是自我教育、自我服务、自我约束、自我管理，但这并不意味自治就是完全放任自由、无章可循，无据可依。实际上，自治要有效实现，必须在一定的章程制度框架下才能自由运行，否则自治会流于形式。新安镇在践行基层自治上十分注重自治制度建设。新安镇党委政府在推进人居环境整治工作中，为充分激发村民参与热情发放了倡议书，并先后制定了卫生管理、保洁员管理、环境整治检查评比等一系列制度和实施细则，不仅解决了“人人知晓”问题，还解决了“怎么做”的疑惑，使人居环境自治渐渐成为村民一种习惯。同样，德治也要靠制度来培育、规范。通过制定村规民约、建立定期养老敬老宣教和评选、反面典型曝光等德化教育制度，让“有德”深入人心。法治是确保治理有效的最后防线。但法“治”必须在法“制”的基础上才能更好运行，因此建立常态化的普法制度是确保“法治”有效的首要任务。对于基层，让广大群众“知法”、树立法治意识，必须靠常态化的普法制度来支撑。

（三）监督执行是关键

制度是保障，关键是执行。制度只有落实在执行里才具有生命力，而确保执行力最有效的方式就是建立完善的监督机制。同样，实现“四化新安”也不是一句空口号，而是需要相关配套政策和一系列工作机制来推动。新安镇党委政府深知这一点，首先从自身做起，建立健全党委领导体制，确保党建引领、党内监督乡村治理的每一个环节；其次是健全村监委监督机制，确保专门监督落到实处；再次是建立村务公开机制、创新议事协商机制，确保群众监督、民主监督真正发力；最后是推行“荣誉村民”制度，让村外人员参与监督。

（四）丰富活动是抓手

丰富多彩的活动是激发治理主体积极参与乡村治理的平台和载体。若没有持久推进的丰富活动，乡村治理会一时新鲜，最终流于形式。为确保乡村治理有效，新安镇党委政府把开展丰富多彩的活动作为推进乡村治理的重要抓手。各村在党委政府的统筹部署下，因地制宜举办多种推进活动，凝聚了人气、营造了氛围、扩大了影响，使“最美新安人”“脱贫达人”“最美家庭”“好公婆好儿媳”等先进典型越来越多，从而为自治创新了更广思路、为德治树立了更好榜样，为法治清除了更多障碍。

第四节　健全治理体系　筑牢振兴基石

——盐亭县巨龙镇着力构建新时代乡村治理体系①

一、引言

盐亭县巨龙镇地处县境南部，距县城11公里，梓江、湍江纵贯全境，盐蓬路、成德南高速穿境而过。先后荣获“四川省第二批乡村治理示范镇”“2021年度四川省乡村振兴先进乡镇”等荣誉。全镇辖区面积72.7平方公里，耕地面积38264亩，辖7个村、8个社区，73个组，户籍人口2.6万人，基层党支部24个，党员980余人。近年来，该镇坚持以人民为中心发展理念，持续提升村级党组织领导能力和村民自治能力，不断健全便民服务机制、阳光监督机制、民意直通机制，村容村貌焕然一新，乡村治理体系建设日趋完善，治理能力和治理水平进一步提升，书写了农业强、农民富、农村美的产业重镇腾飞巨龙新篇章。

二、主要做法及成效

（一）强化党的领导，健全责任落实体系

1. 健全责任落实机制

建立党委统筹、专班包片、责任到人的工作体系，实现乡村治理工作“横向到边、纵向到底”的责任落实机制。镇党委成立乡村治理领导小组，定期召开专题党委会研判工作推进情况，把乡村治理工作推进情况纳入年终目标考核，实施“一诺一单三评一监督”工作制度，即“每年一个工作承诺”“每月一个重点工作清单”“全年三类考核测评”“人大纪委全过程监督”，将“一诺”“一单”执行情况和“三评”“一监督”的结果作为年终工作实绩评定的重要内容，实现以“诺”立身、以“单”立行 、以“评”立

① 案例由盐亭县巨龙镇党委政府提供，盐亭县委党校李慧、盐亭县巨龙镇党委政府李泓江编写。

信、有“督”立规。成立由包村班子成员和驻村干部组成的驻村工作组，分片包干所驻村乡村治理工作。成立由分管班子成员和镇属党政机构、各派驻单位负责同志组成的专项工作推进组，分系统推进全镇基层治理任务。

2. 优化基层组织设置

坚持“围绕发展抓党建、抓好党建促发展”理念，根据各村产业发展情况，适时调整党组织设置，成立了华腾水产党支部、花果嫘乡党支部等一批产业党支部。充实村级人才队伍。在各村采取发布人才召集令全员招募、制定镇村干部精心培育、组织驻村工作组和“两代表一委员”全面评选的“招、育、选”三步走办法，配强村“两委”班子，建强一支村级后备干部队伍。

3. 强化治理能力提升

采取县级普遍轮训、镇级日常教育、党课、专题培训相结合的方式，分层分类抓好村（社区）“两委”班子成员教育培训，全面提高治理能力和水平。完善“三资”管理制度。制订《盐亭县巨龙镇“三资”管理制度》，对镇、村（社区）的集体资源、资产、资金再次清理核实，登记造册，专人管理，并录入三资平台管理系统。对被整合的镇、村（社区）“三资”重新调配、分割，让资产、资源“活”起来，壮大集体经济。

（二）激发群众活力，健全乡风文明建设体系

1. 激发群众主体作用，培育文明乡风

全面修订村规民约，发挥党员示范带头作用，因地制宜推行“五老共治”、民主理财、监督委员会、红白理事会、“红黑榜”等模式，利用村广播、微信群等手段，广泛开展文明新风宣传，倡导喜事新办、丧事简办、小事不办，坚决遏制大操大办、人情攀比等陈规陋习，引领村民自觉践行社会主义核心价值观，广泛实施“红黑榜”制度，积极开展“文明家庭”“乡村好人”“最美婆婆”“最美媳妇”等评比活动，建立健全村规民约（居民公约），坚决遏制婚丧办、人情攀比、厚葬薄养等陈规陋习。胜利村被评为“市级乡村文化振兴样板村”。

2. 强化法治建设，落实“一村一法律顾问”制度

各村（社区）与司法所签订司法、普法协议，建立了镇村公共法律服务

体系，壮大基层法律、治安队伍。提升村民自治能力，严格落实“四议两公开一监督”民主决策、丰富村民议事协商形式，推行党小组牵头、项目化管理、村民理事会落实办法，把责任分解落实到党员和村民理事会成员身上，形成了收集问题建台账，直面问题出措施、解决问题见成效的村民自治机制和矛盾纠纷联调、社会治安联动、服务群众联心的多层次基层治理格局。天水村党总支2021年被省委评为“先进基层党组织”。

（三）坚持以人为本，健全便民服务机制

1. 建设村级便民站点

因地制宜，整合资源，统筹推进村级综合服务平台建设。全镇有15个村（社区）高标准建设了村级便民服务站，打造形成集党务、村务、政务、财务于一体、线上线下相结合的综合服务体系，让数据多跑腿、群众少跑路。

2. 建立为民代办制度

全镇推行村（社区）代办服务制度，充分运用“互联网+代办”模式，线上线下同步代办，实行“村（社区）便民服务站综合受理，镇后台分类审批，统一出件”服务新模式，全力打造家门口的服务，基本实现群众“办事不出村、服务零距离”。

3. 建立镇级“首遇负责制”

为增强全体工作人员的服务意识和责任意识，改善行政管理，进一步提高行政效能，巨龙镇全面推行首遇负责制，第一个接听来电、接待来访、接收来信的工作人员，无论是否属于本人、本部门职责范围，都要负责办理或负责协调、联系相关部门办理服务对象所要求办理的各类事项，负责解答服务对象提出的各类问题，并负责将办理结果告知服务对象。

（四）着眼风险防范，健全阳光监督机制

1. 严格落实村级微权力“四单合一”防控体系

按照57项村级微权力清单布置好重点监督，做好事前警示教育、事中提醒督促、事后跟踪问效，确保决策不走偏、运行不走空、督促不走空，实现群众满意度与乡村振兴“齐头并进”。

2. 常态化推进“阳光村务”

深化三公开和村务公开制度，落实阳光村务面对面工作制度，每半年召开群众大会或群众代表大会，逐一公开惠民惠农政策执行、项目实施、三资管理情况，接受群众满意度评议和工作质询，对群众反映意见集中的事项由乡镇逐一核对，问题线索由纪委处置，形成“村级晒、群众评、乡镇审、纪委查”的阳光财务工作机制，实现上级政策阳光执行、惠民资金阳光发放、村级权力阳光运行、工作成效阳光监督的良好局面。

3. 围绕村级产业发展开展深入监督

主动介入、提前介入、全程介入，对产业谋划、研究、生产、销售四个环节，开展“三重一大”是否规范、是否进行可行性研判等16个重点风险事项监督，防止小问题演变为大问题，进行过程监督、精准监督、全面监督，实现“监督促进产业带动民富”工作新格局。

（五）践行群众路线，健全民情直通机制

1. 公开电话收集民意

巨龙镇将镇值班电话和驻村干部电话作为群众热线，张贴在村委会公开栏和村民集中居住区，24小时接受群众反映民意。群众只要拨打热线电话，就都能找到问题解决办法。自热线开通后，村民的小问题，当场就能得到答复；复杂问题，24小时内给予答复；疑难问题，在一周内给予答复，或安排服务人员上门了解情况予以解决。公开电话收集民意，变“找上门”为“送进门”，实现了干部群众的“面对面”沟通交流，解决了群众反映问题找不到人、找不对人的问题。

2. 驻村干部定期下访倾听民声

按照错开麻秧场镇、两岔河场镇赶集日原则，把每个月每旬逢8工作日定为“民声倾听日”，组织全镇干部全面下村走访群众、宣传政策、倾听民声，形成社情民意动态研判报告。通过干部下访，与群众有效拉近了距离、消除了芥蒂、让基层干部真正听到了群众最关心的身边事、烦心事、新鲜事，加深了对新时代“三农”形势、矛盾、问题的认识，找准了新时期人民群众思想、生产、生活上的新期盼，倒逼干部主动加强政策法规学习，努力探索群众工作方法，持续转变工作作风，在群众中树立起良好形象。

3. 驻村领导认领问题解决民困

镇党委每月定期研判分析全镇社会稳定形势，将研判报告中提出的问题分为政策宣讲、助民解困和疑难杂症三类，其中政策宣讲类问题由业务办所进行深入政策宣讲，助民解困类问题由驻村工作组协调处理，疑难杂症类问题由班子成员根据分管业务和驻村安排，主动认领牵头包案跟踪解决。2021年“两项改革”以来，该镇反映矛盾问题19件，都全部化解或稳控，全面完成小庙“四个一批”任务，其中规范管理6个，整合封存2个，改作他用7个，依法拆除15个。

三、经验与启示

习近平总书记强调：“基层强则国家强，基层安则天下安，必须抓好基层治理现代化这项基础性工作。”2022年中央一号文件聚焦重点任务，对扎实有序推进乡村发展、乡村建设、基层治理作出全面部署，提出“突出实效改进乡村治理”。“治理有效”是乡村振兴的重要基石，是推动乡村振兴的保障性要素。实施乡村振兴战略，需要国家层面的政策支持，需要加大农村基础设施投入，更需要保护和激活乡村治理的主体协同能力，增强乡村社会治理效能。盐亭县巨龙镇聚焦乡村治理激发乡村振兴“新动力”的生动实践，是坚持把基层治理工作作为全面推进乡村振兴战略的重要举措，是“创新乡村治理，促进乡村振兴”的工作缩影。

（一）党建引领是创新基层治理的关键引擎

习近平总书记指出：“要坚持大抓基层的鲜明导向，抓紧补齐基层党组织领导基层治理的各种短板，把各领域基层党组织建设成为实现党的领导的坚强战斗堡垒。”只有把党的领导贯穿社会治理创新各方面、全过程，才能构筑好基层社会治理“桥头堡”，打通每一个“神经末梢”，使基层社会治理政治方向不偏离，资源能力有保障，才能形成社会治理有效合力。巨龙镇通过实施“一诺一单三评一监督”工作制度、完善“三资”管理制度等举措，探索新发展阶段党领导基层社会治理的有效载体和方法，把党的领导融入基层社会治理。巨龙镇党建引领基层治理的实践，让基层党组织充满凝聚力、向心力，党组织引领村民跟起来动起来富起来，各项政策各项工作落地开花结果。2022年5月该镇探索的“1131头雁领航工程”案例，被学习强国和环球网等刊登。

（二）为民服务是创新基层治理的第一要义

习近平总书记指出：“我们要改革创新基层治理，提高治理能力，更好服务于人民群众。”将治理寓于为民服务中，是创新基层治理的第一要义，是推进基层治理的有效办法。实现人民群众对美好生活的向往，始终是基层治理体系和治理能力现代化的目标。推动农村基层治理，必须及时解决基层群众的操心事、烦心事、揪心事，必须切实做到群众有诉求、组织有回应、服务有保障，必须始终围绕农民的根本利益和共同意愿展开，使农民获得真正的实惠，才能形成强大的力量，推动基层治理落到实处。巨龙镇精准把握群众需求，以保障改善民生为牵引，建设村级便民站点、建立为民代办制度、建立镇级“首遇负责制”、健全民情直通机制的实践就是从人民的需求出发，将治理与服务相融合的有效举措；同时也是巨龙镇能带领村民持续增收、产业发展能稳步提质、村民的获得感幸福感不断增强的根本原因。

（三）强化监督是创新基层治理的重要举措

习近平总书记指出：“要充分发挥监督在基层治理中的作用，推动监督落地，让群众参与到监督中来。”以监督促进基层治理，要从关键处入手、找准发力点。必须聚焦基层权力运行跟进监督，探索制定村级小微权力清单，强化“三务”公开，让权力在阳光下运行。必须聚焦群众急难愁盼问题进行精准有力监督，加大对惠民富民和促进共同富裕政策措施落实情况的监督检查力度。巨龙镇坚持问题导向，找准监督的切入点、着力点，严格落实村级微权力“四单合一”防控体系，常态化推进“阳光村务”，以高质量监督提升基层治理效能，推动全面从严治党向基层延伸。巨龙镇的实践表明：监督保障执行、促进完善发展是推进基层治理的重要举措。

（四）“三治”结合是创新基层治理的主要路径

习近平总书记指出：“要加强农村基层基础工作，健全自治、法治、德治相结合的乡村治理体系。”自治法治德治结合是创新基层治理的主要路径。良好的基层治理是一项复杂的系统工程，离不开自治、法治、德治“三治结合”的治理体系。自治是基础和目标，法治是方式和保障，德治是动力和愿景，三者相互结合，构成了新时代乡村基层治理的稳定架构与可靠路径。巨龙镇在“三治结合”的基层治理实践中通过因地制宜推行“五老共治”、深入开展“法律七进”活动、落实“一村一法律顾问”制度、实施“红黑榜”制度等举措，取得的一系列成效充分证明：健全和完善以自治、法治、德治相结合的基层治理体系是乡村振兴的重要保障。

第五节　四治共建进基层　民族团结一家亲

——盐亭县大兴回族乡强基固本打造共建共治共享新格局①

一、引言

盐亭县大兴回族乡位于县境中部，距县城6公里，G245、唐巴公路、绵西高速穿境而过，是四川省七个回族乡之一，也是绵阳市唯一一个回族乡，国家级传统村落“王家大院”坐落其中。先后荣获“四川省乡村治理示范村”“四川省乡村振兴战略示范村”“四川省民族团结进步模范集体”。全乡辖区面积45.38平方公里，辖7个行政村、1个社区，44个村民小组。户籍人口5495户12701人，常住人口3098户6930人，其中主体少数民族回族有3961人，占全乡总人口的31.1%。乡党委下设10个党组织，其中党总支6个，党支部4个，共有党员536人。“两项改革”后，该乡坚持以全面提升群众幸福感、获得感为目标，主动在民族地区基层群众自治上发力，探索出了自治、

① 案例由盐亭县大兴回族乡党委政府提供，盐亭县委党校李慧编写。

法治、德治、共治为主线的“四治共建”治理新模式，通过理顺机制、夯实堡垒、培育乡风、深化共融，从源头上治理矛盾根源、淳化民风，构建社会治理多维共建新格局，实现了民族团结、经济发展、社会稳定的良好局面，为乡村振兴创造了良好的社会环境。

二、主要做法及成效

（一）主要做法

1. 自治为本，激发治理活力

创新“1+2+N”（“1”即村党组织领导核心；“2”即以村委会为主体的自治组织、以集体经济为主体的经济组织；“N”即以村委会指导下的各类自治组织）党组织引领群众自治体系，明确职责边界。夯实了组织根基，强化了各党组织的服务功能。全力构建“一站式”综合便民服务体系，打造党务政务服务、社会服务、公共服务为一体的为民服务综合体，真正打通服务群众“最后一公里”。推行村“两委”班子及成员考核管理。将目标任务进行分解，细化考核指标，明确考核清单，以绩评分、以分定奖惩，不断激发“两委”班子和干部活力，切实解决“干好干坏一个样”问题。加强党组织建设实效，推动乡村振兴战略。各级党组织因地制宜，结合村实际大力发展产业，截至2022年4月底已形成蜜柚、柠檬、无花果、青梅、杂柑等优质水果种植基地，藤椒、羊肚菌等经济作物种植基地。党支部带头为群众谋出路，做好产销对接，建立党员联系群众、干部联系群众、致富带头人联系群众的长期关系链，解决群众发展产业后顾之忧，给群众吃下定心丸。修订完善村（居）民自治章程、村规民约和理事、监事章程；明晰人员组成、议事范围、议事规则、议事程序、执行落实措施。坚持“三务”季度公开，积极开展“阳光村务面对面”活动。2020年8个村（社区）建立了议室协商平台，利用议事厅、议事祠堂、议事院落、网络议事堂线上线下场所，吸引群众广泛参与，激发群众自治的内生动力。

2. 法治为要，维护稳定平安

深入宣传与群众生产生活密切相关的法律法规，积极引导群众自觉遵守法律法规。创新“1+N”（即1个法律顾问，N个法律服务工作者）专兼职法律服务队伍。在乡村两级建立公共法律服务室9个，分布于各个村（社区）党务服务中心，由村干部、老干部、老党员、乡贤组成40人法律服务团队，经过培训后作为法律服务志愿者，2021年调解各类矛盾纠纷30余件，为300余人提供法律咨询，实现了乡村法律服务全覆盖，使群众在共建共治中共享法治建设成果，法治文化“软实力”成为基层社会治理的“硬支撑”。定期开展“3个1”法治讲堂（即乡每月1次、村每季度1次、寺庙每半年1次）；采取村民学法、阿訇讲法、法治电影、以案说法、青少年法治课堂“5个”活动，提升村民法治意识，使干部群众将法律中诸多价值要素内化于心、外化于形，体现到工作实践的方方面面，引导基层群众逐步提高运用法律武器维护自身合法权益的能力，从而切实提升村民法治意识，营造出浓厚知法、懂法、守法氛围，为全乡建设和谐稳定的社会环境提供强有力保障。

3. 德治为基，引领乡风文明

深入开展“民族团结先进集体”“脱贫达人”“文明户”“最美逆行者”“农村致富能手”先进评选活动。2021年全乡以实绩为基线、群众为裁判、特色亮点为加分项，开展优秀、先进集体、个人评选活动2次，评选出先进典型35人，乡级先进集体8个。在这些创先争优活动的带动下，全乡先后获选1个省级乡村治理示范村、1个省级乡村振兴示范村、1个市级文明村镇、1个市级法治示范单位、1个市级先进基层党组织。为进一步推进移风易俗工作，每个村（社区）建立红白理事会，倡导喜事新办白事简办“123”原则（即非亲人员礼金不超过100元，亲戚之间礼金不超过200元，内亲之间礼金不超过300元），2021年全乡持续推进移风易俗简办共40余次。利用“红黑榜”结合村民积分动态管理（即实行“60基本分+40动态考核分”，每月公布1次），形成“日收集、旬汇总、月评议、季回访、年总结”的工作机制。同时规定，凡被列入“黑榜”的人员经教育劝说，立即整改，而且必须登上下次的“红榜”，才能撤销其“黑榜”名单。大力实施民族文化惠民工程，建成民族团结、传统文化广场共2处，占地7200余平方米；建成回民风情厅1个，民族文化展示厅1个。搭建民族团结进步大讲堂、民族大舞台，每月举办1期大讲堂、每年举行1次大型文艺会演，讲中国故事、绵阳故事、历史故事、民族故事、文化故事、红色故事、时代故事、身边故事等，铸牢中华民族共同体意识。

4. 共治为荣，促进民族团结

全力协同推行“支部+组织”共同治理体系，利用学校开展“小手牵大手”，利用信用社邮储银行开展金融助民，利用卫生院开展卫健利民，利用养老院开展特定对象专救等，发挥各个组织专业功能，通过扶持社会共治组织，推行乡贤理事会、老年协会、慈善协会、农业公司、新型经营主体等46个社会自治组织共同参与自治。2021年全年社会自治组织提出发展建议20余条，帮助协调化解矛盾30余次，帮扶困难群众100余人。以“共同团结进步，共同繁荣发展”为目标，提出了“五共”工作法，对接县民宗局，强化与县伊协、清真寺管委会的内外协同，定期宣讲民族团结、宗教政策法规专题讲座12期，参与争创“大兴黄牛肉”国家地理标志保护产品。回汉群众满意度和幸福感大大提升。

（二）主要成效

1. 干部群众的心理距离拉近了

通过构建“四治共建”治理新模式，支部的引领作用进一步加强，党员的带头示范作用更加凸显，党员联系到户，筑牢“干群连心桥”，干部群众心与心的距离更近了。特别是在疫情防控工作中，党员对于联系的在家村民要定期或不定期走访，对于不在家的村民，要以电话、微信等方式建立经常性联系，告知最新的疫情防控政策，通过“一联多”的形式，实现“家家党员联、户户见党员”的暖心结对。不少行动不便的村民纷纷说道：“还得多亏了党员干部啊，我们走不动就背我们去打疫苗，用不来微信干部就打电话提醒我们新冠肺炎疫情的发展形势。我们足不出户，也能晓得外头的信息。他们是真的把我们当亲人啊。”干部走访到户，实现服务“零距离”。及时收集反映诉求事项、急需解决问题、帮扶落实情况等群众微心愿以及对乡村干部的评价和意见建议等，实时解决遇到的困难，干部的“实打实”换来了群众的“心贴心”。

2. 村民的精神面貌变好了

通过构建“四治共建”治理新模式，特别是以德治为基，引导村民摒弃好吃懒做的行为，彻底从等、靠、要的思想桎梏中解脱出来，全乡群众的精神面貌焕然一新。青峰村的老田是脱贫户，以前帮扶责任人每次到他家中都下不去脚，屋里一团乱，一日三餐顾不上，一亩三分地也种不好。2022年来，因为在网络平台记录乡村生活的点点滴滴成为盐亭的“红人”，粉丝十几万，网友亲切地称他为“田网红”，周边村民也打趣道：“生产生活条件好了，老田也有精神了，现在家里随时都是干干净净的，出门也是衬衫西装。”“四治共建”从深层次激发了人民对美好生活的向往和追求的内生动力，这样的例子在大兴的各个村都很多。

3. 规则意识和法治观念增强了

通过构建“四治共建”治理新模式，村民的规则意识和法制观念得到进一步提高。亚洲开发银行贷款农业综合开发长江绿色生态廊道项目改造中遇到征用农民土地情况，发生土地问题纠纷多起。涉事群众没有越级上访，而是将矛盾提交给了村议事厅。村议事厅以党政协调为主，乡贤、群众参与的方式对来访群众碰到相关问题一一解答，让来访群众充分明白相关规定，最终协商通过被占土地纳入集体经济分红与直接经济补偿两种方式，成功解决了土地纠纷18起，确保了项目的顺利推进。项目负责人对于此次矛盾的化解感慨万千：“村上有了议事平台，既能保障农民的利益，又能让农民少跑路，这样农民就满意；矛盾能得到化解，项目继续，这样我们也满意。”

三、经验与启示

铸牢中华民族共同体意识是新时代创新民族地区社会治理的首要任务。推动民族地区基层社会治理创新，关键在于谋划新思路、拓展新空间、激发新活力，有效推进党建与民族地区基层社会治理衔接，切实打通基层社会治理的“最后一公里”，积极打造民族地区基层社会治理的特色文化品牌，最终实现民族地区的善治，进而促进民族团结。大兴回族乡“四治共建” 的实践，有力地推进了少数民族聚居地群众自治，有效地调动了群众积极性和主动性，共同投身盐亭县“产业强县、开放兴县、文旅活县”战略，筑起了一条民族融合、产业高质量发展的乡村振兴之路。

（一）要把牢政治“方向盘”，推动少数民族聚居地党建与基层社会治理有效衔接

党的政治建设是党的根本性建设。要激发党建引领在民族地区基层社会治理中的功能与活力，就必须把推进党的政治建设放在首要位置。通过党建引领民族地区基层社会治理，有效增强基层党组织的领导力、号召力、凝聚力和战斗力。大兴回族乡正是坚持党在民族事务发展中的核心领导地位，通过创新“五共”工作法，建立党建引领民族团结示范基地，培育“基层党建+依法治理+民族交往交流交融”党建品牌，创新谋划推进民族地区基层党建工作，破除束缚、打通围墙和壁垒，在更大范围、更宽领域、更深层次实现构建融合互通的联动治理格局。

（二）要答好民生“满意卷”，确保少数民族聚居地基层社会治理过程始终以人民为中心

少数民族聚居地基层社会治理过程必须坚持以人民为中心，推动普惠、共享的发展，使民族地区的基层社会治理过程真正实现以人民权益和人民利益为先，用“服务型”治理取代“管控式”治理，切实提升人民群众的获得感、幸福感、安全感。大兴回族乡建立乡协商会和村（社区）议事协商会，构建“一站式”综合便民服务体系，创新帮扶机制；关爱“一老一小”，开展区域性养老项目建设，提升民族乡义务教育水平，落实救济救助政策，建立健全各民族老人、儿童、残疾人、困难群众关爱救助机制等举措，确保了少数民族聚居地基层社会治理过程始终以人民为中心，是实现惠“民生”连“民心”的生动实践。

（三）要筑牢法治“堡垒台”，坚持少数民族聚居地民族事务治理法治化

坚持少数民族聚居地民族事务治理法治化，必须全面依法治理，不断强化基层治理的法治基础。大兴回族乡以打造法治阵地为抓手，着力构筑法治乡村。把法治文化与防止返贫动态监测、乡村振兴、传统文化、民俗文化结合起来，因地制宜开展法治乡村建设活动，建立乡村两级法律服务室，定期开展法治讲堂，用好用活法制宣传阵地。创新“1+N”专兼职法律服务队伍，

筑牢法治建设的堡垒，实现了“小事不出村，大事不出乡，矛盾不上交”。大兴回族乡的实践表明：要维护少数民族聚居地的稳定平安，必须坚持少数民族聚居地民族事务治理法治化。

（四）要激发乡村“新活力”，打造少数民族聚居地基层社会治理的特色文化品牌

铸牢中华民族共同体意识，必须结合当地实际实施民族文化惠民工程，保护、传承、弘扬少数民族传统文化，打造少数民族聚居地基层社会治理的特色文化品牌，激发乡村“新活力”。大兴回族乡通过建设民族团结广场、回民风情厅、民族文化展示厅，搭建民族团结进步大讲堂、民族大舞台，编撰《盐亭回族》，挖掘回民餐饮文化，制作回族文化宣传片等一系列举措，展示回族乡独特的风土人情，增进各民族对回族的了解，用少数民族传统文化来强化民族感情，大力营造了民族团结进步和铸牢中华民族共同体意识等浓厚氛围。从大兴回族乡的实践来看：要激发民族聚居地乡村“新活力”，必须结合本地实际打造少数民族聚居地基层社会治理的特色文化品牌。

第六节　锚定“五高”目标　提升治理效能

——北川羌族自治县擂鼓镇推进民族地区乡村善治实践[①]

一、引言

北川羌族自治县擂鼓镇位于县境西南部，辖区面积147平方公里，全镇6564户17923人，现辖19个行政村、1个社区。近年来，擂鼓镇不断提升治理能力和治理水平，助推全镇经济社会稳步发展，先后获得“国家级卫生乡镇”“川茶名镇”“四川省安全示范社区”“民族团结进步模范集体”“四川

① 案例由北川县乡村振兴局提供，绵阳市委党校韩于言编写。

省实施乡村振兴战略先进乡镇”“绵阳市实施乡村振兴战略先进乡镇”等一大批荣誉。

二、主要做法及成效

（一）高站位强化党建引领，筑牢基层治理战略体系

坚持以基层党建引领基层治理，充分发挥党的组织优势、组织功能、组织力量，筑牢基层治理战略工作体系，不断增强村（社区）党组织的引导力、创造力、凝聚力、战斗力。

1. 拧紧思想“总开关”

坚定以习近平新时代中国特色社会主义思想为指导，组织全镇干部职工学思践悟习近平总书记关于创新社会治理的新思想新理念，推动把党的建设贯穿于基层社会治理的各方面和全过程，结合擂鼓镇实际，不断探索出符合山区实际、适应地区差异、满足人民需求的创新基层治理方式。

2. 建强一线“指挥部”

围绕发挥党组织在管理服务、发动群众、推动经济社会发展等方面的领导核心作用，成立以镇党委书记任组长、镇长任副组长、其他党委班子成员及各办公室主任为成员的乡村基层治理领导小组，制定乡村基层治理工作考评激励办法和考核细则，按照时间节点明确工作责任和工作目标任务，全域推进构建“纵横到边”覆盖体系，提高统筹协调各方资源力量的能力。

3. 绘制攻坚“作战图”

以提升治理能力和水平为载体，结合抓好“两项改革”“后半篇”文章，积极承接并探索推行村党组织书记“一肩挑”管理监督、“红色物业”管理试点机制、集中安置点分类管理模式等试点，并围绕全镇民族团结、经济发展、社会和谐中面临的困难和群众普遍关心、关注的重点、热点、难点问题进行先行试点，让试点工作任务明确、措施具体、责任到人。

（二）高力度促进民族融合，激发四治协同工作活力

坚持自治、德治、法治、共治“四治协同”，以北川成功创建全国民族

团结进步示范县为契机，固根基、扬优势、补短板、强弱项，健全充满活力的基层群众自治制度，构建基层社会治理新格局的战略布局。

1. 激活乡村自治

深化羌风民俗融入司法调解治理模式，通过转转酒、议事坪等方式化解矛盾纠纷。通过政府引导、村民协商，完善村规民约，指导各村建立健全自治理事会、村民议事会、道德评议会，深化党务、村务、财务公开制度，引导群众共同参与协调村级事务，有效提升村民自我约束、自我管理能力。

2. 彰显乡村法治

以“法治创建”为抓手，完善基层干部集中学法、一村一法律顾问等制度，开展网格化工作改革，配齐31名村社网格员，网格员网络体系不断优化。设置1个镇级社会矛盾纠纷调解中心、19个村级调解分中心和150村民小组调解点，定期对不稳定问题和“急、大、难”矛盾进行集中分析研判，分类处理化解工作。深化“三三四四五五”农村社会治安防控体系建设，成功创建全省安全示范社区。

3. 浸润乡村德治

深入挖掘优秀传统农耕文化蕴含的思想观念、人文精神、道德规范，充分发挥乡村道德讲堂积极作用，广泛开展道德模范、“五好文明家庭”“好媳妇”等文明典型评选活动，用身边人讲身边事，推广赡养“红黑榜”、道德评议激励机制，形成崇德向善的良好氛围。

4. 推进多元共治

推动组织监督、巡察监督、审计监督、纪检监察监督、群众监督相结合的方式，把村干部权力使用、村级民主决策、惠农政策落实、村级财务收支情况、“三资”管理使用、群众热点难点痛点问题处理等情况纳入监督管理。在全县率先试点“互联网+精准扶贫代理记账”资金监管模式，打造村级财务云平台App，实现双向监督、阳光透明，并在全省推广。该模式得到了汪洋同志肯定性批示。

（三）高质量发展致富产业，夯实乡村振兴发展基础

坚持以党建引领，强化产业的支柱保障。围绕实施乡村振兴战略，加快

三产融合发展，多元化发展特色产业，大力发展特色高效生态农业，不断拓宽富民强村新渠道。

1. 深耕产业联动促增收

以茶叶和中药材为主，抓牢现代茶叶产业园区和中药材园区建设，探索总结形成企业、支部、村集体、合作社、农户五者之间的多种联结发展模式以壮大村集体经济和带动群众产业增收，农业产业从“小、散、弱”逐步迈向“大、强、优”，2019年全镇种养殖业收入7600余万元，全镇村集体经济收入年增长87.8万元。

2. 延伸产业链条促增收

加快中羌医药健康产业园区建设，完成7家企业入园，新增年产值1.5亿元，形成“企业+合作社+村集体+农户”的产业带动模式，创造就业岗位1000个以上，进一步延长农业产业链条、增加农业产业附加值。

3. 突出产业融合促增收

大力推动盖头茶旅融合、苏宝沟非遗文化谷、羌王竹海休闲康养旅游等重点农旅结合项目建设，撬动全镇文农林旅融合发展。成功举办“北川古羌茶艺文化节暨擂鼓镇采茶节”等系列节庆活动，年吸引游客10万余人次，有力带动群众增收致富，全力推进全域旅游经济发展。

（四）高标准增进民生福祉，优化提升为民服务质效

始终践行以人民为中心的发展思想，强化服务的基础保障，发挥基层党组织的群众工作优势，在密切联系服务群众中提升治理能力，提高人民群众的获得感和幸福感。

1. 配齐配强工作力量

在镇便民服务中心设立常设3个综合窗口、5个轮值窗口，配备12名“思想好、素质高、作风硬、业务精、能力强、服务优”的专兼职工作人员，实现让群众办事“最多跑一次”的目标。

2. 做细做优服务事项

扩充办事指南类别和数量，设置办事指南15类，综合民政、农林、信访等便民服务内容168项，公开办事服务热线、服务手册，为办事群众提供了具

有针对性和实用性的业务办理参考依据。

3. 线上线下贴心服务

实行网络办公和上门服务相结合的方式，从各村党员干部中选定一批村级代理员或帮办员，服务“下沉”，充分利用四川一体化政务服务平台，实现“让数据多跑路”，从而达到“让群众少跑腿”。

4. 简化实化运行机制

对标完善预约服务、限时办结、责任追究、一次性告知、首问责任、代理服务、投诉处理、AB岗工作制度等八项制度，严格规范并简化工作流程和办事程序，以实际行动着力解决服务群众“最后一公里”的问题。

（五）高水准筑牢基层基础，提升基层治理能力水平

坚持把提升基层党组织战斗力作为夯实基层治理的重要基础，充分发挥基层党组织的政治优势、组织优势和群众工作优势，打造一支能力强、肯钻研、能吃苦、愿奉献的基层干部队伍。

1. 聚力回引优秀人才

结合村建制调整改革工作，按照合理配置、优化组合的原则，将原有的30个村合并为19个村，精心选、合理配，选树一批政治素质过硬、工作能力突出、群众基础好的致富带头人担任村“两委”主要负责人，回引优秀农民工91人，23人被纳入村级后备力量，返乡创业人士、致富带头人等占比23%，具有大专及以上学历者占比21%，成为推动乡村治理工作落实落地的主要力量。

2. 聚力筑牢基层堡垒

实施基层党建“3+2”书记项目，扎实开展“两学一做”学习教育和“不忘初心、牢记使命”主题教育，开展“不为不办找理由，只为办好想办法”教育活动，推动3个软弱涣散村党组织转化升级，2个村党组织被评为市级示范党组织。常态化开展“结亲帮万户、奔上小康路”活动，把结亲帮扶工作提前到推动基层治理各方面全过程，播鼓镇南华村脱贫不脱责任事迹被央视《焦点访谈》专题报道。

3. 聚力抓实作风建设

深入开展作风大整治“八大行动”，引领全镇干部职工转变作风，沉下基层服务群众，集中心思、集中力量，查找工作中的“短板”，着力解决涉及群众切身利益的突出问题，自觉在转变工作作风中提升治理能力和治理水平。

三、经验与启示

党的十八届三中全会提出推进国家治理体系和治理能力现代化的战略目标。在我国这样一个民族构成复杂的多民族国家，除了需要完善差别化区域支持政策，还需要将新发展理念的贯彻作为民族地区高质量发展的着力点。而治理能力现代化无疑是一剂良方妙药。擂鼓镇是民族地区中人口较多的乡镇，加之地处民族地区和汉族地区交汇处，不同的文化传统、风俗习惯、心理状况对基层治理的方式较易导致不同的需求，基层治理工作头绪多、压力大。在此背景下，该镇锚定基层治理“五高”目标，着力提升治理能力和治理水平，对民族地区基层治理现代化具有较强的参考意义。

（一）要坚持党建引领核心作用

民族地区推进基层治理现代化首先要加强党的全面领导，同时又要激发少数民族群众的积极性、主动性和创造性，发挥其作用。擂鼓镇在推进基层治理中，把党的建设放在首位，充分彰显党领导基层治理这个最鲜明的特征，党组织始终在各项工作中发挥战斗堡垒作用和“主心骨”作用，健全党组织领导的自治、法治、德治相结合的城乡基层治理体系，这是擂鼓镇基层治理中关键所在。在民族地区推进基层治理现代化，首先要把党建引领放在核心地位，一切治理行为、治理体系、治理主（客）体都要围绕在党的周围。擂鼓镇构建的“基层治理战略体系”各个元素，都是在党建核心引领下的治理元素，因此才具有强大的功能效益和实战能力。擂鼓镇党建引领下的治理体系也具备了责任明晰、重点突出、运转高效、不留盲点的特点。

（二）要坚持民族地区基层治理现代化的理念指向

习近平总书记强调："铸牢中华民族共同体意识是新时代党的民族工作的'纲'，所有工作要向此聚焦。"擂鼓镇在基层治理中，牢牢把握住了这个"纲"，因此探索出民族地区基层治理可复制的有益经验。从基层治理实践来讲，铸牢中华民族共同体意识对民族地区统一社会心理基础、整合政治资源具有重要的价值。擂鼓镇提出的激发"四治协同"工作活力，本质上就是在铸牢中华民族共同体意识下坚持社会治理共同体的系统性与人民主体性的融合统一。从实际效果来看，擂鼓镇的治理做法改善了治理效能、更新了治理结构、升级了治理机制。民族地区乡村基层治理，就是要在铸牢中华民族共同体意识的基本前提下，构建各族群众共居、共学、共事、共乐的条件，使民族地区的群众由利益共同体转变为生活共同体，由生活共同体升华为意识共同体。

（三）要坚持基层治理中的多维度整合

基层治理之复杂在于治理的过程、目标并非单一的向度，基层治理既要促进经济发展，又要维护社会稳定，还要预防各类风险。擂鼓镇在基层治理中，有产业支撑基础，有扎实的群众工作支撑，还充分利用东西部扶贫协作机制建设中羌医药健康产业园区建设，体现了基层治理多维度整合的优势。擂鼓镇在基层治理中还注重综合运用政策逻辑、市场逻辑、社会逻辑等因素，盖头茶旅融合、苏宝沟非遗文化谷、羌王竹海休闲康养旅游等重点农旅结合项目建设，"北川古羌茶艺文化节暨擂鼓镇采茶节"等系列节庆活动，正是多维度整合资源的范例。基层治理的现代化并不是单一的自上而下或单向度的存在，治理过程与治理主体、治理对象以及所依托的制度之间应该是紧密联系、有机协调的互动关系。

第七节　开启“智治”新模式　构筑“共治”新格局

——游仙区新桥镇全面开启基层“智治”模式①

一、引言

新桥镇位于绵阳市游仙区东北部，辖区面积89.75平方公里，辖14个行政村、4个社区，总人口4.43万。镇党委下设6个党委、19个总支（支部），有党员1852名。近年来，该镇有机整合“天网”“雪亮”“慧眼”等视频资源，开发微信小程序，以“终端+社会治理调度平台”为载体，形成群众“线上点单”、干部“线下跑腿”社会治理“智治”新模式，有效化解服务群众“最后一百米”难题，凸显科技城特色，为提高基层治理法治化、智能化、专业化水平、打造共建共治共享的社会治理格局开创了新局面，提升了群众的获得感、幸福感和安全感。先后荣获“四川省先进基层党组织”“四川省乡村振兴战略先进镇”“四川省文明村镇”“四川省乡镇治理现代化试点镇”等荣誉。

二、主要做法及成效

（一）主要做法

新桥镇“智治”平台通过开发“微信小程序”，集成公共服务、政务公开、应急处置、生活服务、志愿服务等功能，在线受理群众投诉举报、政策咨询、困难救助等服务需求，通过科技智慧实现了“互联网+”现代基层治理转型。

1. 搭建“心之桥”智治模块

（1）“新语心愿”版块。主要聚焦解决群众办事的难点和痛点，实行“前端一站受理、平台分类派件、中心统一调度”的模式。群众通过微信

① 案例由新桥镇社会治理办公室主任谭娟提供，绵阳市游仙区委党校潘迪、绵阳市政协刘仲平编写。

“扫一扫”功能，进入“新语心愿”，通过“发送图文”“发送语音”“发送视频”向镇政府反映诉求、咨询政策、投诉举报。平台后台工作人员对接收的诉求进行整理分类，调度至镇政府相关股室和村社干部，工作人员接到调度指令后主动与群众对接，采取现场办理、上门服务、电话回访等方式，及时答疑解惑、办理各类事务。

（2）“玩转新桥”版块。主要推介新桥镇内旅游景点、展示名优农特产品、宣传政策法规、发布通知公告等，让广大群众足不出户就能享受信息化、便捷化生活服务圈。在坚持为本镇群众服务基础上，路过新桥镇的游客，也可通过“扫一扫”张贴在公交车站、宣传栏、灯杆道旗等处的微信小程序码反映诉求。

（3）“志愿服务”版块。主要是进行志愿服务项目招募，困难群体通过平台发布困难需求，志愿者通过平台提供帮助，实现困难群众与志愿组织的无缝对接，构建政府主导，公益组织、爱心企业、爱心人士等共同参与的浓厚互助氛围，助推乡风文明。

（4）大数据分析。主要是搭建大数据应用平台，实现“信息研判”“指挥调度”“视频监控”等功能。将上报的各类事件进行分析研判，为科学施策提供数据支撑；可快速响应紧急事件，通过可视化手段精准调度相应资源；通过“雪亮”“慧眼”等实时监控镇内重要场所、重点企业、主要路口、人员聚居区等，形成网格化视频监控体系。

（5）效能评价。“智治”平台总体要求是“件件有落实、事事有回音”，相关工作人员72小时之内和群众沟通联系。出现突发紧急事件，平台会主动提醒工作人员及时处理。群众对干部办件满意度可直接在线评价，平台每月自动综合分析。镇村干部办件情况与目标绩效考核挂钩，倒逼干部转作风、强服务。平台自2020年7月开通以来，共受理群众（组织）诉求、求助659件，镇村干部办结647件，办结率超98%，群众满意率100%。

2. 抓好“智治”平台配套措施

（1）加强治理实体化建设。一是加强组织领导。形成“全镇一盘棋、上下一条心”共识，成立了全省首个乡镇党委“依法治镇委员会”，由镇党委书记任主任，并兼任综治中心主任。成立正股级直属事业单位综治中心，统筹负责镇内综治工作。配强社会治理办公室人员。设立“智治”平台调度室，综合调度镇域资源，推进“智治”平台延伸发展、在基层落地生根。二是优化配强班子。在“两项改革”中，结合村级“两委”换届，挑选71名干部连任，启用后备干部18名，机关下派干部3名。通过干部调整，将干部平均年龄降低2.4岁，平均学历提高一个档次，提升了村（社区）领导班子规范化建设水平。三是加强考核激励。将村社区群众上报平台事项数量计入“道德银行”量化考核，实行积分兑换，对镇村干部办理平台安排事项数量和效能进行考核。

（2）完善基层治理队伍体系。一是加强综治队伍建设。镇综治中心配备8名专职工作人员，按照每年不低于3万元予以工作经费保障。同时在各村（社区）设平安委员兼治保主任，建立18支平安巡防队伍，选拔配备22名网格员，引入3个法律服务团队，组建4支人民调解员队伍，不断完善综治体系。二是加强网协员队伍建设。整合水、电、气、邮、信和路等生活要素资源，形成“村网共建、多网合一”格局。鼓励村级后备干部担任网协员，通过平台更好为群众提供生活要素服务，每名网协员月收入在1500—2000元，稳定队伍。三是加强平台业务培训。通过工作例会、镇村干部会议和专题会议，加强对镇村干部使用“智治”平台业务培训，让绝大多数镇村干部成为熟练“操盘手”。

（3）组建治理功能型党支部。学习借鉴浙江省诸暨市“枫桥经验”、江苏省江阴市徐霞客镇数字治理经验，新桥镇党委创新组建了城乡基层治理功能型党支部，将镇干部、村（社区）支部书记、网协员中的党员纳入该党支部，由一名年富力强的村支部书记兼任书记，打通镇村干部沟通“堵点”。

（4）增强亲民化服务能力。一是打造“亲民化”服务场所。按照办公设施设备标准化要求，统一便民服务中心标识标牌，实现制度上墙，引导群众在线观察干部去向。在云凤场、街子场便民服务中心设置“圆桌”办公区域，将过去生硬的柜台办公改造为与群众“零距离”交流的“圆桌”办公，让工作人员走出原有的工作柜台，走到群众身边，真正实现与群众的“无缝”沟通。二是建立心理疏导室。先后投入200余万元高标准打造镇级综治中心，建设面积达300余平方米。建立信访接待大厅、新乡贤调解室、分流调度室、心理疏导干预室、人民调解室、联动工作室等“一厅五室”，以“一站式”服务整合各方力量，形成推进基层综治工作合力。三是推进事权下放。按照合理、便民原则，在便民服务中心设置包括民政、残联、社保、卫计、农林、林业、综合等业务的便民窗口。按照权力下放的相关要求，梳理《游仙区新桥镇便民服务事项分级办理清单》196项，其中区级75项、镇级72项、场级39项、村级10项，按照一次性告知制度要求，分别公示到全镇三个便民服务点，为群众办事理清思路，实现工作下沉、力量下沉、服务下沉目标。

（5）配套推进“四治”。一是规范落实“自治”。设置开放式矛盾纠纷快处中心，对事实争议较小的矛盾纠纷进行快速处置。及时修订村规民约，引导、吸引群众主动参与，规范群众自治。二是乡贤助推“德治”。设立乡贤调解室，选聘道德品质良好、有较大影响力的社会贤达人士，利用自身人格魅力教化群众，推进德治。三是法律援助沟通“法治”。聘请执业律师定期在综治中心大厅坐班接访，免费为群众提供法律咨询、法律援助等服务，做实人民调解工作，让群众用法律武器维护自身权益。四是心理抚慰专业“心治”。心理疏导室选调心理学专业干部，有针对性地对有需要的群众开展疏导，杜绝矛盾激化。

（二）主要成效

新桥镇“智治”平台坚持“扁平化”理念，减少工作层级，所有镇村干部、网格员、网协员等均作为办事员，由指挥中心统一调度，形成事件处置的“群众—指挥中心—办事员—群众”闭环，变“群众跑腿”为“数据流动”“干部跑腿”，切实提升了群众幸福感和获得感，不断增强了党委政府公信力。

1. 打造诉求平台、沟通平台和智慧平台，推进基层治理扁平化

（1）群众“点单”办事简捷。群众办事不再找人、不再求人，增强了群众自信自尊，强化了公民意识。比如，群众发现地质灾害、垮塌等或隐患，能直接扫码反映，减少了12345热线多程序指令落实的麻烦。复兴社区修路损坏了居民一块地砖，居民通过平台反映问题，一个小时内得到了处理，群众小事不再“小”了。

（2）干部“菜单式”服务增效。“智治”平台的推广减轻了基层干部负

担，降低了行政成本，提高了行政效能，使基层干部能有更多精力投身发展。乡村干部工作理念上从“见子打子”转变为问题导向、主动作为；在工作流程上从抓末端治“已病”，到前端治“未病”；工作方式上从“万事忙”到“菜单式”工作。

（3）“智慧大脑”促进发展。通过开发“大数据分析”系统，运用“提取关键词”“人脸画像”等方式，为辖区热点难点问题解决、工农业项目规划布局及项目申报、政府内部运转机制优化、干部监督体系完善等提供数据支撑，全镇工作以群众需求为导向，切实解决急难愁盼问题，优化了营商环境。王家坝村藤椒种植基地投资1100余万元，年产值达120余万元。2020年行情看涨，基地经理熊先富准备扩大规模，拟进行几十亩土地的流转。面对复杂的流转手续，他连通了“智治”平台。镇村工作人员立即通过热线电话详细介绍了手续流程，很快让业主如愿。全镇综治工作经验在全省推广，镇人民调解委员会被省司法厅授予“四川省五星级调解委员会”荣誉。2021年，实现税收8544.32万元，同比增长20.06%；完成固定资产投资16.55亿元，其中工业投资10.5亿元，同比增长18.21%；农村人均可支配收入达2.33万元，同比增长10.43%；招商引资到位资金7.1亿元；向上争取5908.68万元；镇域经济持续增长、整体实力稳步提升，各单项工作获得一等奖数量位居全区各乡镇（街道）第一名。

2. 群众“吹哨”，多元共治

（1）化解“两项改革”衍生难题。全镇直面“两项改革”衍生的新问题，搭建信息收集反馈平台，变“群众跑腿”为“干部上门”，切实解决了村级建制调整后管辖范围变大、服务对象剧增等问题，彻底改变群众必须到镇村办公场所办事的情况。特别是针对个别群众反映住家附近“马蜂窝”隐患问题，联动志愿组织——绵阳市蓝天救援队，对全镇进行梳理，摘下了100多个有“隐患”的马蜂窝，群众拍手称快。对于群众反映的人居环境整治、环境污染等问题，镇村联动迅速整改，改变了村容村貌，提升了乡风文明程度。

（2）全面整合“共治”资源。平台坚持“开放式”原则，广泛集成行政、社会资源，构建治理体系，提升治理能力。通过志愿服务实现有需求的群众与志愿组织的无缝对接，构建政府主导，公益组织、爱心企业、爱心人士等共同参与的互助模式。通过玩转新桥推介旅游景点、展示名优农特产品、宣传政策法规等，使群众享受信息化、便捷化生活服务圈。“应急管理”对水利、森林防火、安全生产等6大类重点领域进行重点管控，强化“调度”功能，可视化调度救援队伍、救援物资、适时安排部署应急避难点等。“效能评价”要求“件件有落实、事事有回音”，群众可对办件满意度直接在线评价，平台每月进行综合分析，拓宽群众参与社会治理的渠道，实现多元化共治。在打造信息化、便捷化生活服务圈的同时营造辖区浓厚互助氛围。平台已入驻旅游、产业等商家22家，整合志愿服务、生活服务2类组织19支队伍。

3.集成数据分析，实现智慧治理

新桥镇常住人口超过2.6万人，推进治理体系和治理能力现代化极具挑战。对如何用好用活“智治”平台中反映群众诉求的海量数据资源、采用大数据分析创新基层治理提出了迫切要求。新桥“智治”平台后台设置信息研判、指挥调度、平安新桥、民政服务、疫情防控、应急管理等大数据分析板块，现已形成事件分类标签40余项，日常分析群众提交的各类需求、掌握辖区不稳定因素和快速响应应急事件。通过大数据分析，精准调度各类资源，有针对性、预见性地开展工作，过去主要依赖人力导致沟通不畅、时效性差、指挥慌乱问题极大改善，实现传统治理到智慧治理的转变。平台的推进，不因人员变动而出现停滞或脱节。

4. 激励约束，精准治理

“两项改革”后，新形势对干部队伍的能力和素质建设提出了新要求。为突出激励与约束并重，新桥镇建设社会治理调度平台，让镇村干部服务群众有痕迹有获得感，将镇村140余名干部纳入平台办件力量，由中心统一指挥调度、接受群众对干部作风的监督和举报，群众反馈评价，通过后台统计分析办件情况倒逼镇村干部转变作风，改变过去只做“大民生”、忽略群众身边“小需求”和“小期望”的同时，让镇村干部在民生实事办件中找到获得感、提升服务群众能力。

5. 化解“熟人社会”治理难题，促进了社会和谐

乡村社会一般都是熟人社会，由于历史和现实原因，群众对部分邻居、“熟人”违纪违法、违反公共道德等很是不满，碍于“熟人”面子，又不便反映。长此以往，就积累了对基层组织、基层党委政府的不满。在新桥镇通

过"心之桥"平台，群众可匿名反映小区居民乱扔东西等"小"问题，促进了问题解决，化解了生活中的心理"疙瘩"，有利于促进社会和谐。同时，在使用平台时，大家遵守公共道德，没有一起有意诬告或胡乱反映事件出现。

三、经验与启示

科技赋能，启迪未来。习近平总书记指出："要用好现代信息技术，创新乡村治理方式，提高乡村善治水平。"伴随着大数据、人工智能等数字技术的纵深发展，数字技术正以新理念、新业态、新模式全面融入乡村生活的方方面面，不仅为乡村经济发展带来了更多机遇，还为提升治理成效提供了新动能。为了更好地利用数字技术服务乡村社会，让基层治理更加智能化、精准化，基层治理智治新模式是实现我国基层治理现代化的必然要求。新桥镇在基层治理智治新模式方面已有了一些实践的探索，且积累了一定的成功经验，所以研究新桥镇基层治理智治新模式的意义重大，为我们寻找实现乡村善治乃至基层治理现代化的具体路径提供了参考。

（一）坚持以党建树魂

习近平总书记指出："基层是党的执政之基、力量之源。只有基层党组织坚强有力，党员发挥应有作用，党的根基才能牢固，党才能有战斗力。"基层党组织是党全部工作和战斗力的基础，是基层治理体系中的主心骨，是新时代加强和改进基层治理、推动基层治理现代化的核心领导力量。新桥镇充分发挥基层党组织的战斗堡垒作用，紧紧抓住基层党组织建设这个关键，统筹协调镇级部门、各村（社区）、青年志愿者、党员干部成立服务群众队伍，积极为群众提供各类政务、志愿服务。创新组建了城乡基层治理功能型党支部，将镇干部、村（社区）支部书记、网协员中的党员纳入该党支部，打通了镇村干部沟通"堵点"。在基层治理中始终坚持并不断强化党建引领，让基层党建的优势转化为了基层治理的效能。2021年新桥镇镇荣获"四川省先进基层党组织"称号。

（二）坚持以人民为本

习近平总书记指出："中国共产党人的初心和使命，就是为中国人民谋幸福，为中华民族谋复兴。""人民是我们党执政的最大底气，是我们共和国的坚实根基，是我们强党兴国的根本所在。"人民是历史的创造者，也是基层治理的主体，要始终坚持为了人民、依靠人民。新桥镇将现代科技有机融入基层治理，瞄准群众的烦心事、操心事、揪心事，创新为人民服务方式，不断提升人民群众的获得感、安全感和幸福感。无论是平台创建初衷、版块设置，还是相关配套措施，无不体现以人民为中心的理念。

（三）坚持"四治融合"

习近平总书记在主持经济社会领域专家座谈会时，就正确认识和把握中长期经济社会发展重大问题发表重要讲话强调："要加强和创新基层社会治理，使每个社会细胞都健康活跃，将矛盾纠纷化解在基层，将和谐稳定创建在基层。"

推进基层治理是一项系统性、协同性、整体性工程，是一项长期而艰巨的任务，增强基层治理成效，就要不断创新基层治理方式。伴随着数字技术的纵深发展，从传统的"三治融合"迈向自治、法治、德治、智治"四治融合"，正是推动基层治理方式从硬性管理向柔性治理转变、从传统粗放式管理向现代精细化治理转变的创新治理方式，是我国基层治理现代化的必然趋势。只有坚持"四治融合"走中国特色乡村善治之路，才能不断增强广大农民群众的获得感、幸福感和安全感。新桥镇在坚持自治、法治、德治、智治相结合的基础上，还创新"心治"，有针对性地对有需要的群众开展疏导，实现了"五治"同行。

（四）坚持多元共治

习近平总书记要求，要夯实社会治理基层基础，推动社会治理重心下移，构建党组织领导的共建共治共享的城乡基层治理格局。加快形成社会治理人人参与、人人尽责的局面，让群众的获得感、幸福感、安全感更加充实、更有保障、更可持续，就要把建立多元共治的长效机制作为基层治理现代化的要义，要坚持在党的全面领导下，充分吸收政府、市场、社会、村民等多方力量共同参与，实现多元主体在基层治理中各司其职、各负其责。新桥镇通过志愿服务实现有需求的群众与志愿组织的无缝对接，构建了以政府主导，公益组织、爱心企业、爱心人士等共同参与的互助模式，营造了良好的多元参与氛围，吸纳了更多的主体参与到基层治理。

第七章　城市社区治理

第一节　社区聚联盟合力　打造红色服务圈

——游仙区仙人路社区着力打造红色服务型社区[①]

一、引言

仙人路社区地处绵阳市城东城乡接合部，曾获评“2020年度省级城乡社区治理试点示范社区”。社区现有居民3101户，共计12135人。社区党委有7名委员，下设6个党支部，共有党员156人。仙人路社区主要始于政策性关闭破产的“三线建设”军工企业——四川朝阳机器厂，曾经对绵阳的工业经济、城市发展等方面产生过巨大影响，孕育形成了“艰苦创业、勇于创新、团结协作、无私奉献”的三线精神。近年来，该社区始终坚持以党建为引领，依托本地“红色军工”特色资源，以“服务项目”为抓手，实施亲民化阵地建设、综治服务一体化建设、“好邻居”便民服务中心功能提升改造、“军工记忆”文化广场打造、魅力仙人路乐享生活的五大项目，抓住社区治理关键环节，抓实市域社会治理重要任务，不断提升社区治理现代化水平，形成社区共治共建共享的治理新格局。

① 案例由游仙区仙人路社区提供，绵阳市委党校何丽娟编写。

二、主要做法及成效

社区利用自身“红色军工”特色优势，传承发扬“三线建设”艰苦创业精神，忠诚奉献，取得服务项目实施、社区治理和美丽和谐社区建设的丰硕成果。

（一）主要做法

1. 发扬红色军工精神，引领“军工记忆”文化广场打造

一是充分挖掘红色资源。开展原朝阳厂军工历史图片、照片、军民品实物的征集以及“红色故事”的编辑等工作，走访老职工家属500余人次，收集照片900余份、老物件46件；二是精心打造“军工记忆”文化墙。以“军工魂·家国情”为主题，建设了105平方米的“军工情·忆朝阳”文化墙；三是抓好生动宣传教育载体。加强对外宣传，开展“讲好朝阳故事”“老军工英雄事迹”等专题讲座，牢筑社区红色文化基地。

2. 推进亲民化阵地建设，优化社区服务功能

创新“延时、错时、预约、上门”服务方式，打造“办事休闲区、办事等候区、办事服务区”的三区服务，将原服务办公场地扩容，撤销原隔离办公柜台，添置沙发，更换办公设备，坚持“小办公、大服务”原则，将亲民化服务中心同综治中心、儿童书屋、文化活动室、心理咨询室、爱心银行等便民服务融为一体，让社区居民享受到温馨的高品质服务，使办事居民有回家的感觉。

3. 传承红色基因，整合综治服务一体化建设

在“艰苦创业、忠诚奉献”的三线精神指引下，有序开展综治服务一体化建设。一是结合社区实际，形成综治工作“五+”模式，即“激活+联盟”，引领有旗子；“主动+被动”，摸排有步子；“规范+精细”，防范有底子；“造血+兜底”，帮扶有方子；“多元+精准”，化解有路子。二是始终坚持“汇智慧、汇力量、汇资源”的思路，深入扎实开展“网格党建、同争共创”综治活动。三是组建志愿者治安巡逻队，发挥三线军工甘于奉献精神，坚持昼夜治安巡防，有效遏制社区盗窃事件发生。四是组建“寇妈说事”调解协商团队，创新矛盾纠纷多元化调解机制，开展“三化三聚焦”社区心理咨询活动，为强化社区综治工作和维护社区稳定提供有力举措。五是进行安防设施改造，

在社区各交通要道落实“天网工程”，安装高清摄像头22个，在朝阳棚改安置小区安装人脸识别系统，新增智慧安防指挥系统，增设社区、小区监控和视频点58处。

4. 持续助推“好邻居”便民服务中心功能提升

一是建立志愿服务“爱心银行”，健全完善“付出积累回报”机制，组织吸引397人次参与“爱心银行”志愿服务，有效提升志愿者服务热情，社区志愿服务蔚然成风。二是新建“邻聚亭”，为小区居民提供联谊活动场所；开展“院落微党课”“老党员讲座”“居民坝坝会”等活动，实现以邻为友、互帮互助、和睦相处的好邻居活动中心的服务宗旨；三是好邻居活动中心建立了小区活动室、爱心超市、亲子乐园和图书漂流室等，凝聚人心，让居民获得物质和精神生活的满足。

5. 倾力打造“魅力仙人路·乐享生活”项目

一是春天社工与社区进行项目实施的沟通和汇报，策划切合实际的服务内容；二是搭建志愿者服务平台，吸引志愿者参与社区事务，以社区资源解决居民需求和社区问题，累计服务居民2100人次；三是利用朋友圈、抖音、公众号等新媒体平台，发布媒体简报10余篇，拓展了项目的展示宽度和服务深度，产生良好的社会成效。

（二）主要成效

1. 文化建设更浓郁，精神传承有深度

“军工记忆”文化广场打造。通过收集、查阅、走访等，对社区原军工单位朝阳厂成立背景、发展过程、建设成就、先进事迹、人物模范、精神传承等方面进行各类资料整理和汇编，形成仙人路社区“军工人、军工史、军工魂”的宣传展示文稿、影像资料。建成后的文化墙阵地，已成为社区文化特色区域，形成爱国主义教育引领和宣传展示，让社区居民不忘初心，传承三线精神，共谋发展。

2. 阵地建设更完备，社区服务升温度

亲民化阵地建设。将社区原服务大厅外侧进行扩建，增加办公场地面积；新增设一处办事等候区；对办公场所进行装修，墙面粉刷一新；更新办公桌椅、照明灯具、安放居民休息专用茶几、沙发；以绿植花卉点缀其间，体现出“家”的温馨舒适；拆除陈旧的服务柜台，接近同办事居民距离，实现亲民化服务，社区服务中心焕然一新，居民认为亲民化服务有温度、有感受。

3. 服务机制更健全，社区治理有力度

综治服务一体化建设。在“艰苦创业、忠诚奉献”的三线精神指引下，通过有序开展综治服务一体化建设，培养基层群众自治组织、社会组织、公民等进行自我管理、自我服务、自我教育，有序参与社会事务的意识和能力，社区治理坚持系统治理、综合治理、依法治理和源头治理的原则，初步实现了“三治融合”的打造目标。

4. 服务功能更全面，社区治理提效度

“好邻居”便民服务中心功能提升改造项目。通过改造，激励“朝阳新居”小区居民保持坚守奉献、友爱互助的初心，逐步激发棚改小区居民知恩、感恩、人人为我、我为人人的精神；邻里活动中心活动多姿多彩；邻里议事空间形成居民和谐相处，有事共议，达到居民自我管理、自我监督、自我教育、自我服务、共居一地、共同管理、共促繁荣、共保平安、共建文明、共求发展的目的。

5. 服务网络更健全，治理效能拓宽度

“魅力仙人路·乐享生活”项目打造。实现了社区与社会组织紧密加强沟通合作，以“支援个人成长—建立互助网络—促进社区发展”为服务理念，引导居民参与、互动、共享，针对儿童、青少年、老年居民等不同群体开展有针对性的康乐性、关爱性服务，特别是针对社区弱势群体，积极引入外部志愿者，以优质的志愿服务，满足群众的服务需求，治理效能进一步拓展。

三、经验与启示

党的十九届四中全会强调，要坚持和完善共建共治共享的社会治理制度，建设人人有责、人人尽责、人人享有的社会治理共同体，构建基层社会治理新格局。这是对基层社会治理创新实践的科学总结，更是对推进社会治理体系和治理能力现代化提出更高的新要求。仙人路社区作为省级城乡社区治理试点示范社区，在着力打造服务项目化社区实施过程中，始终坚持以党建引领为核心、服务居民为中心、解困脱困为重心，抓实市域社会治理重要任务，抓住社区治理关键环节，抓活小区治理，确保社区治理成效，不断提升社区治理现代化水平，形成了社区共治共建共享的新格局。社区是社会治理的基本单元，也是党和政府联系、服务居民群众的“最后一公里”，而社区治理则是国家治理的基本单元和关键环节，事关党和国家大政方针贯彻落实，事关人民群众切身利益。因此，研究仙人路社区“服务项目”式社区治理成功经验，对其他各社区治理具有借鉴意义。

（一）注重资源整合，始终围绕增强服务能力优化治理布局

《中共中央　国务院关于加强和完善城乡社区治理的意见》中强调要不断提升城乡社区治理水平，其中“提高社区服务供给能力”是提升城乡社区治理水平的重要方面。提高社区服务供给能力，资源整合是重要抓手。仙人路社区因地制宜，立足自身资源禀赋、基础条件、人文特色等实际，充分挖掘整合红色资源，精心打造社区特色文化；整合社区办公资源，优化社区服务功能，形成“多功能一体化”便民服务体系；整合社会各界力量，汇聚形成强大合力参与社区治理，创新社会治理模式，实现了顶层设计和基层实践的有机结合，形成了既有共性又有特色的城乡社区治理模式，筑牢社区红色文化基地，充分激励了广大社区居民的爱国热情和斗志，增强了社区服务能力，提升了社区服务品质。

（二）注重服务至上，始终坚持以人民为中心构建服务体系

《中共中央　国务院关于加强和完善城乡社区治理的意见》中突出强调要坚持以人为本，服务居民。坚持以人民为中心的发展思想，把服务居民、造福居民作为城乡社区治理的出发点和落脚点。社区居民是社会治理的主体，既是社区治理过程的参与者，又是社区治理成果的享有者。作为社区社会治理的重要构成内容之一，社区服务涉及居民生活相关的多个方面，如社区党务服务、社区政务服务、社区社会服务等，创新社会治理，建立健全社区服务体系，让资源下来、服务上去、群众满意，是社区治理的题中应有之义。仙人路社区注

重服务至上，始终坚持以人民为中心构建社区服务体系，通过亲民化的阵地建设，综治服务一体化体制机制建设，以及始终围绕社区群众需求和社区要求为目标的服务网络建设，构建以服务居民、造福居民的社区服务体系，实现了社区治理效能的提升，社区居民的参与感、获得感与幸福感大大提升。

（三）注重多元参与，始终围绕提高治理效能形成治理合力

党的十九届四中全会审议通过的《中共中央关于坚持和完善中国特色社会主义制度、推进国家治理体系和治理能力现代化若干重大问题的决定》，明确提出要建设人人有责、人人尽责、人人享有的社会治理共同体。这一重要论述，不仅强调了在构建社会治理共同体的过程中，每个社会成员都是主体，均有参与的责任与义务，也突出了社会治理成果将为全体社会成员所共享。全体社会成员的参与，将进一步形成治理合力提高社会治理效能。仙人路社区在推进社区治理实际工作中，坚持“汇智慧、汇力量、汇资源”的打造思路，促进群众、社会组织、居民进行自我管理、自我教育、自我服务，充分调动居民积极参与社区事务；遵循志愿服务准则，搭建志愿者服务平台，吸引志愿者参与社区事务，以社区资源解决居民需求、解决社区问题，构建以促进群众自治为主体、社会志愿力量服务为补充的社区治理模式，形成强大的社会治理合力，抓住社会治理关键环节，人居环境大大改善，社区治理成效明显提升。

第二节　盘活用好辖区资源　释放基层治理动能

——涪城区工区街道迎宾社区强化共建共享提供资源支撑[①]

一、引言

涪城区工区街道迎宾社区毗邻火车货站，辖区面积1.52平方公里，共

① 案例由涪城区迎宾社区提供，绵阳市委党校李慧编写。

5499户、21552人。辖区有大型批发市场6个，商户1904家。现有党员290名，下设17个党支部。辖区的大型专业批发市场多、流动人口多、老旧小区多、原破产改制企业遗留下来的家属院多，曾一度是一个问题多、矛盾多、上访多的社区，治理起来有难度、难处和难点。迎宾社区聚焦在“难”上，坚持问题导向，以资源为抓手，利用多种办法盘活用好辖区资源，探索出组织领组织“引”资源、需求对需求“接”资源、服务换服务“调”资源、群众带群众“链”资源、人心暖人心“享”资源的调度资源“五步法”，推进互联互动、共建共治共享。先后荣获“绵阳市先进基层党组织”“绵阳市基层党建‘3+2’书记项目AAAA示范党组织”“2018年度省级‘六无’平安社区”“四川省先进基层党组织”，2020年荣获全市唯一“基层党建‘3+2’书记项目AAAAA示范党组织”。

二、主要做法及成效

（一）形成由来

1. 从加强基层党建所思而“为”

习近平总书记指出，要加强企业、农村、机关、事业单位、社区等各领域党建工作，推动基层党组织全面进步、全面过硬。2013年迎宾社区换届后，新一届社区党组织认为，要搞好基层社区党建，必须解决好如何把居民群众凝聚在党旗下的根本性问题。围绕这一问题，针对普遍存在“说事找政府、做事靠政府、办事望政府，甚至处处向政府伸手和要奶吃”的现象，社区通过深入分析后认为：政府不是唐僧肉，更不是大包干，要依靠自身力量为民办实事、解决问题、凝聚人心。对此，社区提出：利用和挖掘蕴藏在社会里的资源，走社区盘活资源治理之路。于是，社区以资源为着力点，一步一步地探索出调度资源“五步法”，并通过调度资源“五步法”把居民群众凝聚在了党的旗帜下。2018年8月中组部调研组领导到社区调研后说：“你们党建工作做得很实，不仅感动了我而且教育了我。”后来又在中组部内部交流会上讲，多一些绵阳迎宾社区这样的社区，城市党建就好搞了，社区建设就好搞了。由此可见，迎宾社区调度资源“五步法”是从加强基层党建所思而“为”。

2. 从坚持问题导向所破而“探”

习近平总书记讲道：“问题是事物矛盾的表现形式，我们强调增强问题意识、坚持问题导向，就是承认矛盾的普遍性、客观性，就是要善于把认识和化解矛盾作为打开工作局面的突破口。”迎宾社区利用三个月时间走小区、进楼栋、到家庭，跑遍辖区各个角落了解到：辖区有3个大型专业批发市场，共有大大小小商家1311户。商家对跟随而来的孩子课余时间失教失管最忧虑：这些适龄就学孩子共171名，在放学后和节假日要么蜷在或趴在父母经营摊位上做作业，要么围观促销或热闹场所，要么到马路旁闲逛或走进游戏厅等。一些商家说：“只要哪个帮管好了孩子，我送一万个感谢。”社区以此为痛点，多方筹资办起“流动儿童之家”，周一至周五放学后辅导作业，节假日开展传统教育、特长培训、文明行为养成等活动。流动儿童管好了，商家“悬”在心中的石头落下来，便积极主动支持社区建设。在一次募捐整治老旧小区中，一户商家一次捐款2500元，很快募捐到3万余元。此举既为社区治理淘到“第一桶金”，又为社区探索调度资源“五步法”打开了突破口。一石激起千层浪，最后探索出调度资源“五步法”。由此得出，迎宾社区调度资源“五步法”是从坚持问题导向所破而“探”。

3. 从以人民为中心所需而“做”

习近平总书记强调，创新社会治理，要以最广大人民根本利益为根本坐标，从人民群众最关心最直接最现实的利益问题入手。社区提出：建设幸福和谐社区是我们的工作目标。按照这个目标，社区从增强居民群众的获得感幸福感安全感发力，以“人”为中心，始终把人民满意不满意、人民高兴不高兴、人民答应不答应作为工作的出发点和落脚点，利用资源办起社区创业服务中心，开展创业培训、聘请律师和专家教授做顾问、代办工商证照等；多方争取资源，为居民、大学生、农民工创业就业取得无息贷款等；联系协调各方资源，帮助企业搞技改、创品牌、实现产业升级等；引进社会各个层面资源，大力开展老旧小区改造、整治环境、济贫解困等；链接卫生服务资源，为居民群众开展健康讲座、义诊、体检和“送医上门”等；激活各类人才资源，开展丰富多彩和形式多样的文体娱乐活动等。调度资源“五步法”立足于人，又以人为“磨心”展开。由此所见，迎宾社区调度资源“五步法”是从以人民为中心所需而“做”。

4. 从推进多元共治所寻而“创”

习近平总书记在十九大报告中指出，要打造共建共治共享的社会治理格局；完善党委领导、政府负责、社会协同、公众参与、法治保障的社会治理体制。迎宾社区探索调度资源“五步法”，从组织领组织“引”资源来看，就是通过社区党组织带领各个层面党组织，既引进资源又引出用好资源，使资源来自社会又回归社会、来自居民又回归居民；从需求对需求“接”资源来看，就是利用社区治理的需求对接服务社会的责任需求，实现需求的契合；从服务换服务“调”资源来看，就是以“我为你、你为我”的服务，换取“你为我、我为你”的互为资源；从群众带群众“链”资源来看，就是依靠群众“一带十、十带百、百带千……”，形成人人都在社区中、人人都在建设中、人人都在参与中、人人都在责任中；从人心暖人心“享”资源来看，就是以人感人、以心换心、以情化人，构建起人帮人、心连心、手牵手的和谐温馨家园。由此可言，迎宾社区调度资源“五步法”是从推进多元共治所寻而“创”。

5. 从培育文明风尚所要而“行”

习近平总书记指出，始终把弘扬中华民族传统美德、加强社会主义思想道德建设作为极为重要的战略任务来抓，为实现中华民族伟大复兴的中国梦提供强大精神力量和有力道德支撑。迎宾社区调度资源“五步法”的一个出发点是：从传承中华民族传统美德入手，利用资源在小区和公共场所建起文化长廊，大力倡导社会主义核心价值观，引导居民群众崇德向善，提升居民群众社会公德、职业道德、家庭美德和个人品德的整体素质。征集家训家规藏“宝”资源，培育伦理道德和传承尊老爱幼传统。整合资源在社区开设“道德法治”大讲堂，每季度举行一次。在老年人中重点讲《老年人权益保障法》等，在妇女中重点讲《妇女权益保障法》等，在商家中重点讲《劳动法》《食品安全法》等，把法治与德治结合起来，不断增强法制观念、法治意识和法治思维，让居民群众自觉做到办事依法、遇事找法、解决问题用法、化解矛盾靠法。由此可知，迎宾社区调度资源“五步法”是从培育文明风尚所要而“行”。

（二）主要做法

1. 组织领组织让社区成为聚散资源的指挥部

（1）组织领引内生资源。社区党委下建17个党支部，全覆盖形成哪里有党员哪里就有党的组织“纵向到底”体系。通过“组织找党员、党员找组织”找出290名党员，成立党员帮贫扶困、维护稳定、法律宣传的志愿服务队，开展“党委举旗帜、支部抓队伍、小组搞活动、党员带群众”层级制党建等，激活了内生“红”资源。社区一名党员把自己一套128平方米的余房无偿提供给所住小区业委会办公使用，还组织人员规范车棚、修补路面、更换门禁系统等，居民群众口口相传为党员“点赞”。

（2）组织领引共建资源。社区成立大党委，将辖区内10个企事业单位党组织成员吸纳到区域化大党建中来，建立起“大事共商、辖区共建、治理共做”共驻共建制度，形成“横向到边”的区域化党建格局。通过与辖区单位建立共建关系、党员“双报到”和定期召开党建联系会议等，社区“一”字形区域化党建有效联动。中石油四川公司在开展“社企共建、就地再塑企业新形象”活动中，无偿提供社区活动场地用房400平方米，已长达5年之久。绵阳市军供站积极与社区开展环境治理，每月到2个破产改制企业家属区进行环境治理，购置花卉树木美化环境，并免费提供1辆“随用随到”的19座依维柯车供社区使用。

（3）组织领引统筹资源。社区充分发挥纵横交错在“十”中心的党总支组织力作用，与63个区域化党建成员单位党组织签署共驻共建协议，与中石油四川公司党委“社企共建”零租金共用400平方米活动场地，与827基地党委“军民融合”携手开展复员退伍军人服务。社区把资源集聚起来、又分散用于社区治理各个方面。通过一聚一散，社区成为聚散资源的指挥部。每年社区都要新引进3个以上项目，用于到社区治理的方方面面。近年来，社区先后集聚各种项目资源42个近600万元，常年在社区运作项目资源19个上百万元，有的项目资源像滚雪球一样越滚越大、服务面越来越宽。

2. 需求对需求让社区成为利用资源的中转站

（1）需求对接梳理资源。一方面，社区建立“两代表一委员”之家“开门接访”，每月开展不少于20户的“上门必访”，每年暑假组织大学生志愿者参与社会实践不少于一个月的“全域普访”，利用社区志愿者队伍开展“常态走访”等，摸清社区治理、环境整治、服务群众等所需要资源的需求“要什么”。另一方面，社区党委和居委会到上级机关、联系部门和企事业单位，摸清政策要求做、政府需要做、部门必须做、单位能够做等需要用出资源的需求“有什么”。在此基础上，分门别类建立起15类138项的资源需求库并适时更新、充实和完善。

（2）需求对接连起资源。以资源需求库为索引，社区采取找组织搭桥梁、进部门当红娘、跑单位搞协调、连民情接地线等方式，用“要什么”对接“有什么”。许多项目像“瞌睡”遇到“枕头”一样，一拍即合。比如，社区将需要改造3个破产改制家属院的电路作为需求，以项目的形式找到联系的市人大机关，问题得到解决。年老的居民感激说：“原来冬夏用电高峰期常短路停电，冬天睡觉有时不能取暖被‘冷醒’、夏天睡觉有时不能制冷被‘热醒’，现在再也不担‘惊’受‘怕’了。”

（3）需求对接吸纳资源。社区跳出辖区圈子，把需求发布出去，吸引满足项目需求的对象到社区洽谈，对接资源参与到社区建设中来。社区与辖区外7个单位、5个群团、4社会机构建立合作关系，常年在社区运作资源项目21个。尤其是在解决居民群众生活中常遇到的问题上，社区吸纳辖区外一家销售与维修家电的营销商，商家给居民群众提供购买优惠，免费为80岁以上老人提供上门服务，实现居民群众与商家的双赢。通过多种方式对接资源，社区成为利用资源的中转站。

3. 服务换调让社区成为拓展资源的配送室

（1）服务换调商家资源。社区针对辖区大型专业批发市场多和商家多的实际，在大型专业批发市场成立党支部、加强组织引领，开设“梦想工场”、帮助企业升级、组建治安巡逻队、规范市场秩序等，大大地提高了市场形象，营造了良好的营商环境。商家主动参与社区治理和济贫解困。一家专业批发市场公司拿出75个摊位办起“惠民市场”解决以街为市零散叫卖问题，7户卖猪肉商家为40名困难群众每月轮流送50斤猪肉，5户商家提供自己的车辆组成“爱心车队”接送行动不便老人就医等。

（2）服务换调行业资源。社区针对辖区一些银行等行业需要提升美誉度、拓展市场的实际，积极帮助搞好宣传、提高知名度、扩大客源和实现“开门红”等。社区用服务换来资源，辖区三家银行认领“和乐寿”集体生日项目。即社区每月将当月过生日的60岁以上老人集中到一起，社区搭台、行业唱戏、居民参与，开展讲形势政策、看表演、搞健康讲座等，三家银行给每位老人送一个健康祝福、一把长寿面和照一张同月生“全家福”。这一活动项目已持续5年多，已成为社区凝聚老人群体的一个品牌。

（3）服务换调和善资源。社区针对辖区居民群众同社区小区见面不交往、同楼栋单元认识不来往的实际，下力气将社区建设成为利用资源的节庆“活动社区”，即元旦有“新年祝福”、春节有“福满团圆”、清明有“祭祖倡孝”、端午有“粽情邻里情”、七一有“向党献礼”、中秋有“月圆万家圆”、十一有“中国梦我的梦”等。节庆活动营造了熟人社区，小区公众场所变成“会客厅”、行人过道变成“问候地”、电梯间变成“谈话室”。

4. 群众带链让社区成为滚动资源的枢纽地

（1）群众带链能人资源。社区利用常态走访、座谈交流、居民推荐等方式，找出能人、挖出能人、请出能人。社区组建有老领导、教授、律师等436人的群英团队，建起辖区123人的能人资源库。通过群英团队定期商讨社区治理方案和实行辖区能人带领、能人管理、能人治理，破产企业改制后家属区无自治组织、无物业管理、无人清洁维护的28个“三无”小区和30个老旧院落，全部建立家委会或院委会，一改过去“想管又管不好、不管又不得了”的现状。辖区一个老旧小区一直存在脏乱差的“老大难”问题，能人治理把“问题小区”变为“宜居小区”后，一名常打“12345”市长热线的居民放下电话拿起扫帚，主动参与到小区建设中，还申请成为家委会一名负责人。

（2）群众带链榜样资源。社区每年评选“诚信商户”“文明家庭”“社区模范”等身边典型，把评选出来的典型照片贴到橱窗、形象亮到小区、事迹发到网上、牌子挂到门口，以此触及灵魂，激励大家学先进、传先进、当先进。群众学在身边、看在眼前、变在自己，社区成为滚动资源的枢纽地。一户困难居民在大家的帮助下，日子一天天好起来，主动退出低保户，连续2年承担小区清洁卫生工作，守护邻里3名空巢老人。有些老人的儿女在国外，常打电话感谢社区，并在国外讲述中国故事、传递中国文化。

（3）群众带链自治资源。社区建起“巡逻护安”“青少年护航”“环境治理”3支志愿者队伍，通过看得见、摸得着的实实在在活动，激发热心产生出志愿者队伍的“磁铁”效应，逐步建起“医疗救护”“市场服务”“和事老”等16支志愿者队伍，辖区有21%的居民群众加入其中。尤其是分布在各商住和老旧小区共43人组成的“和事老”志愿者队伍，在社区建起工作站，不要待遇、不图名利、不求回报，坚持每天收集社情民意、化解纠纷、维护治安稳定等，并在一次排查中提供线索，协助公安机关捣毁一个传播“法轮功”窝点。

5. 人心暖享，让社区成为激活资源的发酵厂

（1）人心暖享帮扶资源。社区对157户困难群众和特殊人群，采取部门联系、辖区企事业单位结对、各级“两代表一委员”帮助、党员群众认亲、商户献爱心等方式，实行一对一、一对多或多对一全部帮扶。邻里开展帮忙就医、帮看管小孩、解决实际困难等，帮扶对象被一件件实事感动。一户三口之家贫困户住在19平方米的“蜗居”，在“认亲”帮助中申请到两室一厅公租房，这家73岁头发花白的大妈感恩回报，已连续四年义务为辖区专业批发市场商家和购物群众“冬天熬姜汤、夏天熬解暑茶”，成为“熬”出花白头发的“最美大妈”，曾接受中央和省、市电视台采访报道。

（2）人心暖享友爱资源。社区整合金融、医疗卫生、餐饮、理发等40个单位及个体户资源，统一制作成黄红两色的《爱心手册》。黄色发放给无违法犯罪、无违反居规民约的普通居民，红色发放给积极关心社区发展、弘扬中华美德的“社区好人”和志愿者。《爱心手册》变成“连心册”，也变成资源的“催生素”。社区一位老年人手持《爱心手册》，领到新鲜猪肉又免费理发后感动不已，当即给社区党委书记打电话说：“社区真温暖，我也要为社区做贡献，需要时一定要叫我。”

（3）人心暖享家园资源。社区按照“社区是个家”的理念，创建起“福美和”社区货币。按“记实积分、积1分换1元币额、不同币额给予不同物质或其他奖励”的方式，对积极参与社区事务、支持社区发展的志愿者和社区居民发放，到社区定点辖区商家和个体户兑换。如，积3分币可免费磨一次刀等。通过各种方式人心暖人心“享”资源，社区既成为激活资源的发酵厂，又成为“有钱出钱、有力出力、有物出物”的新家园。

（三）主要成效

1. 破解社区治理瓶颈

（1）破解“事由哪个做”。有的社区工作人员说：“社区工作是万事通、百宝箱、智能机，上要管天、下要管地、中间还要管空气，要管好、难不倒。”迎宾社区探索的调度资源“五步法”，通过组织领组织“引”资源、需求对需求“接”资源、服务换服务“调”资源、群众带群众“链”资源、人心暖人心“享”资源，把社区治理的事与资源连到一起，资源变成承接治理社区那些事的“投篮筐”，也成了社区治理的动力源。在实践中，取得“事在资源中、资源在事中”实效，破解了“事由哪个做”的难题。

（2）破解“人到哪去找”。有的社区工作人员说：“人少事多，事情难做。”迎宾社区探索的调度资源“五步法”，用资源连接“事”、以“事”连接人，形成我找你、你找他、他再找“他”……做事“有了”人。如社区开展“红色电影进小区”活动，社区以项目的方式由辖区一家单位承担，这家单位就通过各种渠道找人、设备和片源，每次按计划组织人员放映，保障了项目的持续运转和效果。“人到哪去找”得到了破解。根据调研，迎宾社区平时“干”了那么多事，社区工作人员并不是一大堆人，反而比有的社区工作人员还少。这也说明，资源就是“人”、方法能找“人”。

（3）破解“钱从哪里来”。有的社区工作人员说：“社区人不怕做事，就怕做事没钱。”迎宾社区探索的调度资源“五步法”有一个鲜明特点：资源就是资金，看得见“事”、看不见“钱”，其治理结果是一样的。并且，社区运作资源带来的“资金”源源不断。正如在迎宾社区调度资源“五步法”的基本做法中所述：社区成为聚散资源的指挥部、利用资源的中转站、拓展资源的配送室、滚动资源的枢纽地、激活资源的发酵厂。由此，破解了“钱从哪里来”的难题。

2. 社区治理三个“要”

（1）遵循“社情要掌握”。迎宾社区换届后，新班子并没有急于烧三把火，而是一个小区一个小区跑、一个楼栋一个楼栋去、一个单元一个单元进、一个家庭一个家庭访。通过“进百家门、听百家音、知百家事”，深透了解掌握社情，找准社区治理存在的问题和突出问题是什么。在此基础上，有的放矢开展社区治理，有针对性地争取资源治理，使得运用资源治理社区像“下蛋有窝、有窝能下蛋”一样，取得了有针对性的效果。

（2）遵循“问题要解决”。迎宾社区坚持问题导向，先把社区治理的问题一个个收集起来，采取申请政府出资购买一批、大党委共治共建认领一批、协调单位对接一批、社区牵头开展一批的“四个一批”方式，让项目去链接资源。项目成为“支点”，链接成为“杠杆”，撬动各方共治资源解决问题，走出以前解决问题“找人要钱、托人说情、求人做事”的困境。近年来，社区整治老旧小区11个、治理脏乱差环境17处、改造下水道7段、栽树等绿化面积1700平方米等，赢得了居民群众的称赞。

（3）遵循“矛盾要化解”。几年前，迎宾社区居民群众的归属感和对社区认同感低，每周都有到市、区越级上访的，社区为此跑弯了腿、磨破了嘴、费尽了神。通过调度资源“五步法”的开展，矛盾一桩桩得到化解、问题一个个得到解决、人心一点点得到感化，居民群众的归属感和对社区认同感提高，有事找社区、相信社区成为常态。近年来，社区无越级上访事件发生。原来大型专业批发市场商家不愿参加社区活动，也不愿见社区工作人员，现在商家积极参加社区活动。一次社区工作人员去买口锅，商家怎么也不收钱，只好不买，被商家拉拉扯扯“撵”到市场门口也要送。

3. 社区治理靠大“家”

（1）营造“自家的事自己干”。社区常态设立居民意见箱、社区网络“意见大家提”平台、QQ群、微信和定期居民代表会、议事会、恳谈会等，畅通民情民意和诉求渠道，保证居民的知情权、表达权、参与权、监督权。通过社区调度资源“五步法”，引导居民不能事事望着组织、等着组织、靠着组织，要自觉把社区当成家。居民群众主人翁意识增强了，树立起了“社区是个家，连着你我他”的观念，积极参与社区各项治理。

（2）营造“邻家的事帮忙干”。社区引导居民跳出自我，摒弃“只管自己门前雪，不管他人瓦上霜”的小家意识。特别是通过调度资源“五步法”的有效开展，社区居民“你帮我、我帮你”“我为人人、人人为我”，自觉传承邻里相亲的传统文化，营造了“邻家的事帮忙干”，邻里间变成了“手足情”。辖区24户老人相互结对，相互约定“邻里守望”事项。社区一名居民，邻家忙于打理生意没有时间接孩子放学回家，主动帮忙按时到校接孩子。社区还有一名退休教师，除主动为邻家孩子辅导学习外，还在小区建起微信群，传递孩子成长方法和知识，被称之为初升太阳的“托”。

（3）营造“大家的事共同干”。社区从增强社区居民的自治能力和自觉性着手，通过调度资源“五步法”和群策群力治理，大家自觉做到主动自治、参与自治、自主自治，提升了社区居民群众自我管理、自我服务、自我教育能力。近年来，迎宾社区先后承办各级现场会7次，社会各大媒体广泛报道，接待省内外考察学习上百次近两千人。本市一个县民政局曾经组织32个乡（镇）基层治理分管领导、20个社区和10个村支部书记，到迎宾社区盘根问底，通过“听看问”考察学习后，要求一行人员要好好学习“社区共治”。

4. 夯实社区党建基础

（1）回答“缘何听党的”。迎宾社区工作人员说，居民群众要听党的，只说不做不行、单一说教也不行、开空头支票更不行，社区就要有两把刷子，拿出为民办的实事来看，居民群众在事实面前，才能从内心上信服。迎宾社区正是通过调度资源“五步法”，大力办民实事、解民忧、赢民心，让居民群众自觉自愿听党话。

（2）回答“为何党旗飘”。迎宾社区在最初运作调度资源“五步法”时的想法是：社区当时有224名党员，最好组织起来的是党员，如果把党组织和党员作用发挥出来，带动居民群众搞好社区治理就不难了。在实践中，党员自觉做到“党在我心中、我在群众中”，既增强党组织的凝聚力，又彰显了党员的先进性。党组织这面旗帜立在了居民群众心中，也飘在了辖区，社区党委先后荣获“绵阳市先进基层党组织”“绵阳市基层党建‘3+2’书记项目AAAA示范党组织”“四川省先进基层党组织”，2020年荣获全市唯一“基层党建‘3+2’书记项目AAAAA示范党组织”。

（3）回答“如何搞党建”。从“缘何听党的、为何党旗飘”中看出，居民群众不懂什么是党建，但居民群众看得出来党为谁办事、知道党为谁着想、明白党为谁代表。社区搞好了，居民会说党培养的好儿女，会把共产党记在心上；社区没搞好，居民也会“说话”，把不好的记在共产党的头上。迎宾社区通过调度资源“五步法”，为居民群众办了一件件实事，居民群众记在了共产党的头上，实化了“听党话、跟党走”。课题组在调研中，一边走一边听到居民群众夸奖社区工作人员：共产党教育培养的社区工作人员好。近年来，社区建设在党组织的带领下，先后获得全国全市全区各项荣誉。诚然，诠释了“如何搞党建”。

三、经验与启示

迎宾社区以“资源来自社会又服务社会”为出发点，探索出组织领组织“引”资源、需求对需求“接”资源、服务换服务“调”资源、群众带群众“链”资源、人心暖人心“享”资源的调度资源“五步法”，让社区成为资源的集散地、中转站、调度中心，为加强社区治理提供了先进经验启示。2018年11月8日，中组部《城市基层党建快讯》刊发了《盘活用好各类资源，提升领导社区共建共治水平》，对迎宾社区党委利用多种办法盘活用好辖区各类资源，推进互联互动、共建共享，做了全面翔实的介绍。11月21日，《中国组织人事报》又进行了专版刊载，供各地借鉴。

（一）重要在“头雁带领、选好头雁”

迎宾社区之所以能探索出利用资源系统性做法，之所以把原来一个问题多、矛盾多、上访多的社区变成了先进，之所以各级和各个层面充分肯定，源于有一个好头雁。事实上，无论是国内或国外、大地方或小地方、单位或行业，头雁很重要。习近平多次指出，打铁还需自身硬。所以，“头雁带领、选好头雁”很重要。要把那些理想信念坚定、对群众有深厚感情、关心群众疾苦的人选出来，保证党的各项民生政策落地落实。特别是社区工作的头雁，要让居民群众选出与民贴心的头雁，做到传递党的关怀不走样。要选出忠诚实干、脚踏实地的头雁，真正在实践中当好领路人。要选出不怕麻烦、有耐心的头雁，善做具体繁杂事务。总之，社区工作千头万绪，选好头雁才能引领正飞，执政根基才能越奠越牢。

（二）主要在“问题导向、解决问题”

习近平总书记反复强调，要坚持问题导向，坚持底线思维。要把问题作为研究制定政策的起点，把工作的着力点放在解决最突出的矛盾和问题上。迎宾社区探索的“五步法”，一个突出方面就是坚持问题导向，利用资源解决问题。一要善于发现问题，把问题找出来加以解决和探索，像从“两个铁球同时落地”现象中发现速度和质量成正比学说的问题一样，进而有了自由落体定律发明创造。二要正视问题，让问题倒逼改变，像安徽小岗村开创的包产到户一样，因为在大锅饭体制下，无法解决粮食产量低下、农民吃不饱饭等严重问题而倒逼。三要解决问题，用以推动进步，像战场上对待敌人一样，只有把一个个敌人消灭掉才能获得平安。

（三）关键在“为民着想、真心为民”

习近平总书记在《之江新语》中写道：“离开了人民，我们将一无所有、一事无成；背离了人民的利益，我们这些公仆就会被历史所淘汰。”所以，关键在“为民着想、真心为民”。迎宾社区探索的“五步法”为居民群众排忧解难，以实际行动成了居民群众的贴心人。课题组了解到两件事：一件事是社区书记一次生病住院，居民知道后每天送去七八种营养粥，还把一面“社区好书记”锦旗送到病床边，社区书记看到这一幕幕，把藏在内心深处的“只要你对群众好群众就会对你好，只要你把群众当亲人群众就会把你当亲人”那些话化为泪水流了下来。另一件事是每天下班时间到了后，都有居民来社区办公地“侦察”，只要“瞅”到有社区工作人员加班，就要“悄悄”叫外卖或送来自己包的饺子、包子、煎饼等，居民群众把社区工作人员当成自家人，冬天问寒问暖、夏天送避暑汤更是常事。显然，社区工作做得好不好，最核心的在于对群众感情的深浅；是不是为民着想、是不是真心为民，群众心中有数；只要你为民做了实事，群众就会把你记在心上。

（四）重点在“治理有效、共同治理”

治理有效是基础，共同治理是手段。社区治理都是居民群众触手可及、抬头看见的具体事，不能开空头支票，要一步一个脚印。社区是个家，要相信群众、依靠群众、发动群众，实行群策群力、群管群治。社区治理包含方方面面，单枪匹马或单打一不行，单靠某一个组织、某一个层面、某一种力量不行，要共同治理。所以，重点在“治理有效、共同治理”。从迎宾社区调度资源“五步法”的实践来看，激活上级联系部门、辖区企事业单位、商家、党员、邻里等资源，构建起群策群力、群管群治、部门联动、全员参与的齐抓共管大格局。其实，每一个人都是一个资源点、资源源、资源地，单位部门更是如此。要盘活资源整理社区，正如《中国组织人事报》在登载迎宾社区做法编者按中所写：“社区不是没资源，关键要有善于发现的‘慧眼’、整合挖掘的‘本事’。四川省绵阳市涪城区工区街道迎宾社区党总支运用多种办法盘活用好辖区各类资源，推进互联互动、共建共享，值得各地借鉴。”要动员群众参与治理，因为群众的力量大如天。要多种方式治理社区，实现条条大道变通途。

（五）根本在“创新理念、实践创新”

不怕做不到就怕想不到。想到不一定做到，想不到必然做不到。习近平强调，实践没有止境，理论创新也没有止境。所以，根本在“创新理念、实践创新”。迎宾社区探索的调度资源“五步法”就是一种创新，就是社区治理的新路径。一要解放思想、开动脑筋、创新办法、敢于出招，去想到再做到。二要转变观念，像扶贫工作一样，过去很长一段时间，扶贫就是简单地给贫困户送鸭苗、鸡苗、鹅苗、猪苗之类，送了之后很多贫困户由于缺技术、缺销路，难以实现高产增收，后来扶贫干部转变思维，不再直接把苗种给贫困户，而是通过合作社或者引入专业公司入股的方式来经营，让贫困户到企业务工，效果就更好更明显，这就是转变观念的具体应用。三要创新思维，以问题作为创新的原动力。习近平总书记强调指出：“问题是创新的起点，也是创新的动力源。”可见，创新并不是无目标，思维要建立在问题上，贯穿着鲜明的问题靶向，这样就能精准发力解决问题。

第三节　治理精细到小区　服务精准到群体

——游仙区沈家坝北街社区着力破解“村改居”老旧小区治理难题[①]

一、引言

富乐街道沈家坝北街社区由7个居民小组、135个楼栋、867个自建房单元、71个纵横交错的背街小巷组成，现有5600余户、1.32万人，其中流动人口1.01万，占76.5%。社区设党委1个，党支部7个，党员117人，是1995年游仙建区时原沈家村“统征统转”组建的社区之一。因其经济业态多样、人员构成复杂、发展矛盾聚集，社区治理面临极大挑战。

二、主要做法及成效

（一）主要做法

1. 凝聚变革共识，汇集治理力量

怎样探索出调动居民共同参与社区治理的路子？在与党员代表、居民群众代表的调研座谈中，有人提出“可以在每栋楼找一个人协助小组管理”的建议。街道、社区经过认真思考研判，提出了“楼栋长+房东”的治理思路。社区党委率先在“三会一课”党员大会上将整个治理思路进行了解读，7个小区党支部赓即引导7个居民小组召开居民户主会议进行广泛宣传动员，为全面推行“楼栋长+房东”治理奠定了扎实的群众基础。事实上，“楼栋长+房东”治理模式的头等大事是解决“楼栋长不拿报酬也愿意干活”的问题，找到激发楼栋长积极性和主动性的管用办法。

（1）广泛宣传发动。充分发挥基层党组织引领作用，对“楼栋长+房东”治理模式进行大力宣传，向居民讲清楚创新开展此项治理的重要性、必要性和迫切性。尤其是注重从增收等方面激发房东们的参与度和责任感，让

① 案例由沈家坝北街党委书记、居委会主任史邵成提供，绵阳市游仙区委党校魏紫玥编写。

房东普遍意识到只有舍弃眼前“小利”，认真当好楼栋长，改善居住环境，才能更好吸引租户、提高租金，进而增加收入、谋得长远“大利”。

（2）发挥示范效应。万事开头难，社区党委大力动员每个楼栋的党员房东、居民代表房东主动站出来担任第一批楼栋长，充分发挥模范带头作用。在各居民小组分别建立“小组居民当家群”，各户至少有一人加入微信群，发现好的做法、先进事迹及时在群里以图文、视频形式发布，让房东“看样学样”“比学赶超”；对工作一般的房东在群里及时“曝光”，让其“脸上挂不住”，倒逼整改。

（3）“亮身份”促担当。各居民小组长每月末通过微信群公布新一轮135名楼栋长名单，并在楼栋首尾或醒目位置设置1—2块公示牌，对当月轮值楼栋长进行公示。每月1号集中举行“楼栋长”交接仪式，上月楼栋长勉励本月楼栋长“辛苦您了”，本月楼栋长感谢上月楼栋长“您辛苦了”。通过这些有仪式感的举措，增强楼栋长的责任感和荣誉感。房东陈菊萍长期生活在成都，当轮到她担任楼栋长的时候就会专程从成都赶回来，她说：“这本来就是我应该做的，该我履行职责的时候，我必须回来。”

2. 发挥骨干作用，提升治理效能

按照“谁出租谁负责”“谁受益谁负责”的原则，楼栋长由各单元房东按月轮流担任，867位房东走上了社区治理新岗位，单元楼栋事务由楼栋长组织协商解决，组建起了居民自治网络。“楼栋长+房东”治理模式的核心是发挥楼栋长骨干作用，实现社区精细化治理。

（1）明确“干什么”。社区党委以社区环境差、治安乱等问题为导向，明确楼栋长环境监督员、信息管理员、治安防范协管员、法制宣传员、邻里纠纷调解员和义务消防员等“六员”职责，楼栋长成为服务“大管家”。主要负责统筹调解邻里纠纷、劝导垃圾合理处置、宣传防盗防火安全隐患，检查环境卫生是否整洁、登记和上传入住人员信息等工作。针对长期困扰社区的乱贴、乱画、乱牵、乱挂、乱堆、乱放、乱搭、乱建等“八乱”问题，牵头组织房东、居民开展专项整治，多维度多举措提升社区环境、维护治安稳定。

（2）理顺“怎么干”。按照“小事自己处理，大事联系房东，难事集中解决”原则，楼栋长坚持每日巡查，“下班回来，先不回家先看楼栋”，平时开展好“扫干净、摆整齐”等工作。发现垃圾“大件化小件，小件进垃圾桶”，针对租户搬迁后乱堆乱扔的衣柜、床等大物件，通知房东集中堆放，社区联系废品收购人员定期清理。针对流动人口跟社区党组织的沟通联系问题，楼栋长负责为租户代办手续、进行入户登记等。将租户拉入“小组居民当家群”，租户、房东和楼栋长遇到的诸多问题，都可以通过微信群反映反馈。楼栋长、居民组长不能处理的，上报到社区居委会，由社区分管同志解决落实，通过这种方式，楼栋长与社区之间也建立了日益紧密的联系。

（3）推动形成自觉。随着“楼栋长+房东”治理模式深入推行，户主家人的责任感也被激发出来，纷纷参与到楼栋管理和社区治理中来，楼栋长由户主一人担任演进为由户主主持，全家人共同担任，居民参与面得到进一步扩大。很多居民在担任楼栋长后，逐渐养成了爱护环境、遵守秩序的良好习惯。“当不当值都一样”“看到垃圾就清理”成为共识，居民自觉维护共同家园的良好氛围逐步建立。

3. 抓好常态长效，完善治理机制

“楼栋长+房东”治理模式难点是保持“常态”，坚持“长效”。社区党委围绕提升楼栋长履职能力和综合素质，建立健全各项治理机制，激励楼栋长工作积极性。社区探索和实施教育培训、监督管理评星推优管理模式，依据环境卫生、管理能力、邻里关系等标准对各楼栋进行打分评星，并将评选结果进行公示，为外来租户提供入住选择依据，从经济效益层面上进一步激发了楼栋长的工作积极性。

（1）建立教育培训机制。各居民小组长每月在楼栋长交接仪式上，对上月楼栋长履职情况进行总结点评，指出存在的问题，对工作方法进行指导和总结提炼。同时，每季度组织一次本小组楼栋长集中培训，从服务管理租户、维护环境卫生、处理邻里矛盾等方面作详细的经验分享和培训教学。社区党委聚焦楼栋长存在的不知怎么去“管”，未掌握问题处理流程和问题反馈渠道等问题，每半年组织一次全社区楼栋长集中培训。

（2）健全监督管理机制。制定“楼栋长公约”，实施“面谈引导制”，即根据各居民小组考核结果，社区党委、党支部对履职不到位、不作为的楼栋长进行面谈引导教育，帮助其转变思想、服务楼栋管理。同时，通过召开房东会议，在7个居民小组分别建立自治管理委员会（简称自管委），由小组居民自己选出自管委成员5人。自管委成员按照一人一栋或一人多栋对楼栋长履职情况进行监督和管理，助力楼栋长更高质量履职服务。

（3）完善“评星推优”激励机制。社区党委在每年评选“六星”（即“幸福之星”“孝敬之星”“文明之星”“和谐之星”“道德之星”“诚信之星”），在三八妇女节、七一建党节、八一建军节、九九重阳节等节日评选先进代表时，均将楼栋长履职情况作为先决条件和重要参考。评星推优结果在社区文化广场进行公示，接受居民监督评议，也为租户入住提供重要参考。正向激励和反向倒逼相结合，不断增强楼栋长服务意识和责任心。

（二）主要成效

2018年4月以来，沈家坝北街社区坚持党建引领，统筹整合资源，全面推行“楼栋长+房东”治理模式，组织引导房东主动参与社区治理与服务，有效促进了社区规范化管理、精细化治理。2019年11月，入选人民网新媒体智库基层经验。依托该治理模式，沈家坝北街社区已呈现出治理有序、服务完善、环境优美、治安良好、邻里关系和谐的新面貌。

1. 社区环境和社会治安双促进，居民更有安全感

通过楼栋长监督率带，居民和租户逐渐养成清洁卫生好习惯。近三年来，由社区每年集中清理乱堆乱放垃圾从之前每年的30余卡车减少到6卡车，清理各类小广告从2.6万处减少到0.3万处，清理废旧家具垃圾由30余车减少到5车，全面排查清理卫生死角30余处，社区环境更加干净整洁。结合爱国卫生运动和游仙区“两大一好”（公共卫生大整治、家庭卫生大扫除，养成个人卫生好习惯）活动，常态化开展环境整治，清理长期占据公共车棚一角的废旧自行车，理顺管好共享单车等非机动车，巷道车辆乱停乱放的现象有了极大改观，更多的公共服务空间得到规范和释放。以新时代文明实践活动为抓手，开展“最美家庭”“星级租户”“五好房东”评选，加强居民卫生健康教育，从源头上减少影响人居环境的不文明行为。联合区纪委监委打造占地约600平方米的家风家训文化广场，作为社区勤廉教育基地，目前已成为居民学习和休闲的重要场所，居民行走在巷子里也能接受到文化熏陶、精神引

领。近年来，社区矛盾纠纷逐年下降，盗窃等可防性案件下降90%以上，群体性上访事件“零发生”，社会治安稳定有序，社区面貌焕然一新，为广大居民带来了实实在在的安全感。

2. 房租收入和租住体验双提升，居民更有获得感

2018年以来，随着环境和治安的不断改善，租户享受到了干净的居住环境，房东实现了提高租金的期望，外来租户和本地居民产生了良好互动，社区呈现出安全有序、整洁舒适、宜居和谐的良好氛围。经统计，社区租户的租房时间平均延长3个月，房屋租金每年提高20%左右，社区空置的租房由原来的500余套下降到50套。房东的经济收入得到提高，租户的租住体验感更好，实现了互利双赢。良好的环境也吸引了更大的人流量，位于社区内的6号路美食街成了“夜间经济”网红美食打卡点，平均每晚人流量达2万人次左右，人气显著提升，直接带动周边商户增收40%以上。社区逐渐成为可憩可游、宜居宜业的优选去处。

3. 政府治理和社会调节、居民自治良性互动，构建起共建共治共享的社区治理新格局

随着“楼栋长+房东”管理模式的深入，居民的自治能动性被极大调动起来，越来越多的居民和租户开始加入社区治理中来。300多名居民和租户主动加入社区义务巡逻志愿服务队，水电工等各类维修服务技能人才被吸纳入社区“人才库”，关心社区事务的人数由原来的20%上升到60%。配套制定《北街社区居民公约》，广泛征集民意，经召开居民代表大会审议通过，成为居民日常约定俗成的行为规范，进一步引导居民提高自我管理、自我服务的能力。在疫情防控和防洪抗汛的急难险重时刻，居民积极配合社区开展体温检测、巡逻值守等服务；人口普查期间，楼栋长和房东大力协助开展宣传动员、入户普查，居民纷纷支持配合。在减轻社区干部工作量、释放社区干部开展精细服务空间的同时，增强了居民参与社区治理的意愿和能力，逐步构建起党建引领、社会协同、居民参与的共建共治共享社区治理格局。

4. 智联北街小程序为社区治理赋能增效

“智联北街”小程序服务平台涵盖了“党建引领”“社区治理”“公共服务”“随手拍”“信息发布”五个板块。“智联北街”小程序在社区治理

中，为社区治理赋能增效。

（1）“智联北街”让党旗飘进千万家。沈家坝北街社区没有一个小区，没有一家企事业单位，是完全开放式自建房社区。“智联北街”网络综合服务平台始终坚持党建引领，开辟了“党建引领”栏目。社区党委、7个网格党支部、各楼栋的党员中心户三级党组织体系建设在平台上进行公示，让社区居民更直观地知道党组织在哪里、党员干部在哪里、党员在哪里，遇到问题第一时间找谁反映找谁解决，更能及时地知道自己所在社区党委、党支部开展的各项活动，流动党员和“双报到”党员能第一时间找到组织报到、开展组织生活并接受管理。平台还设置了“信息发布”栏目，宣传党的方针政策，发布党建主题活动，打造社区网络宣传阵地，营造良好的宣传舆论氛围。

（2）“智联北街”让社区服务更精准，只跑一趟落地落实。沈家坝北街社区是以自建房为鲜明特点的社区。为解决社区居民出租房屋难的难点痛点。“智联北街”网络综合服务平台重点打造了“房屋租赁”栏目，让房屋出租更便捷。房东通过手机便捷地将房屋出租信息发布在平台“房屋租赁”栏目，租客只需扫码进入“智联北街·房屋租赁”栏目，即可查看整个北街社区可出租的房源，无须逐户走访，看中再进行信息登记、提交；房东根据租房人提交的信息，待入住后进行信息确认，线上即可完成整个租房流程。经房东确认后相关数据进入社区后台管理。为了使便民服务更精准，将居民所涉及的需要办理的各类民生事项全部上传“智联北街” 网络综合服务平台，实现了信息公开的最大化。居民点开网络综合服务平台能清晰地知道办理事项具体负责人、办理流程、所需资料等信息，在准备好资料后，与办理人员预约办理时间，真正实现只跑一趟的便民服务。平台汇集了家庭医生、开门换锁配钥匙、下水道堵塞处理、家政服务等与居民日常生活密切相关的服务组织和人员，让居民遇到麻烦时找得到自己满意的服务商家，真正帮助解决居民的烦心事、闹心事。

（3）“智联北街”让社区治理更高效。建立“楼栋长+房东+租客”的房屋租赁管理模式，实现流动人员管理更科学、数据更鲜活。通过“智联北街”网络综合服务平台“房屋租赁”栏目完成房屋租赁，相关数据将进入社区后台管理。租客到期搬走，由房东对该户居住人员进行删除提交，社区后台收到信息后对该户人员删除，相关数据将在后台保存1年。通过信息化手段，社区能及时准确地掌握辖区流动人员的基本情况，保持流动人员数据更“鲜活”，为社区管理提供第一手资料。“随手拍”让全科网格管理更精细。居民可以通过“随手拍”随时反映辖区内看到的不文明现象、不安全因素、不稳定情况。全科网格员按时到所属网格巡查，对网格员巡查的监督和巡查后的空当期，就会由“智联北街” 网络综合服务平台来完成。比如，网格员没有巡查，社区居民可以反馈给社区干部，网格员巡查后居民发现有情况，可以通过“随手拍”发布到平台，网格员登录后就能看到自己负责的网格是否有异常，立即进行处理。精准定位加强平安社区建设。开放式社区还有一个最痛的难题，火灾和社会治安问题。为此“智联北街”上专门设置了一栏“平安建设”，将辖区微型消防站和消防栓位置进行准确标注，让所有居民都知道具体位置，出现情况第一时间跟谁联系，第一时间取得到应急物资并开展前期处置工作；还建立了智慧安防，并将智慧安防设备与公安平台对接，维护辖区居民的人身和财产安全。

（4）“智联北街”成为房东、商家、社区、居民大家的逐梦舞台。“智联北街”网络综合服务平台解决了房东、商家到处张贴租房信息和活动海报现象，使辖区环境卫生更干净、整洁。平台改变了过去租客看房货比三家、走走停停、考虑考虑的思想，让租客更便捷相中房源。商家可以在这个平台上展示自己的商品特色和各种活动，积极推销自己的产品。居民可以在平台参加志愿者服务，获得积分，领取奖品，参加社区各种活动，展示才艺、厨艺等等，增加获得感和成就感。社区更是利用这个平台与房东、商家、居民之间交流更多、更高效、更务实，同时也成了房东、商家、居民监督的一个有效媒介。

三、经验与启示

沈家坝北街社区不断破解城市治理难题，认真思考社区治理“谁来干、干什么、怎么干、如何干好”四个问题，以提升人民群众满意度为落脚点，以“治理精细到小区，服务精准到群体”为工作目标，积极探索“楼栋长+房东”治理模式，867个自建房单元户的867位房东按月轮流担任楼栋长，负责整个楼栋管理和服务，进而推动社区精细化治理。先后两次荣获民政部授予的“全国和谐示范社区”，是“民生周刊自建房社区楼栋长+房东治理优秀案例”，2021年被评为“四川省基层治理示范社区”。因此，研究沈家坝北街社区如何建成基层治理示范社区的意义重大，值得各地借鉴。

（一）坚持以利益链接为切入点

习近平总书记调研社区时多次强调民本治理理念，诸如“要把人民放在心中最高位置”“人民幸福就是我们工作的目标”等，都强调城乡社区治理必须坚持人民立场。从沈家坝北街社区党委的实践来看，他们把准了其毗邻富乐小学、富乐中学等优质教育资源，社区自建房房屋租金相对低廉，成为大量陪读家长和进城务工人员租房的首选的特征，利用房东希望通过改善社区环境和治安来提高出租屋“身价”，进而增加收入这一普遍心理，将社区治理目标与房东利益追求有效链接起来，把房东转化为社区管理者、服务者、志愿者，成为联防共治重要力量。这既是社区实现规范化治理、精细化管理的关键所在，也是把群众利益放在首位，以人民为中心发展思想的生动诠释。

（二）坚持问题为导向大胆创新

习近平总书记指出，要有强烈的问题意识，以重大问题为导向，抓住重大问题、关键问题进一步研究思考，找出答案。调研发现，过去面对“八乱”等问题，社区党委经常动员党员干部、居民代表、退伍军人等开展“突击式”整治，但这种方法居民参与面小、效果差、保持难。针对这个问题，社区党委认真思考社区治理“谁来干、干什么、怎么干、如何干好”，积极探索“楼栋长+房东”治理模式，调动社区最关键治理力量——自建房房东参与到社区治理中来，彻底扭转“干部干，群众看”“干部着急，群众不急”的被动局面。实践证明，面对“村改居”社区治理难题，既要充分发挥基层党组织战斗堡垒作用和广大党员先锋模范作用，更要发现问题不回避，坚持以问题为导向，大胆探索创新，真正在解决问题中创新、在创新中解决问题。

（三）坚持稳中求变循序渐进

构建和谐社会，重心在基层。社区是基层基础，只有基础坚固，国家大厦才能稳固。“村改居”社区的人口结构复杂，是农民与市民、本地与外地、流动与常住等多类人群的融合，在思想观念、生活习惯、经济条件、社会关系等诸多方面差异明显，容易引发冲突与矛盾，因此任何变革都须慎之又慎。沈家坝北街社区在治理过程中，正是按照先易后难、由简入繁、稳步推进思路，社区党委在做重大决策前都先做好大量思想宣传工作，并在取得大多数居民认同后再实施，逐步走出一条符合“村改居”社区特点和规律的乡村治理新路子。实践证明，“村改居”社区要转变居民思想观念、革除陋习、美化家园，决不能一蹴而就、“一口吃天”，也不能照抄照搬，而要紧密结合本地区实际，坚持稳字当头，耐着性子探索，在不断反思中总结，在总结中前进。

（四）坚持物质家园与精神家园同步建设

习近平指出，实现我们的发展目标，不仅要在物质上强大起来，而且要在精神上强大起来。社区在重拳整治“八乱”的同时，充分发挥党组织引领、楼栋长“穿针引线”作用，建成社区家风家训文化广场、“城市乡愁记忆馆”，在传统节日开展“坝坝宴”，组织各类群体性文化、体育健身、先进评比等活动，用传统文化涵养居民，志愿服务引导居民，文娱活动凝聚居民，让社区充满温暖与友爱。实践表明，“村改居”社区不仅是一个地域共同体，更是一个精神共同体。在治理中既要解决“脏乱差”等环境问题，打造宜居家园，更要重视以党建文化引领社区文化，形成健康阳光的社区环境和精神生态，让居民生活得更安心、更美好。

第四节　在治理中发展　在发展中治理

——游仙区涪江街道韩家脊社区探索社会化管理新路①

一、引言

游仙区涪江街道韩家脊社区位于涪江、安昌江、芙蓉溪三江交汇处，地处绵阳市游仙区主城区，成立于1994年12月，辖区面积约1.2平方公里，辖1个旧城改造安置小区和7个商住小区，4183户、15059人。社区设党委1个，党支部6个，党员238人。近年来，社区党委深入践行“加强社区服务能力建设，更好为群众提供精准化精细化服务”理念，聚焦居民需求，向“市场”调资源、配服务，致力于补齐公共资源短缺、服务供给不足等短板，努力让居民拥有更多获得感、安全感、幸福感，着力推进社区由服务型向经营型转变，探索出了一套“在治理中发展，在发展中治理”的经营型社区建设的“韩家脊经验”，先后获评“全国先进基层党组织”“四川省基层治理示范社区”“四川省绿色社区”。

二、主要做法及成效

（一）主要做法

1. 盘活闲置资源，实现“变废为宝”

立足社区实际，探索低偿租赁、空间置换、争取改建三种途径，盘活辖区闲置资源，整合利用、变废为宝。

（1）低偿租赁闲置铺面。把握城乡环境整治、文明城市创建等契机，盯紧年久失修、外观陈旧的开元南街路口18间连排闲置门面，全面摸清产权属性，精准掌握业主情况，以“一屋一策”逐一协调对接。这其中，有的业主家中老人无人照料，社区通过将其纳入居家养老服务对象，“兑换”租金；

① 案例由游仙区韩家脊社区党委书记薛燕提供，游仙区委党校彭树青编写。

有的业主被社区的热心、暖心所感染，自愿低价出租；还有的业主“受不了”社区长时间的“软磨硬泡”，最终妥协……历时一年半，社区与10多名业主和产权人达成一致，18个门面于2019年初以6000元/年的价格承租10年，每间门面月租金不到35元，这不仅为社区开展经营活动提供了场地保障，同时也为社区服务于民、让利于民提供了较大的空间。

（2）置换闲置公共用房。针对社区公共用房位置较偏、面积较小、结构异形、长期闲置等问题，创新“面积换利用率”工作方式，将盛和枫景、滨湖花园等4个小区共计128平方米的社区公共用房与2名私人业主置换为98平方米的临街铺面，以牺牲部分面积为代价，化零为整，与社区现有资源进行“拼接”、整合，实现集聚，既对闲置公共用房进行“再利用”，又有效扩展了社区经营场地。

（3）争取公共闲置空间。秉持便民、利民宗旨，问需于民，问计于民，针对居民提出的“垃圾场臭气熏天”“无活动广场”“无室内学习场所”等诉求，详细调研、摸清辖区闲置空间产权归属，积极与住建、路桥等行业主管单位对接，将垃圾转运站改造成文化活动广场，将400平方米废弃桥洞改建成“爱社区大学堂”，将闲置社区活动室改造成邻里驿站，社区闲置资源实现变废为宝、无中生有的华丽蜕变。

2. 运用市场手臂，促进“生津造血”

加大社区资源、社会智慧整合力度，构建互惠互利、合作共赢利益链接机制，以社区资源撬动社会资源，推动资源利用高效化、集约化、市场化，全面提升社区自身造血功能。

（1）成立社会企业。为增强社区自我“造血”能力，打造社区便民生活服务圈，推动社区居民生活便利化、品质化，在游仙区委组织部的关心和涪江街道的指导下，韩家脊社区于2018年5月注册成立了绵阳市首家民生服务公司。社区社会企业为股份制经营模式。社区通过多方努力，整合业权归属市区部门、小区服务用房、居民自有门店、辖区企业家等多个主体的门面16间、桥洞废弃用房1处、精装修荒废宾馆房2层17间等闲置资源入股（持有股份51%），同时邀请辖区爱心企业注资300余万元（持有股份49%）；服务项目涵盖居家养老、家政服务、红色物业、智慧新零售等，为城市社区发展集体经济开辟了新路径，解决了城市社区缺钱、缺物质的窘境，从而进一步推动了“五社联动”治理模式，助力社区全面发展。

（2）孵化社会组织。把准社区便民服务需求，自主培育、孵化绵阳市游仙区万事帮社会工作服务中心、绵阳市游仙区美社美社会工作服务中心、绵阳市游仙区乐寿社会工作服务中心，对外承接居家养老、扶贫济困、普法宣传、妇女儿童关爱等社会服务项目，为辖区居民提供精准服务。针对辖区独居、高龄老人较多的问题，提供卫生护理、助餐助洁等居家养老服务。针对老年群体文娱生活匮乏的问题，开设社区老年大学培训班，聘请知名专业教师教授课程，共开设课程20余门，累计报名5万人次。聚焦辖区老旧小区物业服务缺失问题，设立“红色物业”事业部，为辖区旧城改造安置小区提供兜底物业服务。面对老旧小区加装电梯时住户意见难统一的问题，主动承接沟通签约任务，成功协调安装电梯8部，解决出行难。

（3）拓展增值服务。依托社区社会企业和自孵化社会组织，搭建农产品直供“新零售”平台，代销魏城镇、小枧镇等生态绿色食品，乡镇出菜单、居民点菜、社区送菜，“一条龙”“订单式”消费，实现城乡供需精准对接。同步拓展家政服务、幼儿托管等增值业务，不断满足居民多样化需求，推进社区治理走向深入。经过三年经营，社区从欠债近10万元到扭亏为盈，并累计收益达30余万元。

3. 集结商户资源，实现“筑巢引凤”

创新“对外链接合作、对内服务为主，兼顾惠民利民”经营思路，以无偿、低偿、入股联营三种方式，着力汇聚多方爱心力量。

（1）聚集能工巧匠。聚焦居民需求实际，以免租开店、服务抵租吸引居民信得过、口碑佳、技术好的配匙、开锁、理发等能工巧匠入驻门店，开设邻里驿站、爱心发屋等民生店铺，为居民提供低于市场价格的必需生活服务。同样，也以群众口碑为标准对各入驻店铺进行“评议考核”，进一步保障为民服务质量。

（2）引来公益商户。寻求对接热心公益商户，以低于周边商铺租金50%价格，吸引超市、果蔬等经营业主入驻，开设24小时“爱心超市”，为65岁以上老人、低保、独居、孤寡、困难、残疾等特殊群体办理不同折扣“暖心卡”，让利于社区弱势群体，真正实现“暖心服务”，目前已发卡3000余张。

（3）邀约爱心企业。以门面入股方式，邀约社会爱心企业，联合开设“爱心食堂”，对外提供平价用餐，也为社区高龄或孤寡老人、残疾人免费送餐，切实解决社区困难居民用餐现实问题。邀请市三医院专家每月定期开展“义诊”活动，提前公布专家就诊时间及主攻科目，真正为辖区居民特别是老年群体把脉问诊。

4. 经营红利共享，凝聚“人心人力”

秉持“取之于民、用之于民”理念，坚持公开透明、用好用活原则，合理分配社区发展资金和民生服务资金，不断升级阵地品质、丰富文娱生活、提升幸福指数，赢得居民信任支持。

（1）设立社区困难帮扶基金。为解决独居老人吃饭、留守儿童陪伴、重大疾病帮扶等问题，社区党委牵头，设立社区困难帮扶基金，持续为10余名高龄或独居老人提供免费用餐，帮扶残疾人士26名、特殊困难家庭23户，把关爱做在日常、坚持在经常。

（2）拓展共享空间。突出共享理念，斥资15万余元打造共享厨房、共享车位、共享花园、共享工具屋等共享空间，建成居民文化活动广场，升级乒乓球俱乐部，增添活动场地休闲桌椅，全方位满足居民多元化需求，不断提高居民生活品质。

（3）举办系列活动。秉承“以文化活动熏陶民风、以家风家训孕育民风、以典型培树引领民风”理念，开展“爱心呼”“社区守望”“爱心家长会结对帮帮乐”等居民关切和急需的服务活动12项，有效提升居民对社区的归属感认同感，有效增进睦邻之情。举办全民K歌比赛、居民趣味运动会、端午诗词大会、重阳节“坝坝宴”、新春“饺子会”、“集百家米煮一锅粥”腊八节活动、社区春晚等特色活动50余次，为社区居民搭建了沟通交流平台。开展优秀家风家训评比，开展信义商铺、最美社区人、党员服务明星等评选活动，涵养时代新风尚，培树社区家园情怀，持续凝聚人心、人力。着眼居民素质提升，丰富闲余生活，培养健康的兴趣爱好和生活方式，由辖区技艺英才、专业人才带头，项目化开展“幸福来敲门女性手工创益会”“生活小妙招在线课堂”烘焙、推拿、串珠绣花、烹饪等技能或兴趣爱好提升活动12场次，切实提高了居民生活素养，有效增强居民凝聚力和组织力。

（二）主要成效

1. 实现了社区经费由“财政保障”向“自给自足”的转变

通过整合社区各类闲置资源，作为社区经济发展的第一桶金，以租赁、入股等方式，有效链接社会企业，构建合理的利益分享机制，引进专业的经营人才，成立市场化的社区经济组织，并将经营业务与居民需求紧密结合，化居民需求为市场需求，既提升社区经济组织生命力，又提升社区居民的服务质效。

2. 实现了社区服务由“供我所能”向“供你所需”的转变

以盘活闲置资源、撬动社会力量的“市场化运作”方式，将居民需求与社区经济发展相结合，实现了居民需要什么，社区经济组织就经营提供什么的服务机制，同步增强自身造血功能。通过合理的收益分配，让社区拥有更多的服务资金，为社区80岁高龄老人提供免费餐食，为65岁以上老人提供超市折扣卡，支持共享工具屋、社区困难帮扶基金、新春“饺子会”等服务载体常态开展，向社会组织购买养老、助残、儿童关爱等服务，有效保障了居民需求的兑现落实，实现了经营红利与民共享，助力社区可持续发展。

3. 实现了社区居民从“冷眼旁观”向“主动参与”的转变

通过发展社区经济，以经营收益帮扶困难居民、丰富文娱生活、提供增值服务，切切实实增强居民获得感，改变居民对社区“行政机关”“坐办公室”的刻板印象，让居民感受到社区在为民着想、为民谋利，并主动融入建设美好家园的队伍。72名楼栋长履职更加尽责，辖区83名在管理、文化、艺术、教育、厨艺、维修等方面具有特长或爱好的居民主动担任各类社区活动的组织者、带头人，32名退休老干部、老教师、老党员自愿组建社区发展“顾问团”，做到了居民从“看法多”到“办法多”的转变。

三、经验与启示

2017年出台的《中共中央　国务院关于加强和完善城乡社区治理的意

见》指出：推动各地立足自身资源禀赋、基础条件、人文特色等实际，确定加强和完善城乡社区治理的发展思路和推进策略，加快形成既有共性又有特色的城乡社区治理模式。韩家脊社区坚持因地制宜，突出特色，以“经营社区”理念，结合居民服务开展社区经营，既发展了社区经济，让社区有能力为居民办事，也为居民提供更多优质的服务项目，形成了相互促进、共生共赢的良性循环。

（一）发展社区经济的核心是发挥党组织在发展社区经济中的引领作用

习近平总书记指出，提高社区治理效能，关键是加强党的领导。就是靠党组织的加强和延伸、创新，把基层工作做好，“任凭风浪起，稳坐钓鱼台”。韩家脊社区创新地将健全基层党组织和发展社区经济相结合提高社区治理效能。将社区党组织书记作为社区经济组织的“董事长”，把“以人为本”“满足人民日益增长的美好生活需要”等社区治理理念，贯穿于社区经济组织经营的全过程，同时邀请职业经理人具体负责社区经济组织的业务经营，确保社区经济组织的经营方向正确、高效运转。通过党组织书记谋划社区经济组织发展蓝图，平衡企业逐利和公益服务两种属性，聚焦企业发展和社区治理两个目标，实现社区经济组织的长远发展和服务功能，切实服务于民，受居民支持、欢迎。

（二）发展社区经济的关键是构建互惠共赢的“利益”链接机制

习近平总书记指出，激发市场活力，就是要把该放的权放到位，该营造的环境营造好，该制定的规则制定好，让企业家有用武之地。政府更多从管理者转向服务者，为企业服务，为推动经济社会发展服务。韩家脊社区转变思路，把当前商业企业不愿做，社会组织做不好的居民需求交给市场，构建互惠共赢的“利益”链接机制，通过整合社区闲置的门面资源，以资产入股、低价租赁等方式，招引社会责任感强、热心公益事业的社区经济组织合伙人，精准链接企业生存、盈利的需求和居民群众帮难解困、优质服务等方面需求，让企业在提供居民服务中“有利可图”，同步满足居民所需所盼，形成“需求—供给”的市场闭环，实现企业盈利和解决居民需求的互惠共赢。

（三）发展社区经济的目的是把经营红利反哺于民，形成良性互动

习近平总书记指出，要做到发展为了人民、发展依靠人民、发展成果由人民共享。韩家脊社区探索建设人人有责、人人尽责、人人享有的治理共同体，社区经济的根本归属是“取之于民、用之于民”，是以“市场”的方式汇聚服务资源，合理分配社区发展资金和民生服务资金，既做大社区经济这块蛋糕，也通过提升服务载体的品质、帮助解决民需民困、丰富居民活动等方式，让居民分享社区经济收益，使居民多元化、多层次的生产生活需要得到有效满足，实现“发展为了人民、发展依靠人民、发展成果由人民共享”的价值追求。

第五节　优化志愿服务　推动社区治理

——盐亭县云溪镇弥江路社区开创志愿服务工作新格局[①]

一、引言

盐亭县弥江路社区辖区面积约1.2平方公里，社区现有10个居民小组，居民4820余户、10700余人，社区党委下辖3个支部，10 个党小组，有党员204人。近年来，社区以党建为引领，充分调动社区内居民的力量，以“全民志愿者”的理念，动员人民群众积极参与志愿者队伍，实现自我服务。其成功做法先后登上中央民政部的《社区》杂志、学习强国、中国县域经济报、四川新闻网、四川电视台等多家媒体。

① 案例由盐亭县云溪镇弥江路社区提供，盐亭县委党校李琴编写。

二、主要做法及成效

（一）形成由来

1. 源于服务人民群众的新要求

每个基层党组织和党员都要有强烈的宗旨意识和责任意识，要解决好服务人民群众"最后一公里"问题。社区是服务人民群众的最前沿，只有依靠人民群众，提高服务的针对性和实效性，才能真正让人民群众满意。

2. 源于社区治理的新困难

一是盐亭弥江路社区属于城郊接合部，近年来，大量农村人口涌进城市，社区人口变动大，人口增长加快，新建小区增多，大量农村"打工族"在此购房，县城内的企业发展很快，工作人员来自四面八方，原来熟识的老街坊、老邻居变成了不认识的陌生人，人与人之间的关系变得疏远了，社区由"熟人社会"逐渐变成"陌生人社会"，加深了社区对群众的组织、管理、服务的困难。二是人员结构复杂化。社区由原来大多数"上班族"，变为大多数"养老族"；由原来大多数"单位人"，变成大多数"社会人"。由于盐亭本土工业基础薄弱，农村青壮年大量外出务工，留守的老人和孩子居多，原来的企业下岗人员、离退休人员占据了社区人口的主流。人员成分复杂化，也加深了社区管理服务的困难。三是个性化服务需求增多。外出谋生的年轻人增加，社区需要服务的老人、孩子增加，加之社会变化加快，如心理安慰、居家养老等新的、个性化的服务需求增多，社区的服务需求大大增加了。

3. 源于社区服务的新思维

提升服务人民群众的水平，真正打通服务人民群众"最后一公里"，为一万多名社区群众提供个性化的服务，解决他们的实际困难，仅仅依靠社区十多名干部是无法做到的。创建"志愿者爱心银行"不仅最大限度地动员了人民群众，有效地组织了人民群众，壮大了社区服务力量，还激励了人民群众的志愿服务热情，让志愿服务长效、持久地发挥作用。

（二）主要做法

1. 深入开展双向调查，掌握志愿者队伍和群众需求

2015年弥江路社区在创建志愿服务组织之前进行了为期三个月的双向调查，一方面掌握志愿者队伍的人才情况，另一方面是掌握社区居民对志愿服务的个性化需求。为此弥江社区成立了三个组，分别由社区干部牵头，进行大走访、大调研，通过一家一户地走访、小院落会议、街道讨论、发放调查问卷等十多种方式进行全面调查。并通过调查把志愿者分为五个种类，不同的群体，不同的年龄段，不同的特长，不同的服务时间段，不同的性格特征等。形成“人人为我，我为人人”的局面。同时对社区居民的服务要求进行细致的调查与梳理，奶奶们带孩子与买菜时间冲突了，夫妻、婆媳之间的矛盾，生活不能自理的病人中短期看顾不便，孩子们假期玩手机、玩游戏管不了，大妈们的广场舞没有人教，小区安全护卫、环境卫生监督、消防安全的问题，小家电的维修，社区老人们的集体活动等，无穷无尽的个性化服务需求被挖掘出来。这为后来的贴心服务打下了坚实的基础。

2. 进行精心组织，按志愿者特长和服务需求成立志愿者组织

通过调查、动员、组织，一共有1254名社区居民参加志愿者组织。204名党员被分别安排到各组内，亮明身份、发挥骨干作用。根据不同的需求组建了十支志愿者队伍。最富有特色的是“定期特困家庭帮扶”“儿童之家”“青少年之家”“妇女之家”“蒲公英应急抢险支队”等。其中“定期特困家庭帮扶”针对家有生病、老年人等需要帮助的家庭，定期为他们组织家政、谈心、聊天，为老人和病人按摩、理疗等服务；“儿童之家”建有专门场地，有适合儿童年龄特点的图书、玩具，有专门的志愿者——带孩子的爷爷奶奶、妈妈们，还有放假的大孩子们，全天候地接待服务；“青少年之家”一样有适合青少年的书籍、象棋、围棋、运动场地、绿色网络，还有由退休教师、青年大学生等群体组成的志愿者进行作业辅导和心理辅导。“妇女之家”提供夫妻矛盾调解，针织、厨艺等教学，还可以交流养生、创业；“蒲公英应急抢险支队”全部由年轻人组成，有定期培训、专业装备、统一着装，除了本社区的应急抢险，还参加街道、县政府大型活动安全保卫工作。

3. 组建“志愿者爱心银行”，确保志愿服务发挥长效作用

设立“志愿者爱心银行”，为每一位志愿者设立“爱心银行卡”，根据服务时间、地点、服务质量等对志愿服务进行量化积分，严格记录在志愿者的“爱心银行卡”上；“爱心银行”在社区内主要通过企业、爱心人士的捐赠储备相应的“爱心奖励”，志愿者服务达到相应积分，就可以按积分在社区“爱心银行”兑换“爱心奖励”。在社区志愿服务平台上、社区宣传栏中、社区志愿者之家的墙上都有“志愿者爱心银行卡”的积分和兑换的动态情况公布。这些奖励是社区购买或筹集的家庭日用品，如纸巾、洗涤用品、工具、小玩具、图书等。“志愿者爱心银行”极大提升了志愿服务贡献力，激发了人民群众的参与热情，保证了志愿服务的常态化和长效化。在近年的疫情防控中，社区志愿者协助干部参与了排查、走访、宣传、物资配送等方方面面的工作，得到社区群众的普遍赞扬。

4. 严格制度管理，让志愿者工作顺利开展

社区制定了严格的志愿者管理制度。一是制定学习内容，设立了定期学习制度，学习为人民服务的思想，建立团结互助的理念，以及接受服务技能的培训。每年在全社区举办4次大型志愿服务比武活动，每季度在各小组举办服务演练活动1次。二是规定服务纪律，包括报到、参与培训、服务中对服务对象的态度、与服务对象的语言交流、服务质量等，并建立了考核、奖惩制度，定期对志愿者进行考核。考核与志愿者积分挂钩，考核优胜者可加分，不合格则会扣分。此做法保证了志愿服务的顺利开展。

5. 进行广泛的宣传，形成全社会参与的良好氛围

社区对组建志愿服务组织进行了广泛的宣传，动员人民群众广泛参与、支持、监督志愿服务活动，形成“人人参与、大家受益”的互帮互助良好氛围。主动为群众安装服务程序，指导群众使用程序，为不会使用智能手机的群众印制了专门的“志愿服务连心卡”，张贴到每家每户。每年召开2次志愿活动表彰大会，评选“最美志愿者”“最受群众欢迎志愿者”“积分最多志愿者”各10名；通过拍照、录制视频记录志愿服务活动、表彰活动、比武活动、演练活动等，在社区公共区域用大展板把志愿者服务的图片资料、服务成果、群众的反响等进行展示。这些图片来自群众熟识的面孔、熟悉的故

事，受到群众欢迎，让群众充分了解社区志愿服务情况与志愿者服务业绩，为自己参与其中而自豪，达到了宣传志愿服务活动的效果，营造了良好的社会氛围。

（三）主要成效

1. 践行宗旨，让人民满意

创新志愿服务“爱心银行”制度，不仅激发社区群众参与志愿服务的热情，壮大了社区服务力量，而且正因为志愿者来自群众，对群众的需求把握更精准，服务便更周到、及时与贴心。年轻妈妈们孩子临时照看、大妈们广场舞场地局限、老年人短期的生病住院、青少年的假期安排等问题解决。解决的问题看似微不足道，实则解了群众的燃眉之急，既贴心又实际。

2. 弘扬正气，让民风更淳

通过志愿服务，让社区群众提高了认识，感受到服务他人、奉献社会的快乐，弘扬了正气，形成了互帮互助的良好氛围。通过志愿服务，社区居民由不认识到认识由不相往来到相互帮助和合作，特别是提升了从农村迁移到城市这一群体的归属感。金安水库移民的家庭，都说以前在这里就像是做客，现在才觉得是真正的家。社区居民又恢复了熟人社会的热络与温馨，为了一些邻里小事经常闹到社区的情况几乎没有了。

3. 人人共建，让社区更美

通过志愿服务，社区群众养成“社区是我家”的观念，热心公共事务，关心社区发展，对社区事务积极建言献策，改善了党群、干群关系。居民积极参与社区道路维护、小区物业管理、疫情防控等事，养成了自觉保护社区公物的良好习惯，改变了以往“干部在干，群众在看”的情况。参与治理还加强了群众对社区工作的监督，促进了党风廉政建设。群众对干部的理解与支持增进了，干部也养成了自觉接受群众监督的作风，助推社区治理良性发展。

4. 党群同心，让战斗力更强

通过全员参与志愿活动和长效激励机制的建立，特别是把204名党员分别安排到相应的志愿者队伍中，亮明身份，长期起到模范带头作用，进一步增进了社区居民对社区党委一班人的信任和支持，增强了基层党组织的凝聚力和战斗力。

三、经验与启示

社区联系着千家万户，社区工作是党和政府联系人民群众的“桥梁”和“纽带”，是实现服务群众真正的“最后一公里”，党的政策每一项都必须由社区来落实到人民群众身上。盐亭县弥江路社区通过制度创新，激励了志愿服务，培育了社区群众关心集体、热心公益、互助互帮的良好风气，弘扬了社会正气，促进了社区的团结和有效治理。

（一）强队伍，充分发挥党建引领作用

党的十九大报告中指出，党政军民学，东西南北中，党是领导一切的。作为基层社会治理的核心力量，党建水平直接关系到基层社会治理的质量。弥江路社区以党建为抓手，通过学习党的理论、学习党的光荣传统、学习革命前辈、学习先进典型等提升了班子成员的理论水平和党性修养，加强了班子的凝聚力、战斗力；通过外出参观学习外地先进经验，认识到了差距，提升了业务水平；通过对居民的走访、服务，增强了与社区居民的联系，得到了广大群众的信任。在志愿活动的组织和管理中，弥江路社区加重了社区干部和网格员的工作，党员全数参与并充分发挥党员的先锋模范作用，让党员亮明身份、把党员编入各组成为各组的核心和筋骨，为组织好志愿服务打下了坚实的基础。

（二）真为民，为居民提供个性化的贴心服务

解决宗旨问题，就是为人民服务，老百姓都能顺心满意，国家才能更好。弥江路社区志愿服务成功的关键还在于他们真心为民，把人民群众的需求放在心上，实实在在地为民解忧，从细微的地方入手，为群众提供个性化的贴心服务，这也是弥江社区志愿服务能够吸引广大人民群众参与、保持长期热度的原因。小区的年轻妈妈、爷爷奶奶经常聚集在“儿童之家”，大家

互相利用空闲时间照顾孩子。李小春是从农村来的，爱人在外地打工，她一个人带着8个月大的宝宝，她说："这个真是太好了，以前我买个菜要把孩子抱上，满大街走，别提多累人，闹流感的时候，就不敢上街，现在多好，放在这儿，这些都是熟人，我放心。"特别是很多从农村来到社区的老年人感受到了社区的温暖，快速融入了社区。金安水库的移民群众，有6户落户弥江社区，他们来时不参与社区的活动，不主动与人交流，没有归属感，经常怀念过去的乡村生活，现在有8 人参加了志愿活动，感受到了来自社区大家庭的温暖。移民群众庞应高动情地说："我们找到了家的感觉，平时参与社区的家居养老护理、'儿童之家'等工作，没事也到'老年之家'坐坐，与老朋友喝喝茶。老伴儿也一样，参加了两三项的志愿活动，还参加了广场舞队伍，在民俗表演等活动中露了脸，心情好多了。"

（三）信群众，坚持从群众中来、到群众中去的工作路线

人民性是马克思主义最鲜明的品格，尊重人民主体地位，是党的根本宗旨和执政理念的集中体现。弥江路社区的成功还得益于他们充分相信群众、充分依赖群众，相信每一个人都有成为志愿者的潜力，都能为社区志愿服务发挥作用。通过多次的群众走访，他们了解到了群众最真实、最迫切、最细微的需求，通过发动群众，他们得到了广大群众的支持，保持了志愿者队伍的稳定，保证了志愿服务活动的长期坚持和常态化运行。志愿活动的服务质量考核、服务项目开发、服务宣传图片展示，很多发起者或提供者都是广大居民群众。因人而异的小组建设，人性化的时间轮换安排、组织管理规定等都经过了群众的多次讨论，因而社区的工作才能贴近群众生活，才能保证人力、物力支持。

（四）集众智，让志愿者工作融入社区治理

党的十九届五中全会指出：要完善共建共治共享的社会治理制度，加强和创新社会治理。通过人人参与志愿服务，让人民群众融入社区整体，增强了社区的凝聚力，增强了社区干部与人民群众的血肉联系，也让人民群众对社区干部形成了有效的监督，对社区的治理进行适时的建议。居民也养成

了关心社区、爱护社区集体荣誉的习惯，增强了公民意识，在社区治理中主动发言，积极参与。把治安管理、环境卫生、文化建设、青少年关怀、特殊群体关爱等社区工作融入志愿服务活动中，形成了两者相互促进的效果。比如“青少年之家”设置健康上网、读书活动、体育运动等项目，教师、大学生志愿者等利用假期为青少年服务，志愿活动与关爱青少年健康工作协同推进，实现了双赢。

（五）合资源，集合社区各个主体形成合力

集中力量办大事，是我们的制度优势。人民群众的力量固然强大，但有效的组织才是发挥出这股力量的关键。弥江路社区在做的就是发挥好组织和领导作用。社区人人都成为服务志愿者，分别加入了不同的志愿者小组，形成有组织、有纪律的队伍，服务别人又接受别人的服务，形成了人际关系的良性循环。这样既保证了社区志愿者队伍的稳定，也保证了志愿服务的热情长久不衰。社区还特别注重调动一切积极因素，利用社区内企业、个人的爱心捐赠，解决志愿服务的大部分资金缺口，保证了“爱心奖励”的源源不断。

第六节　党建引领聚活力　创新治理解难题

——涪城区迎宾社区多措并举构建社区治理共同体[①]

一、引言

迎宾社区隶属于绵阳市涪城区工区街道，紧邻绵阳火车货站，总面积1.52平方公里，下辖60个小区，共有5500户、2.2万余人。辖区内有6个大型批发市场，商户1904家，破产改制企业13家，是集商贸、居住于一体的综合

① 案例由涪城区迎宾社区提供，绵阳市委党校任翠华编写。

性城市社区。由于流动人口多、市场多、商户多、老旧小区多、原破产改制企业遗留下来的家属院多，几年前的迎宾社区不仅是一个“脏、乱、差”的老旧社区，也是一个问题多、矛盾多、治理难度大的落后社区。近年来，迎宾社区以构建区域化大党建为抓手，以民生需求项目化为导向，以“社企共建”为切入点，构建起“人人有责、人人尽责、人人享有”的社区治理共同体，有效破解了治理难题，成为城市社区治理的典范。先后荣获“四川省‘六无’平安社区”“四川省先进基层党组织”等荣誉。

二、主要做法及成效

（一）以区域化党建为引领，构建多元主体参与组织体系

充分发挥党建在创新社区治理中的引领功能和核心作用，构建多元主体参与的区域化大党建格局。在社区成立党总支，在辖区内的公司、小区、市场、自治组织建立17个党支部，在楼栋、单元、商铺建立党小组，实现辖区党组织“全覆盖”“零盲点”。以单建或联建等方式，与辖区内十几个企事业单位进行深度融合、开展组织联建，构建起以社区党总支为核心、共建单位党组织和社区内全体党员共同参与的区域化党建格局。以辖区内的先锋国际小区、海英小区、天籁一品小区为试点，探索“模范党员带头，红色物业协作”的党建示范项目。

（二）以民生需求项目化为导向，吸纳社会组织参与社区治理

将解决就业、看病、上学、住房、养老以及环境卫生、安全稳定等问题作为社区治理的出发点和落脚点，建设辖区供需“集散地”和“调度中心”。开展“进百家门、知百家情、解百家难、暖百家心”大走访活动，分类建立和动态更新医疗服务、创业就业、学习帮扶等需求清单和资源清单共15类138项，并实时更新、充实和完善。社区大党委每月定期召开会议，评估各类需求的内在联系，设计、包装、调整、认领党群一体共治项目，再以多种形式把社区需求发布出去，吸引有满足项目需求的各方面资源到社区洽谈，进而实现用甲的资源满足乙的需求，用乙的资源解决丙的问题，用丙的

资源帮助丁的困难，用丁的资源促进甲的发展。比如，针对个体工商户学龄子女课余看护需求而实施的“流动儿童之家”项目在解决流动儿童校外失教失管问题的同时，还组织流动儿童开展环境保护、爱心义卖、宣传社会主义核心价值观等“文明小公民”活动，在和谐社区建设中发挥了重要作用。与此同时，商户们也没有了“外来”的感觉，主动参与旧城改造、扶贫帮困，以实际行动回馈社区。现如今，像“流动儿童之家”“‘和乐寿’集体生日”“健康社区”“创新创业服务中心”等社区精准服务项目越来越多，反响也越来越好。

（三）以社企共建为切入点，推动辖区单位参与社区治理

以“社企共建”为切入点，建立社区共治理事会，与63个区域化党建成员单位党组织签署共驻共建协议，常态化开展联席活动，把辖区内的企事业单位组织起来、让共建单位参与进来。建立“大事共商、辖区共建、治理共做”制度，签订共建承诺书，明确辖区单位在社区公共服务、精神文明、服务群众等方面的职责和任务。各共建单位利用自身资源，为社区居民提供送医上门、健康体检、电脑培训、公益讲座、爱心助学等服务，每月为社区老人、儿童过集体生日，为社区创业居民免费提供一年摊位等。建立党员“双报到”制度，组建同心服务队。共建单位全体党员及120余名统战代表人士，利用工作以外的时间到社区开展志愿服务。社企共建为辖区单位参与社区治理提供了更加有效、便捷的平台；将所有服务队员的联系方式在社区进行公示，居民有需求可直接与队员们联系，为社区居民解决了一大批“老大难”问题。

（四）以互帮互助为主要形式，引导社区居民参与社区治理

组建“和事老”“干净家园”“平安巡逻”等16支志愿服务队，吸纳社区21%的居民和流动人员参与，常态化开展志愿服务。各志愿服务队轮班为市场商家提供绿豆汤、姜汤等暖心服务；明星肉食店、小商品店每月轮流为40家困难户送猪肉和生活用品，有的还提供工作岗位。激活能人队伍参与社区治理。从15个“三无”小区、22个老旧院落发掘培育兼具热心爱心公心

和爱党护党“能人”91名，组建“院委会”，组织发动群众开展人居环境整治；寻求电力部门支持，完成了老旧线路改造工程。发行“福美和”社区货币，成立由有威信、有公心、有能力的15位居民组成申领评审委员会，鼓励居民参与社区建设、参与志愿服务，并按“记实积分、积1分换1元币额、不同币额给予不同物质或其他奖励”方式，对积极参与社区事务、支持社区发展、关心社区居民、维护社区荣誉的志愿者和社区居民发放。经过几年的建设，“自己的事情自己办、邻居的事情帮忙办、共同的事情共同办”已经在社区蔚然成风。

三、经验与启示

党的十九届四中全会提出，“建设人人有责、人人尽责、人人享有的社会治理共同体”。城市社区治理共同体是在城市社区空间内针对社区公共事务或公共服务供给而形成的多元主体平等参与、民主决策、资源配置与结果共享的社会团结。从现实情况看，当前社区治理面临的核心难题是社会协同与公众参与不足，难以形成多元主体间围绕社区事务的参与和合作。因此，如何发挥政府、市场、组织、居民四大主体的共同作用？在社区治理共同体建设过程中不同主体应该扮演怎样的角色，形成怎样的关系网络？哪些要素能够促进这种协同治理的生成？对于这些问题，迎宾社区已经给出了答案。

（一）区域化党建是构建社区治理共同体的重要组织形式

我国改革开放40余年的重大变化之一，是社会与政府逐渐分离，公民社会开始生成。公民社会的特点是“私域 ”空间的扩大和社会组织活动的活跃。公民社会的发育促进了我国现代国家要素的成长，但对党执政的社会基础带来了前所未有的挑战。城市社区跨行业、跨单位甚至跨区域构建“区域化大党建”格局，用新的组织形态和活动方式加强基层党组织建设，是我们党适应公民社会的需要，也是构建社区治理共同体的重要组织形式。在迎宾社区，从社区到小区、从商铺到楼栋、从单位到单元，都建立起了党组织，形成了区域化大党建格局。区域化党建的构建，确保了党的组织和工作全覆盖，让党的温暖和声音传到千家万户，从而凸显了党建在社区治理中的核心引领作用。因此，迎宾社区的实践再次证明，区域化党建是构建社区治理共同体的重要组织形式。

（二）社会组织是构建社区治理共同体的重要力量

党的十九大报告指出，要“加强社区治理体系建设”，“发挥社会组织作用”。伴随着经济的快速发展与社会的逐步转型，我国原有的单位制、街居管理制被逐渐打破，社区制随之产生，社区治理模式也开始由主要依靠政府这一单一主体逐渐发展成为由政府引导社会力量共同参与社区治理的治理模式。社会组织参与社区治理，不仅能分担政府压力、弥补市场失灵，还能为居民提供多样化服务。迎宾社区社会组织参与社区治理的实践证明，社会组织是构建社区治理共同体的重要力量。正是有了社会组织的有效参与，按需提供精准化服务，迎宾社区的治理难题才得以破解，社区居民的现实需求才得以满足，生活质量才得以提升。因此，构建社区治理共同体，必须重视社会组织作用的发挥。

（三）社企共建是构建社区治理共同体的重要内容

辖区单位参与社区治理的效果，将直接影响社区共建共治共享的成果。《民政部关于在全国推进城市社区建设的意见》提出，要“充分调动社区内机关、团体、部队、企业事业组织等一切力量广泛参与社区建设，最大限度地实现社区资源的共有、共享，营造共驻社区、共建社区的良好氛围”。基于此，各级地方政府通过出台各种政策，积极推动辖区单位参与社区建设，取得了很大成效。但与新时代“打造共建共治共享的社会治理格局”要求还有一定距离。辖区单位参与社区治理难免流于形式。迎宾社区以“社企共建”为切入点，通过建立制度、整合资源、组建队伍等方式，把辖区单位组织起来、资源利用起来、人员参与进来的实践，为如何调动辖区单位参与社区治理的积极性、辖区单位怎样参与社区治理指明了方向。

（四）社区居民是构建社区治理共同体不可或缺的力量

每一个人既是社会治理的对象，更是社会治理的力量，都有参与社会治理的责任。2017年，中共中央、国务院发布的《关于加强和完善城乡社区治理的意见》中指出，要“增强社区居民参与能力，提高社区居民议事协商能力”。然而，从实践中看，社区建设、社区治理往往是政府“一腔热血”而居民“一无所知”，政府的积极性远远高于社区居民积极性。居民参与社区治理的意愿不强、总体参与率偏低、参与层次不高、参与效果差。可见，社区居民对社区治理参与不足的状况一直没有改变。迎宾社区通过组建社区志愿服务队、激发能人作用、发行社区货币等“互帮互助”形式，鼓励居民参与社区治理而实现的“自己的事情自己办、邻居的事情帮忙办、共同的事情共同办”的实践证明，居民是构建社区治理共同体不可或缺的力量。只有让社区居民广泛参与，社区共同体才能真正形成，社区才能够实现有效自治。

第八章　农村社区治理

第一节　用活五引领　助推五起来

——涪城区新皂镇刘家坪村切实把好治理政治方向[①]

一、引言

刘家坪村位于绵阳市涪城区新皂镇西南部，有16个村民小组，总土地面积8.5平方公里，共1049户、3138人，其中劳动人口1955人；村党委下设2个支部、15个党小组，共123名党员。近年来，该村以“五引领五起来”为抓手，坚定不移做好新时代意识形态工作，通过组织引领村民“跟起来”、好事引领村风“淳起来”、富民引领村业“兴起来”、治理引领村庄“美起来”、法治引领村规“管起来”，全力以赴打造共建共治共享的社会治理新格局，先后荣获“四川省乡村治理示范村”“省级四好村”“2019年度四川省实施乡村振兴战略工作示范村”“2020年度省级‘六无’平安村”“2021年度全省先进村党组织AAAAA”。

① 案例由涪城区刘家坪村提供，绵阳市委党校李慧编写。

二、主要做法及成效

（一）形成由来

1. 源于“建强堡垒”的统领力度

一以贯之抓基层党组织建设，坚持不懈抓党员先锋模范作用，持之以恒抓发动和带领群众，形成了堡垒强、队伍好、党旗飘的局面。村党委在村子里有很强的领导力、组织力、凝聚力和号召力，党员在群众中有很强的带动力，被市委组织部评为全市行政村中为数不多的基层党建“3+2”书记项目AA级示范党组织。这就是该村在着力意识形态“五引领五起来”建成乡村治理示范村中，形成组织引领村民“跟起来”的由来。

2. 在于“党员示范”的带动广度

面对如何实现“乡风文明”的治理课题，该村充分发挥“一名党员一面旗帜”的作用，从2013年开始在党员中开展带头做好事活动。通过党员从多角度多方面多层次带动和影响村民做好事，形成了村风好、民风正、好事多的“好人村”。这一做法得到了各级的充分肯定和各种媒体的广泛宣传及推广。这就是该村在着力意识形态“五引领五起来”建成乡村振兴示范村中，形成好事引领村风“淳起来”的由来。

3. 归于“人民中心”的情怀温度

始终坚持以人民为中心的理念，把群众富裕作为中心工作来抓，党员干部带头走在前面，让一个产业单一的传统农业村，变成了一个有多种经济作物收入的小康村，村民人均年纯收入一直居于全镇农业村榜首，在产业发展中领跑周边农业村，成为周边学习和借鉴的典型。这就是该村在着力意识形态“五引领五起来”建成乡村振兴示范村中，形成富民引领村业“兴起来”的由来。

4. 得于“环境整治”的引入深度

针对农村生活垃圾乱倒、生产农具乱放、房前屋后乱堆、家里东西乱摆等现象，一方面加大投入治理，另一方面以创评为抓手，不断把乡村环境治理引向深入，延伸到房前屋后、院子院坝、屋里摆放等，改变了“脏、乱、差”统查现象，大大优化了人居环境，提升了生活质量。这就是该村在着力意识形态“五引领五起来”建成乡村振兴示范村中，形成治理引领村庄“美起来”的由来。

5. 来于“依法治村”的自治程度

坚持崇尚法治、遵从法规、推进自治，从管用管事管好出发，制定出是本村、像本村、管本村的村规民约，获得全省优秀村规民约网评第三名。在具体落实中，坚持经常宣讲、严格遵守、逗硬执行，使村规民约成为管村治村的一个“法宝”，也成了村民自治等有效手段和方向标。这就是该村在着力意识形态“五引领五起来”建成乡村振兴示范村中，形成法治引领村规“管起来”的由来。

（二）主要做法

1. 组织引领村民“跟起来”

严格执行“三会一课”制度，坚持每月至少召开一次党总支、党小组和村民小组会议，每季度召开一次党员大会和全体村民大会。村民大会成为一种常态和习惯，不如期召开，村民就要“催开”。从1990年开始，每次村民大会前奏唱《国歌》，强化村民的爱党爱国意识。凡是村里的大事要事公开，不搞“一言堂”，不个人说了算；凡是党组织定了的事，不讲客观条件，不在困难和阻力面前退缩；凡是遇到急难险重任务时，党员冲锋在前，带头做表率；凡是利民惠民的工作，件件有回应，事事有着落。当天能办的事不过夜，当月能做的事不跨月，当年能干的事不翻年，没有发动不了的群众、没有落实不了的工作、没有干不好的事情，成了刘家坪村的一个缩影和代名词，说了就算、定了就干、干就干好成为该村作风逗硬的写照和口头禅。该村党组织在党员干部和群众中威信高、作风实、行动快，在村里做到了“一呼百应”。在2020年初突如其来的新冠肺炎疫情防控期间，该村党委第一时间就把村干部、党小组组长、村民小组长和党员共73名“一个不漏”组织起来，实行村干部包片、村民小组长包组、党小组组长包院、党员包户，带动107名中青年群众参与其中，天天走访、宣传防控、轮流值班、杀菌消毒、设卡查守、代购代办等，全村“零感染”。同时村民自觉取消春节团聚宴、婚宴和寿宴等，党员向疫区捐款近万元。村民感慨道：“党组织把老百姓的生命和健康看得比天大！”

2. 好事引领村风“淳起来”

按照乡村振兴战略20字方针抓“乡风文明”，从2015年开始开展党员做好事活动。规定每名党员全年做好事不少于3件、党小组不少于4件、党总支不少于2件，并把党员年度完成好事3件作为评“合格党员”、10件作为评“优秀党员”的硬条件。在实施中，每季度由党员个人在党员大会上“讲述好事”，大家相互分享“评出好事”，在村阵地办起图文并茂专栏“张贴好事”，利用村广播宣传“轮播好事”。采取一年一评比、一年一清零、一年一奖励方式进行，涌现出书记为民驾车“寻亲”、邻居党员照顾瘫痪在床村民“当亲人”、八旬党员帮助邻里“夜半找牛”等好事。通过党员带动，村里出现邻里互帮、农忙助耕和困难捐助等一系列好事。同时村民在“好事”中得到滋养和净化，村风不断淳了起来。很多年来，该村没有发生过纠纷打架、邻里吵架和家庭闹架等现象。尤其值得一提的是，村民在履行权利与义务上，该村从改革开放包产到户到现在40多年来，坚持村民投义工做集体公益事项，按照“投义工不投钱、不投义工就投钱”的村规，村民自觉遵守和执行，没有出现过一起集体侵占个人、个人拖欠集体的经济或事务纠纷。

3. 富民引领村业“兴起来”

在解决如何富民、如何引领、如何兴业三大问题中，按照“党员干部带好头、群众看到有搞头、大家感受有干头”的思路，党员干部带头走出去转变观念、带头拿出田地先试先种、带头学当技术员管理员，做到了引领村民“组织找路子、党员做样子、群众跑趟子”。先后引进企业走出“党组织+企业+村民”模式、利用边坡山地开展退耕还林和间种核桃、依托龙头公司土地流转“反租倒包”栽桑养蚕等，把“小康不小康，关键看老乡”落到了实处，富民产业在全村兴了起来。原来全村大春种水稻、小春种麦子油菜，耕种背朝天、吃饭靠着天、收成望着天，现在变“天”了，种养殖多样化，守住粮油红线增产增收、还山还林生态创收、土地流转倒包稳收。该村农民人均年纯收入已达到28510元，100%农户住砖木房，47%家庭有小汽车，60%以上的家庭年收入超10万元，出现不少种养殖大户。村民出现“一多”：节假日外出旅游多，有的还出国。

4. 治理引领村庄“美起来”

刘家坪村从2015开始建立清洁卫生互助机制，采取镇上补一点、集体出一点、村民筹一点的方式筹措资金，分小组设立公益性岗位，聘请贫困户担任保洁员，负责公共区域清扫和垃圾收纳，形成了“户分类、组集中、村转运”的运行机制。在环境治理中，由村支“两委”制定统一标准，实行季度普查、半年抽查、年终奖励，即每季度由村民小组组织“户出一人”参与，全覆盖量化评比普查，并张榜公示；每半年由村组织“全村村民小组组长、部分村民代表、先进户和落后户”参加，进行交叉抽查，促进相互提高；每年底由村支“两委”按照全年各户量化累计总分，从原来评“卫生示范户”到现在评“卫生光荣户”，在全体村民大会上进行表彰奖励、颁发奖牌，并在村“红黑榜”中贴出获奖户和各村民小组后三名。同时，加大投入，全村100%硬化道路入组入院入户、100%农户卫生厕所改造、100%通自来水、100%通天然气，实现严控砍伐山美、提升绿化路美、无乱搭乱建房美、建起栅栏篱笆院美、干净整洁农户家美。村民说：“美丽村落是我家、农村不比城里差。”如今，越来越多的城里人慕名来村里采摘和“村游”。

5. 法治引领村规“管起来”

采取广泛听取意见、反复讨论修改、村民大会通过的方式，制定出涵盖村民生产生活、遵纪守法、家庭和睦等方方面面的《刘家坪村十条村规民约》。为把村规民约落实好、执行好、坚持好，该村注重与群众看得见、摸得着、感受得到的人和事相结合。一是与树正气相结合。对违反村规民约未及时改正的人和事，一次点事、二次点组、三次点名，严肃了村规。二是与抓风气相结合。把村规民约与争取到的项目结合起来，执行“项目投放看社风”条款，改变了两个村民小组一度不积极支持村上工作的状况。三是与家和气相结合。敢于较真、敢于逗硬、敢于破难，把村规民约变成了促进家和万事兴的硬杠子。如一农户曾因家庭生活习惯不好、卫生条件差，每次村组检查评比都是最后一名，户主妻子感到脸上无光，在附近打工也不愿回家住。2019年在修入户道路中，村干部抓住有利时机以“路”促改，入户路通了、陋习改了、卫生好了、其妻子又回来了。村民诙谐地说：“这是一条‘唤妻’的回家路。”

（三）主要成效

1.“听党话、跟党走”更坚定

通过着力意识形态“五引领五起来”，村党委的威信更高了，党群干群关系更密切了，工作落实更顺畅了。村干部说，“党委就是我们凝心聚力的核心”；党员说，“我们就是群众的标杆”；群众说，“我们照着党员样子干”。这些年来，村民有的给镇党委写表扬信，有的将党员干部好人好事编成快板，还有的主动要求加入党组织等。近年来，该村年年都有青壮年要求入党，大大改善和优化了党员结构。刘家坪村着力意识形态“五引领五起来”建成乡村治理示范村，既是一个抓好意识形态的实践典范，又是一个全面建成小康社会的具体实践，同时也是一幅美丽新农村建设的实践答卷。

2.“获得感、幸福感”更全面

通过着力意识形态“五引领五起来”，村里的基础设施改善了，老百姓生活殷实了，交通出行方便了，环境变得美丽了，邻里关系融洽了，群众看在眼里、记在心里、夸在嘴里。老年人说，“原来进城走半天，现在公交出门赶”；中年人说，“原来仅靠一亩三分田，现在栽种果树又养蚕”；青年人说，“三个月种田，七个月挣现钱”。尤其是在大家生活有保障后，村民对旅游深有感触地说：“过去旅游靠翻山，这家走到那家串，看了农房又看田；现在日子好起来，大江南北美景观，省外国外也去玩。”

3.“爱家乡、树新风”更担责

通过着力意识形态“五引领五起来”，特别是通过好事引领村风“淳起来”，从“要我做好事”变为“我要做好事”，村里的大事小事都有人问、有人管、有人帮，形成了“人人都在参与中、人人都在享受中、人人都在奉献中”的新风尚。近3年来，村民为大病困难群众捐款4次。2018年3月该村第一村民小组，自发为曾懒惰、爱喝酒、患肝病的村民捐款7400元。这位村民在治病中得到关爱，反思感恩又治好不良养成的“毛病”，出院后变了一个人，不但勤快了而且义务投工投劳参与公益事宜。2020年6月第八村民小组一村民，自己出资3000元并投工修复了一座年久失修的老桥。大家说：“这座桥，修复的是倡导文明新风的‘心桥’。”像这样的事，在刘家坪村不胜枚举。

4.“崇法治、守规矩”更自觉

通过着力意识形态“五引领五起来”，大家的法治意识、规矩意识、自治意识增强了。村民把依法依规作为一种美德，把违法违规作为一种耻辱。村里出现“几浓厚几没有”：遵纪守法的氛围浓厚，违法乱纪的现象没有；互帮互助的氛围浓厚，因鸡毛蒜皮搞摩擦的纠纷没有；孝敬父母的氛围浓厚，婆媳关系不好的家庭没有；等等。长期驾驶从城里到刘家坪村的30路专线公交车的司机说：“只要车子开到刘家坪村，感受就不一样，这里的村民素质高、有礼貌、不拥挤、不抢座、相互还争着让座和付车费。”另一个现象也令人印象非常深刻：这个村已经连续十几年无纠纷、无上访、无刑事案件。

三、经验与启示

（一）始终坚持抓好基层党的建设

习近平总书记指出，要推动乡村组织振兴，打造千千万万个坚强的农村基层党组织，培养千千万万名优秀的农村基层党组织书记。从刘家坪村的实践来看，基层党组织就是带动和引领一个地方的引擎和航标。刘家坪村党组织“一呼百应”，组织引领村民跟起来，落实各项工作无梗阻，充分说明该村党组织具有很强的战斗力。2019年10月该村探索的“党建引领+‘五引工程’助推乡村治理”案例，被中国共产党新闻网和学习强国等刊登。

（二）始终注重发挥党员带头作用

习近平总书记指出，办好农村的事情，实现乡村振兴，基层党组织必须坚强，党员队伍必须过硬。在面对农村党员年龄普遍偏大、文化较低和一些人认为先锋作用难发挥、模范带头难体现的现实中，刘家坪村给出了答案：从党员先带头做好事做起，引领带动村民做好事；每月雷打不动至少召开一次党小组会议，发挥党小组的作用；党员时时牢记身份，处处带领群众等。这些行动，有力地证实了农村党员的先锋模范作用是能够发挥起来的。

（三）始终带着为民真情实感干事

习近平总书记讲道："江山就是人民，人民就是江山。""要坚持一切为了人民、一切依靠人民，始终把人民放在心中最高位置、把人民对美好生活的向往作为奋斗目标。"从实践来看，刘家坪村为什么村民年人均纯收入一直居于全镇农业村榜首，为什么产业发展领跑周边农业村，为什么村民的获得感幸福感增强等，根本原因就是村党委为民有情怀。

（四）始终践行法治依法管村治村

坚持把幸福美丽新村建设作为落实乡村振兴战略、提升乡村治理水平的重要抓手，探索构建自治、法治、德治一体的乡村治理格局，积极破解基层党的建设与乡村发展和社区治理"两张皮"问题，打造新农村升级版，实现"里子面子一起新"。刘家坪村鲜明特点是：在村民生活有保障和环境美起来中，长期坚持抓村风和民风，同步实现了村风正和民风好。

第二节　精神灯塔引航程　基层党建促发展

——安州区塔水镇七里村党建引领绘就美丽乡村新画卷[①]

一、引言

七里村位于绵阳市安州区塔水镇东部，辖区面积7.55平方公里，保有耕地面积8383亩，荒山林地面积1200亩。共有24个村民小组，1665户4223人，党员人数119人。近年来，七里村以"高标准农田建设"为契机，按照"党建引航、一三互动、农旅融合"的发展理念，倾力打造"生态美、产业兴、农民富"的幸福美丽新农村。短短几年时间，昔日的"撂荒村"就蜕变成远近闻名的"示范村"；人均纯收入只有5000多元的"贫困七里"蝶变为人均纯收入达

① 案例由安州区委党校提供，北川县委党校黄泽霞编写。

3.8万元的“幸福七里”。七里村先后荣获“全国乡村治理示范村”“全国农村创业创新基地”“国家AAA级旅游景区”“四川省乡村治理示范村”等荣誉。

二、主要做法及成效

（一）形成由来

2013年以前的七里村还是一个道路不通、基础设施不完善、缺乏主导产业的贫困村。由于地理位置偏僻、土地分散破碎，种植条件极为不利，每亩地年收入只有三四百元，村民人均纯收入只有5700多元。种地收入低、生活条件差，许多农民只好外出打工。村里50%的土地撂荒，无人耕种。2013年，《国家农业综合开发高标准农田建设规划》经国务院批准并正式实施。在“高标准农田建设”这股东风的推动下，2014年七里村被列为安州区“高标准农田绿色示范区”。自此，“统筹打造、集中投入、连片改造、规模开发”的建设思路开始在七里村落地生根。

（二）主要做法

1. 党建+组织建设，打造乡村治理“引航舰”

（1）加强组织领导。成立以镇党委书记、镇长为组长，各分管领导及七里村负责人为成员的领导小组，探索实施“党支部+产业”模式，将支部建在乡村治理中、建在产业发展上，设立种植支部、养殖支部、旅游支部。同时，各党支部的书记均由合作社主要负责人担任。这些举措使村党组织活动辐射到合作社的生产上，将党组织的优势整合到合作社发展中，让党员聚在产业链上，从而实现了村级资源的有效整合，确保了基层党组织在各个产业中发挥主导作用，也保障了基层党组织在乡村治理和产业发展中的引航作用。

（2）优化人才队伍。调动各方面人才投身七里村的建设和发展。一方面，加大从优秀农民工、退役军人、农村致富能手、网格管理员、返乡大学毕业生等群体中发展党员、选拔村干部的力度，从而培育和壮大了村级后备力量，为七里村的建设和发展提供了人才支撑；另一方面，邀请四川省农科院、绵阳市农业农村局的专家为七里村的建设发展提供专业指导和帮助，制定《七里蓝图》。在省农科院专家的精心指导下，七里村走上了农业产业化、乡村治理现代化道路。

（3）完善治理制度。七里村积极探索治理制度机制建设，致力于提升基层治理体系和能力现代化水平。制定和完善《村规民约》《村民议事制度》《民主评议干部制度》等自治制度；探索社会参与、购买服务、公益创投等社会化运作机制，培育发展社会组织和志愿者队伍；拓宽群众参与村务管理的渠道，提高群众参与村级治理和村务监督的积极性。

2. 党建+产业发展，激发乡村治理“新动能”

（1）培育特色产业。以高标准农田为载体，七里村大力发展以葡萄为主，以桃、核桃及蔬菜绿色生态、种养循环、乡村旅游节为辅的特色产业。全村共发展出葡萄3000亩、花果两用优质桃1500亩、柑橘600亩、核桃550亩、猕猴桃260亩、青花椒200亩，肉兔养殖、肉鸡养殖、渔业及龙虾养殖等协同发展，培育出优质特产，实现“一园一品”，为发展特色采摘、乡村游提供基础。

（2）建立全产业链条。七里村深化“党组织+合作社+公司+农户”的互动模式，成立14户葡萄、桃等家庭农场成立新型农联合作社8家，依托专业合作社、建立“保底收益、市场分红、返租倒包”利益链接机制，建立健全产、供、销、信息共享稳定合作机制，与农户签订购销协议，实行保底价收购。以合作社为单位，各园发展种养殖特色产业，打造特产品牌；与旅游公司建立伙伴关系，推动果蔬蛋肉进入农家乐、农家餐馆，依托农村淘宝、好农国际等电商平台，推动22种农产品实现线上销售。

（3）“种”出乡村旅游。在建设高标准农田的同时，七里村将田埂全部“抹平”，既方便了种植，又营造出了景观，土地形态的物理变化给村产业发展带来了化学连锁反应。“春有花，夏有果”的七里村以“旅游+多产业”联动发展模式，打造出“幸福七里”3A级景区、“四川省农业示范主题公园”“四川省精品村寨”“绵阳市最美乡村”等多张旅游名片，年接待游客量达300余万人次，实现了一三产业协同发展，旅游综合效益显著提升。

3. 党建+人居环境改善，提升乡村治理“原动力”

按照“生产生活得便利、田园风貌得保持”“小规模、组团式、生态化”模式，七里村利用本地山水林盘新建新村综合体1处，改造“微田园”风格农村院落56处。推进“1+6”村级公共服务体系建设，结合创建“文明村落”，积极开展“清洁家园”专项活动，新建污水处理站2处，垃圾收集站10处，购置垃圾桶150个、垃圾收集车2辆；新改建农村污水处理管网1000余米。组织动员群众新建住房和改建旧房，安全饮水达96%以上，安全稳定用电达100%。电视普及率达到100%，电话（手机）普及率达到98%，宽带入户率达到60%。构建“生态养殖+再生能源+绿色种植”的特色循环链。引进“物联网+”智能水肥一体化灌溉系统、规模化养殖场粪污处理等新技术，建成400余亩生态循环农业核心示范片，科学种养循环率88%以上，废弃物综合利用率98%。这一系列的基础设施建设，极大地改善了群众的生产生活条件，老百姓的幸福感、满意度进一步提升。

三、经验与启示

党的十八届三中全会提出，要“全力推进国家治理体系和治理能力现代化”，而乡村治理现代化是国家治理现代化的重要内容。但是，乡村治理现代化如何实现？乡村如何振兴？七里村已经给出了答案。以“高标准农田建设”为契机的七里村，通过“党建+组织建设”“党建+产业发展”“党建+人居环境改善”，短短几年时间就实现了乡村治理现代化，从根本上解决了乡村治理“谁来干、怎么干、在哪干”的问题。七里村以党建为引领的乡村治理经验值得学习、研究和借鉴。

（一）乡村治理要有基层党组织引领

习近平总书记指出，农村要发展好，很重要的一点就是要有好班子和好带头人。农村基层组织建设是党的全部工作和战斗力的基础，是党同农民群众建立血肉联系的核心纽带。坚持党对农村工作的全面领导是深入实施乡村振兴战略、解决好农业农民农村问题、加快推进农业农村现代化的基本原则。七里村成功从“撂荒村”变为“示范村”，从“贫困村”蜕变为“幸福村”的实践再次证明，基层党组织是实现乡村有效治理的“引航舰”和“助推器”。七里村能高效率推进“高标准农田建设”，高质量发展特色产业，高标准改善人居环境，离不开基层组织战斗堡垒作用的发挥，离不开基层党员干部先锋模范作用的发挥。

（二）乡村治理要有相关政策支持

政策对于农业、农村发展的重要性就如著名经济学家舒尔茨所言：“任何一国农业之所以停滞不前，不在于资源禀赋与否，而在于宏观经济政策和农业相关政策的扭曲和失误。”半个多世纪来，我国农业经济之所以能发展得如此迅速，其中一个不可或缺的因素就是国家农业政策的引导和推动。特别是20世纪70年代末以来随着家庭联产承包责任制的实施，我国农业经济进入了黄金发展阶段，为我国现代化建设提供了重要支撑。七里村短短几年时间实现成功转型的背后，离不开《国家农业综合开发高标准农田建设规划》政策的出台，离不开《四川省高标准农田建设总体规划（2011—2020年）》的实施，也离不开安州区将其作为“高标准农田绿色示范区”进行“统筹打造、集中投入、连片改造、规模开发”这一契机。

（三）乡村治理需要多元力量参与

自1978年改革开放以来，我国乡村治理改革走过40多年历程，经历从人民公社解体到村民自治、乡政村治，再到乡村共治，党的十九大报告重申了多元共治的乡村治理理念。新时期，乡村建设是一个多主体、多要素广泛参与的行动过程，乡村建设的治理资源主要来自政府、社区和市场，即包括“公”“共”和“私”三个领域。在多主体参与治理的结构中，利益共同体之间互相联系又互相掣肘，其间的利益链条相互交织，利益结构复杂多变，这样的利益关系是随着社会结构中利益主体之增加而成倍数增长的。如此一来，如何平衡治理主体在实施治理行为时涉及的“人情”与“利益”，需要在多主体参与乡村治理的制度设计中进一步明确。七里村成功治理背后，离不开政府的支持、企业的加入及七里村人的参与。正是三者的共同参与，激活了七里村的发展潜力。但“公”“共”和“私”三者之间，难免存在利益博弈，特别是企业与村民之间，二者的利益如何平衡？需要在实践中进一步明确。

（四）乡村治理需要人才支撑

乡村振兴的关键是人才，短板也是人才。人才兴则乡村兴，人才强则乡村强，人才是乡村振兴的竞争之本、活力之源。当前，农村人才缺乏是乡村振兴发展的最大瓶颈。2019年，中办国办印发《关于加强和改进乡村治理的指导意见》明确提出，要强化各项保障，各级党委和政府要加强乡村治理人才队伍建设，充实乡村治理力量。七里村的乡村治理实践表明：乡村治理离不开人才支撑，离不开队伍建设。七里村为什么能逐步走上乡村治理现代化道路，为什么能实现从贫困村到幸福村的“无缝衔接”，关键在于后备力量的培育、人才队伍的建设，从根本上解决了转型期七里村的瓶颈问题。

第三节　筑牢党支部战斗堡垒　激活乡村发展一池春水

——北川曲山镇石椅村用好支部“领头羊”激活“发展力”①

一、引言

石椅村属羌族聚居村，因境内有一把天然石椅而得名。全村现有3个村民小组，总面积3.5平方公里，共104户、345人，党员24人。近年来，石椅村以支部引领为聚力点，充分发挥党员示范作用，以“三治”治村为突破口，成功摆脱了“通信基本靠吼，交通基本靠走，闲钱基本没有”的贫困局面，走出了一条产业富村、文化兴村、生态美村的乡村振兴之路，先后荣获“全国文明村”“中国乡村旅游模范村”“中国少数民族特色村寨”“全省先进基层党组织”“四川省首批乡村治理示范村”等荣誉。

① 案例由北川县乡村振兴局提供，绵阳市委党校张丽君编写。

二、主要做法及成效

（一）支部引领“聚合力”

从改革开放初期至今，石椅村党支部一代领着一代干、一代接着一代干，充分发挥支部“领头羊”的作用，不断汇聚发展合力。一代村支部奠定发展基础。老书记邵再贵用敏锐的眼光洞察到交通设施与经济发展的重要关系，带领群众开山凿路，3年时间修通3公里致富路，让村里的农产品走出去。二代村支部全力开展抗震救灾和灾后重建工作。邵再贵在5·12汶川特大地震中不幸遇难，时任村民委员会主任带领村支部全力投入抗震救灾，冒着余震的危险查找水源、抢通道路、帮助群众联系车辆购买建筑材料、积极安排专人帮助群众申请建房贷款，让村民看到了生活的希望。三代村支部持续助推乡村发展。现任石椅村支部书记借力石椅村水果品质优势、羌族文化优势，带头打造乡村休闲旅游，发展文旅产业；党员干部自发组成志愿服务队，免费提供水果种植技术、“农家乐”运作方式指导。在支部的带动引领下，石椅村的发展更有方向、更有力量。

（二）管好党员“增实力”

严格把好党员管理的“三道关口”，确保让党员管理严起来、实起来、活起来，让党员成为群众的引路人、贴心人、带富人。一是把好后备干部选拔政治关。围绕“作风正派、致富能手、办事公正、文化水平高”等原则建立后备干部储备库，深入挖掘、多途径培养青年党员作为后备干部任选，倾听青年党员心声，共谋村庄建设。二是把好党员干部学习关。以“三会一课”“组织生活会”“主题党日活动”为契机，促进党员干部业务学习，用活用好政策法规，做政策法规的宣传员、讲解员、代办员。三是把好党员干部监督关。健全村级组织体系，自觉接受群众监督。明确村党支部全面领导村民委员会和村务监督委员会，组织党员在议事决策中宣传党的主张，执行党组织的决定，推动党员在乡村治理中带头示范。常态化开展“以案说法”，发挥监督委员会职能，参与村级项目建设、财务收支管理。

（三）“三治”治村“激活力”

着力构建“自治、法治、德治”相结合的乡村治理体系，激发广大群众的内生动力。一是强化村民“自治”。完善制定《石椅村村规民约》《拿巴日格旅游专业合作社管理规程》等制度。成立红白理事会，带动广大群众树立文明新风，摒弃大操大办红白喜事的积习。吸纳优秀党员、致富能人等组建矛盾纠纷调解委员会，化解矛盾纠纷。党员带头成立治安巡逻队，24小时为群众和游客保驾护航。二是强化村务“法治”。健全法律服务机制，聘用法律顾问为乡村法治管理提供专业意见、为党员群众提供法律咨询和法律援助，引导依法化解矛盾、解决问题。深入开展普法宣传，找准群众的关注点，以农民夜校、法律讲座、法治电影、法治文艺表演等为载体，引导基层群众逐步养成用法律捍卫自身权益的习惯。三是强化村风“德治”。石椅村党支部结合身边典型故事自编感恩教材，组织干部群众观看感恩教育专题片，参加感恩宣讲会，定期开展“十星文明户”“好婆婆”“好儿媳”“好邻居”“诚信经营户”“最美身边人”“做兰辉式好干部，做兰辉式北川人”等评选活动，树立道德榜样，将干部群众的知恩感恩报恩情怀，内化为道德品质，外化为发展动力。

（四）产业富村“挖潜力”

发挥临近老县城地震遗址纪念馆5A级景区和自然资源优势，带动全村产业升级转型，变穷山恶水为致富靠山。一是夯实基础设施。通过政府补助、群众投工投劳筹资、企业投资多渠道发力，发挥好政府投入的倍增效应，完成5公里村道建设、104户农房提升、600米游步道建设、4处停车场（200个车位）、2处3A级旅游厕所、4栋6套民宿等基础配套项目，助力产业发展。二是夯实农业产业。利用荒山荒坡全面发展枇杷、李子水果种植1600余亩，采取“农户+合作社”方式，成立石椅村水果专业合作社，吸纳本村及友邻村107户入股合作社，注册“羌山绿宝”商标，带动贫困人口就近就业200人次，年销售量达4.5万吨，年收益达500万元，该合作社荣获“国家级农民专业合作社示范社”称号。三是夯实旅游产业。在已有的水果产业基础上大力发展乡村旅游产业，实现“村落变景观、村民变老板、农产品变商品”，成立拿巴日格旅游专业合作社，规范星级农家乐6家300个床位，实现年收入650万元，带动贫困人口就地就近就业300人次。

（五）文化兴村“强动力”

以“厚植乡土文化、传承禹羌文化、弘扬感恩文化”三化为手段，教育引导群众不忘党恩，以实际行动感恩家庭、感恩社会、感恩党、坚定信心听党话、跟党走。一是建好文化阵地。建好文化活动室、图书室、文化广场，落实专门文化志愿者提供文化宣传、教育普及、禹羌文化传承等服务，满足群众文化生活需要。二是塑好文化产品。通过舞蹈培训、手工培训、表演培训等方式激发出留守妇女、文化爱好者的文艺“才华”，培养本土“明星”。通过本土“明星”变身文化骨干的事例感染更多群众参与，充分发挥群众主观能动性编排歌舞剧、小品、相声等节目，用多种形式传递党的声音、宣传禹羌文化、宣传石椅发展。三是搭好文化舞台。鼓励本土“明星”积极参与外界各类文化活动，由石椅村村民组建的羌舞队，荣获由市委宣传部、市文广新局、市教体局主办的“越舞越好看”绵阳市群众广场舞展演赛三等奖，大大增强了群众的表演热情和集体荣誉感。

（六）生态美村“添魅力”

坚持“绿水青山就是金山银山”的发展理念，让农村焕发生态之光、绿色之气。一是保护秀美乡村“增绿”。开展植树造林、山水保护、生态修复、功能提升行动，落实专职护林员，列出工作任务清单和奖惩措施，对偷挖盗伐、林区用火等进行不定期巡查，护好一山绿色。二是共建美丽乡村“助绿”。实施人居环境提升工程，开展农村垃圾治理、污水处理和厕所改造“三大革命”，按照县“户分类、村收集、镇运输、县处理”农村垃圾无害化处理模式，无害化处理率达到80%以上。通过门前五包、星级文明户评选、宣传栏曝光等方式，结合主题党日活动常态化开展党员志愿服务，清扫、整理村庄公共区域和卫生死角，改善农村生活环境。三是打造宜居乡村“添绿”。按照“两改一建一入”工程，引导农户改厨、改厕、建院坝、修入户路。实施家园美化、道路硬化、村庄绿化等村容村貌提升“六化”工程，实现乡村主要道路硬化率、村组道路硬化率、农网改造完成率、农村居民安全饮水覆盖率和有线电视入户率“五个100%”。

三、经验与启示

党的基层组织作为党联系群众的桥梁和纽带，是党的全部工作和战斗力的基础。石椅村的“逆袭”让更多贫困山村看到了希望，也从石椅村的蝶变得出重要启示——要高度重视、充分发挥基层党组织的“红色引擎”作用，一届又一届石椅村党支部带领群众依靠对羌族文化和青山绿水的科学开发、依靠石椅人的自强不息、艰苦奋斗，依靠有效整合各方力量走上了乡村振兴的快车道：道路宽敞、路灯明亮、民风淳朴、村庄整洁、产业兴旺……农民人均年纯收入从不足千元跃升至4万余元，石椅村的蝶变是治理有效的生动案例。

（一）重视发挥基层党组织的领导作用

基层党组织是乡村治理的“压舱石”“定盘星”“掌舵人”，因此必须选好配强政治过硬、业务精湛、敢于担当、作风正派的党支部书记和委员。他们是乡村振兴战略的组织者、推动者、实施者，必须保持先进性。这种先进性体现在贯彻执行党的路线方针政策、组织群众、宣传群众、凝聚群众、服务群众等能力上；体现在对本村人口、资源、文化等多方面的了解，对发展的优势与不足的洞察，结合本地实际的发展远见上；体现在“敢扛事，愿做事，能干事”的引领带动作用上；体现在始终坚持依法治理，将制度优势转化为治理效能上；体现在用发展的思路和有效的办法来解决乡村发展的痛点难点堵点上。这种先进性不是天生就有的，而是来自一切为了群众的服务意识、时不我待的发展意识和敏锐深刻的学习意识。

（二）重视发挥羌族文化的凝聚作用

随着物质生活条件的不断提升，石椅村党支部与时俱进地看到群众已经不再满足于基本的生存条件和物质需求，他们开始追求更加舒适、和谐的人居环境，更加科学、多元的增收途径，致富奔康的想法愈发强烈。石椅村党支部创造性地把群众对美好生活的向往与“禹羌文化”资源和农产品资源的开发相结合，坚持用文化建设带动产业发展，用文化建设提升村民素质，提升乡村治理成效。他们注重对古羌文化的发扬，加强对羌歌羌舞、羌秀羌语等羌族传统文化的研习，这是传承羌族文化的必然选择，也是打造特色乡村旅游的必由之路。他们注重弘扬感恩文化。通过感恩教育，让知恩感恩报恩情怀扎根全体村民思想中，内化为道德品质，转化为发展动力。他们还构建特有的石椅文化：通过党支部战斗堡垒作用的发挥，形成“人心齐，泰山移”的思想氛围；通过开展“生产互助、困难互帮、文化互学”活动，形成比学赶超的发展氛围；制定以孝顺长辈、保护生态等为主题的村规民约；利用农闲时间组织村民共同学习经济、文化、法律等知识，提升村民综合素质。石椅村党支部的过人之处就是通过以上多方面途径营造文化氛围，用文化吸引人，用文化感染人、用文化带动人、用文化凝聚人，从而最大限度地发挥人的主观能动作用.

（三）重视发挥人民群众的主体作用

石椅村党支部始终坚持以人民为中心的发展思想，聚焦群众急难愁盼问题，精准施策，充分发挥战斗堡垒作用，坚持共建共治共享理念，通过成立合作社、共同制定村规民约、群众参与监督等途径，形成了“人人有责、人人尽责、人人享有”的乡村治理共同体。值得注意的是，我们说基层党组织要团结带领党员干部群众积极投身家园建设，形成推动发展振兴的强大合力，但带领不等于包办、抓总不等于包揽、统筹不等于代替。基层党组织要宣讲党的政策，也要听取群众意见建议，要坚定群众跟党走的信心和决心，也要及时解答群众疑难困惑，充分调动群众的积极性、主动性和创造性，激发群众内生动力。只有真正让群众成为治理的主体，充分调动群众参与治理的积极性、主动性、创造性，才能有效提高乡村治理的水平和成效。

第四节　党建引领促发展　乡村振兴谋新篇

——游仙区新桥镇胜利村夯实乡村治理基础[①]

一、引言

游仙区新桥镇胜利村，由原九洞村、回龙村、岳家村3个村合并组建，辖区面积7.12平方公里，户籍人口1380户4324人，设党委1个，下设党支部3个，党小组10个，共有党员162名。近年来，胜利村党委按照“产业兴旺、生态宜居、乡风文明、治理有效、生活富裕”总体要求，围绕“村合、事合、心合”理念，通过党建引领加强组织建设、壮大集体经济、提升人居环境、深化便民服务，夯实了乡村治理基础，先后被评为“第二批全国最美宜居村庄示范村”“省级乡村振兴战略示范村”“四川省首批幸福美丽新村试点村”“四川省环境优美示范村”“四川省乡村治理示范村”“省级四好村”。

二、主要做法及成效

（一）加强组织建设，夯实乡村治理组织基础

把选优配强基层党组织带头人和村“两委”班子作为重中之重，坚持“德才兼备、以德为先”和“能人治村”的用人标准，把政治立场坚定、素质高、能力强、反响好的优秀年轻人才充实到村级领导班子，不断优化领导班子的整体结构，班子平均年龄44.57岁，大专以上学历共7人，占班子成员人数71.43%。坚持学习强国App自学、定期召开民主生活会，不断提升党委班子思想政治素质；以坝坝会、广播会、农民夜校等形式持续加强辖区党员群众思想政治教育。

① 案例由绵阳市委党校主体班学员雷雨锦提供，绵阳市委党校乔丹编写。

（二）壮大集体经济，夯实乡村治理经济基础

1. 激活闲置资源让集体经济壮起来

按照镇党委“小组团、小集约、小整合”“大联盟、大联合、大融合”发展思路，在镇集体股份经济合作联合总社统筹下，落实村组集体经济组织对闲置资源依法享有的占有、使用、收益和处置等权利。在摸清辖区闲置资源和发展需求基础上，通过收回土地流转经营权、盘活闲置村部、实施“三权分置”改革和用好财政匹配资金4种模式发展壮大集体经济、助推产业兴旺。

2. 探索“三权分置”改革让产业旺起来

成立以党组织书记为组长，村支“两委”其他干部、党小组组长为成员的宅基地“三权分置”改革领导小组。镇分管领导、业务干部到村，党员干部到户讲清《土地管理法》《土地承包法》及宅基地“三权分置”改革相关政策，召集老党员、老干部、群众代表围绕开展宅基地“三权分置”改革共同议事，形成人人盼改革的浓厚氛围。创新推行党员联户“1+3+N”制度（即村党支部小组长+3名党员+N户群众），推动闲置宅基地、一户多宅等信息要素全部入网入格。商讨制定《闲置宅基地拆除方案》，明确拆除范围、对象、标准和要求。建立村、社集体经济组织21个，全面完成赋码颁证，改革中累计清理废旧宅基地39.5亩，整理集体建设用地45亩（国土三调数据），通过与村企合作经营、指标出租、土地入股等方式，村集体股份经济合作社增加收益300余万元。辖区聚集月畔湾、富乐花乡、绵阳国际兰花园、经科生态园等农旅融合企业，发展花卉苗木、林果、中药材种植、旅游业等主导产业，实现农业年产值1.8亿元、旅游年收入3.6亿元，带动周边460余名本地群众实现就近务工。

（三）提升人居环境，夯实乡村治理环境基础

1. 全村全员整治乡村环境

大力发展集体经济，推进人居环境整治。开辟“支部引领+乡贤监督+村民自治”的人居环境整治提升新路径。通过支部大会、党小组会、讲党课和开办培训班、组织外出考察学习等形式，提升广大党员思想认识。通过村村通广播、农民夜校、村民大会、发放《倡议书》和环保科普类书籍等形式，多层次、立体化宣传培养群众环保意识。组织口碑好、素质高、有威望的乡贤，共

同商定《村规民约》和《农村人居环境整治奖惩办法》，每月定期就各社人居环境整治开展评比活动。率先推出“一户一册”治理方法，根据30项村大环境指标和48项庭院环境指标，筛选“人居环境整治示范社、示范户”和“最美胜利人”，形成“点、线、面”结合的农村人居环境整治新局面。

2. 全域全面整治乡村环境

常态化开展“十乱”整治、污水治理、“厕所革命”、村容村貌提升、文明细胞创建等行动，实现生活垃圾治理率达100%，农村污水处理率达95%以上，473个旱厕全部改建为冲水式厕所，栽种花道6公里，硬化入户道路7公里，安装路灯73盏，风貌提升260户，评选出“星级文明户”400余户、“最美胜利人”10人。

（四）深化便民服务，夯实乡村治理群众基础

1. 聚焦服务阵地建设，突出服务实效

通过发展村集体经济提升服务群众能力，坚持便民服务理念，切实发挥党组织在社会治理中的核心作用。按照三分之一为办公服务场所，三分之一为经济组织，三分之一为社会组织要求，不断规范村级活动阵地。建立新时代文明实践站，配备阳光书屋1间、共享文娱角1处、共享工具角1处、文化广场1处，组建了秧歌队、唢呐队、舞蹈队，定期开展健身娱乐活动，定期举行民间艺术表演比赛、农民运动会、送春联等活动，为村民们创造了良好健康的文化娱乐条件和氛围。

2. 聚焦服务队伍建设，强化服务功能

坚持群众的事情自己说了算，将“ 小微协商”贯穿村级各项事务。成立“新语心愿”小微协商议事会，把群众关心的村级发展、民生实事纳入协商范围。大力探索“水、电、气、路、网、邮”六合一的管家服务机制，配备专兼职网协员2名，负责全村水、电、气设施维护、故障维修、安全教育培训等。常态化开放“童伴之家”，每月开展3—4次团体活动，开展1次全覆盖家访活动，加大留守儿童关爱力度。搭建党员志愿服务平台，在疫情防控期间组建“值守放心、宣传入心、跑腿贴心”服务队，筑起惠民便民疫病“防护桥”；疫情防控结束后，组建“理论春风润心、文明新风暖心、文艺新风乐

心”服务队，搭建干群沟通“连心桥”。通过开展“党员主题活动”、认领“公益服务岗”等形式，实现志愿服务的常态化、多元化，现已招募党员志愿者100余名，共开展各类志愿活动18余次。在村级阵地公示《游仙区新桥镇便民服务事项分级办理清单》，明确村级办理事项，为群众办事理清思路。依托新桥镇社会治理调度平台，实现群众一键反映诉求、干部主动上门服务，将传统的“群众跑腿”变为“数据流动”，不断提升辖区群众归属感、获得感、幸福感。

三、经验与启示

习近平总书记指出：“坚持把解决好‘三农’问题作为全党工作重中之重，举全党全社会之力推动乡村振兴，促进农业高质高效、乡村宜居宜业、农民富裕富足。”乡村治，百姓安，国家稳。实现乡村振兴必须夯实乡村治理这个根基，乡村治理是国家治理的“基石”，没有乡村治理的现代化，就没有国家治理体系和治理能力的现代化，而基层党组织是推进乡村治理的“主心骨”，村级集体经济是点燃乡村治理的“助推器”。胜利村之所以被评为“全国最美宜居村庄示范”“省级乡村振兴战略示范村”“四川省首批幸福美丽新村试点村”“四川省环境优美示范村”“四川省乡村治理示范村”“省级四好村”，在于把基层党建作为推进和巩固村级集体经济发展的重要环节，发挥党员的带动引领作用，带领广大群众发展产业、盘活集体资产使集体经济纯收入不断增加，为建设美丽宜居乡村、夯实乡村治理基础提供了强有力的物质保障，其有效推进乡村治理的经验值得被进一步推广。

（一）乡村善治关键在党建领航

习近平总书记明确指出:“农村基层党组织是党在农村全部工作和战斗力的基础。”深化农村改革，发展农村经济，促进农村和谐，维护农村稳定，建设社会主义新农村，都需要更好地发挥农村基层党组织的战斗堡垒作用。一个党组织就是一个堡垒，是确保乡村治理取得目标效果的能力担当。基层党组织促进乡村治理工作与党建工作的目标任务都是提高广大群众的获得感、安全感和幸福感，终极目标是建设乡村美好生活，因此，乡村治理也是基层党组织的本职工作。胜利村通过配强培优领导班子，打造强有力的基层党组织队伍，以基层党组织自身建设推动乡村治理，以党内民主带动村居民主，激发村民参与治理的自觉性和能动性；用规章制度促进治理主体之间的互动合作，保证其参与的有序高效；共建共治共享，推动治理有效，保障乡村社会稳定，充满生机活力。在此基础上，充分发挥党员干部带头示范作用，整治人居环境、宣传宅基地改革、开展党员志愿者服务活动，在胜利村乡村治理上建功立业。由此可见，党建领航，才能凝聚起乡村治理合力。

（二）提升乡村治理底气在产业兴旺

习近平总书记在宁夏固原考察时指出："发展产业是实现脱贫的根本之策。"不仅如此，在乡村振兴战略二十字方针里，"产业兴旺"同样居于首位。产业兴旺是实施乡村振兴战略的前置性任务，只有乡村产业发展才能盘活乡村发展活力，激发乡村发展动力。胜利村之所以生态宜居、乡风文明、治理有效、生活富裕，关键因素在于产业兴旺为该村乡村治理提供了良好的生活保障、可靠的收入来源，同时汇聚了人才和人力资源。解决好产业发展中政策及土地指标的堵点和痛点，优化乡村资源要素配置，推动乡村治理体系升级，既是实现乡村治理有效的现实手段，也是实现乡村产业兴旺的实践路径。胜利村通过壮大集体经济，引领村民兴旺产业，明确村党组织在集体经济中的地位与功能以发挥核心作用；整合闲置土地资源以实现资产保值增值；集中大小农户土地以再造村庄共同体，其体现了善于优化乡村资源配置，盘好用活村级资产的乡村治理多样性手段，构建了以集体化机制为核心的乡村治理体系，促进产业兴旺，增强乡村治理底气，提升治理能力。

（三）擦亮乡村治理底色在人居环境整治

党的十九大报告提出：实施乡村振兴战略，着力解决突出环境问题，开展农村人居环境整治行动。2021年中共中央办公厅、国务院办公厅印发了《农村人居环境整治提升五年行动方案（2021—2025年）》，方案指出：改善农村人居环境，是以习近平同志为核心的党中央从战略和全局高度作出的重大决策部署，是实施乡村振兴战略的重点任务，事关广大农民根本福祉，事关农民群众健康，事关美丽中国建设。改善人居环境是实现乡村振兴的重要一步，中国要美，农村必须美。胜利村在村集体经济收入充裕的情况下，充分发挥了基层党组织作用，通过动员各方力量，发挥村民的主观能动性，创新农村人居环境整治工作模式，建立长效机制，既提高了环境整治实效，又提升了乡村治理水平；回答了群众“家园美不美，生活好不好”这一普遍关注的问题，擦亮乡村治理底色。

（四）夯实乡村治理基础在为民服务

为政之本，在于为民。习近平总书记在湖南考察时强调：“要把村为民服务中心作为基层治理体系的重要阵地建设好，完善充实服务事项，提高为民服务水平，增强为民服务的精准性和实效性。”可见，为民服务工作是党组织领导乡村治理的本质核心，村民满意是衡量治理效能的唯一标准。胜利村大力发展集体经济，从“无钱办事”到“有钱办事”，说话办事有了底气和力量，党组织服务能力不断增强，切实发挥了其在乡村治理中的核心作用。通过强阵地、建队伍、抓活动，深化为民服务，构建村级为民服务体系，是该村争做服务型党组织、汇聚社会为民服务合力、创新乡村治理模式的体现。为民服务始终把服务群众作为核心任务，不断提高群众得到实惠的水平，无论是成立“新语心愿”小微协商议事会、搭建干群沟通“连心桥”，还是探索六合一管家服务机制，都表明胜利村努力创造条件以最便捷的方式满足群众多方面需求，不让群众多跑路、多花钱，着力践行以人民为中心的发展思想，夯实乡村善治基础。

第五节　共商共议社区事　同心协力促和谐

——平武县高村乡民主社区“共商共议”构建和谐社区[①]

一、引言

平武县高村乡民主社区地处磨刀河上游，北靠唐家河自然保护区，是由原民主村和老河沟自然保护区合并组建的农村社区。近年来，民主社区大胆探索、改革创新，通过“共商共议”“两民融合”等乡村治理实践，不仅实现了社区不同利益群体之间的共融共生、和谐相处，还将这里的荒山石岭变成了金山银山，将昔日闭塞落后的偏僻小山村变成了“网红打卡地”，先后荣获“四川省首批乡村治理示范村”“基层党建‘两民融合’改革试点示范区”。

二、主要做法及成效

（一）形成由来

1. 自然保护区的成立。

在2012年以前，民主村还是一个交通不便、文化落后、观念落后的偏远小山村，这里的人们依托老河沟国有林场，发展林木经济，过的是“靠山吃山靠水吃水”的日子。2012年，大自然基金会（TNC）和西部自然基金会（后改名为四川桃花源生态保护基金会）入驻老河沟；2013年，老河沟自然保护区也在这里成立。在省林业厅的支持下，西部自然保护基金会与平武县政府签署合作协议：此后50年的老河沟片区国有林的管理权交由基金会，并由大自然保护协会提供保护业务技术支持，由此国内首个政府监督、民间管理的民营自然保护区在此落户。

2. 民主社区的成立。

民主村原有人口282户、873人，老河沟生态自然保护区有保护人员18人。

① 案例由平武县委党校龙文萍提供，北川县委党校黄泽霞编写。

从2011年保护区人员开始进驻，到2013年保护区人员正式驻扎，在交往之初双方因理念上的隔阂摩擦不断。为妥善解决这一问题，2016年，平武县委、县政府突破传统行政村局限，将老河沟自然保护区与民主村进行合并，成立民主社区。村改社区后，民主社区将原有村民、外来人口、社会组织和驻社区单位纳入社区范畴。其中四川西部自然保护基金会作为民主社区的重要组成部分，有5名专业社工常驻民主社区，为社区治理提供专业化社区服务。

3. 两民融合的提出。

老河沟的保护离不开民主村人的参与，民主社区的治理和发展也离不开保护区人员的支持。一方是外来的保护区工作人员，一方是土生土长的本地村民，如何处理好“邻里关系”，实现不同利益群体在同一空间内的和平相处、相互支持，在一定程度上左右着社区和保护区的治理和发展。为解决这一难题，平武县委、县政府将民主社区列为平武县基层党建“两民融合”改革试点示范区，同时开创性地提出“生态环保、心灵环保、社会环保”的农村新型社区建设目标。至此，村企共建的“两民融合”模式开始在这里生根发芽。

（二）主要做法

1. 共建共治，促融合发展

（1）抓组织建设。将原民主村村民、外来人口、社会组织和驻地单位纳入社区管理范畴，在民主村党支部和原老河沟党支部基础之上，成立民主社区党支部。2016年，经民主选举，原民主村村委会主任当选为社区党支部书记，保护区的一位职工当选为社区党支部副书记。就这样，民主社区在基层组织建设上率先实现了村企共建的“两民融合”。

（2）搭“一核三会”平台。构建起以社区党支部为核心，以社区议事会、村务监委会、村民委员会为载体的“一核三会”农村党建共同体。社区议事会是社区事务的决策机构，是原民主村与老河沟保护区各项事务沟通交流的重要平台，凡涉及民主社区和老河沟保护区双方关系的重大发展事宜，都先提交议事会讨论，达成初步共识后，再交民主社区大会讨论表决；村民委员会是社区事务的执行机构，贯彻执行议事会所作出的各项决定，列席社区议事会，以便了解决策事项的全过程；监督委员会是社区事务的监督机构，主要负责对村委会执行议事会决策的情况进行监督，确保议事会决策在执行过程中不打折扣。通过党支部委员会协调、议事会选择、监督委员会监督，民主社区真正实现了“还权于民，还事于民，还利于民”的改革实效。

（3）引群众参与。基本实现每户在“一核三会”组织中都有成员，每季度召开“三委一会”全体成员大会。“社区如何发展定制农业，如何发展农旅融合，如何保护生态环境……这些议题都有社区和保护中心共同参与”；与此同时，民主社区还将社区事务和相关工作以简报形式发布，引导群众参与社区建设；设立意见箱，让不愿直接提意见的群众可以多途径地反映问题、表达诉求，多渠道了解群众心声。

2. 互信互助，建美丽新村

（1）转发展观念。以前的民主村是有名的“脏、乱、差”之地，生产生活条件比较艰苦，发展观念也非常落后。随着老河沟自然保护区在这里落户，以及保护区专家、学者、科研人员和环保组织的到来，这里的人们有了彻底的改变。人们感受到的不仅仅是生活上的便利，还有新思想和新观念。现在，这里的村民也注重讲清洁、爱卫生了，生活污水也不乱排放了。

（2）建生态道德信用社。提出“根植三生观（生活—坚守、生产—农耕、生态—敬畏），诚信德为先”发展理念，按照“以人为本、自我管理、量化评比、动态调整、公平公正、激励争先”基本原则，制定生态道德、村规民约、遵纪守法等积分项目。村民通过参加信用社积分项目中的各项活动，经过民主评议获得相应积分。积分主要用于精神激励、物质奖励、政策奖励。社区党支部和村民委员会定期对村民积分进行统计评比，对积分较高的村民进行公示表彰，对积分不够的村民进行公开批评、上墙通报，并督促其参与公益劳动。民主社区生态道德信用社已累计开展“五星模范户”评选活动30余次，发放奖券面值80000分，兑换生活用品价值8000元。

（3）抓优美环境建设。大力实行“农户门前三包、公共区域包片、党员护绿岗”行动，动员群众主动美化庭院；大力推广农村沼气池建设，积极探索多户联建生态处理废水设施，新建垃圾处理池、生活排污处理设施等项目；完成了新农村综合改造，风貌改造192户、庭院美化48户、道路美化亮化

2.3公里，安装太阳能路灯58盏。现在，社区的道路平整了、院落漂亮了，社区人居环境也全面提升了。

（4）抓文化建设。有序推进艺术家村落建设，在四社庙湾里规划建设了“艺术家村落”，将农户房屋改造成工作室，将一批文化创意产业引入民主社区，已有3位艺术家与庙湾里农户签订了房屋租赁协议。在实施风貌改造的同时，将传统文化和理念放在农房墙上，制作“党建+扶贫+乡土+孝道+生态”固定宣传画23幅，将诗经中感恩父母的典型篇章《蓼莪》节选印刷在进村的显著位置，使村民在日常生活中就能感受、理解、融入乡村文化。

3. 互惠互利，解发展难题。

（1）土地流转激活“一池春水”。“山高沟深民主村，乱石滩里挣钱难”是曾经流传在民主村的一句民谣。为甩掉“穷帽子”，盘活“沉睡”的土地资源，民主社区决定通过建立“企业+村投+基地”利益联结模式发展村集体产业。2018年，社区成立了原乡原种农业专业合作社，对村民资产进行逐一核查登记，生产资源按照每股600元进行股权量化，社区集中流转了1700余亩土地抱团发展产业；同时，民主村还与五一村、福寿村联合成立村投公司，将部分土地资源集中流转给龙头企业或“返包”给懂技术、有能力的村民经营，从而降低了经营成本，增强了市场竞争力。

（2）生态订制农业“多点开花”。生态变好的最大利好是社区订制生态农业的发展，社区居民的核桃、花生、蔬菜、生猪、有机生态车厘子等，全部以订单预付订金的模式进行直供直销。凡是以承包地入股专业合作社的农户，统一使用农资、统一品牌销售，理事长和社员每年根据市场变动进行订单式生产。社区共发展生态农业“订制户”200户，共计培养蜜蜂、生猪、天麻、核桃、药材等14类生态农产品，年收入达450多万元。

（3）乡村旅游发展“硕果满枝”。民主社区旁边就是老河沟生态自然保护区，保护区内植被丰富，河流众多，气候宜人，还有大熊猫、金丝猴、羚牛等多种野生动物，每年吸引着大量游客。2018年，社区引进了第一家精品民宿“花间·伴山”；随后，“龙盘丫·源筑”“桃花驿”等4家精品民宿项目陆续在这里落户；2020年，村投公司又融投资600余万元建成了村集体自主经营的民宿品牌“农家河坝”，还有7家民宿正在设计规划……昔日的“穷山窝”已变成乡村旅游的“网红地”。

三、经验与启示

2015年，中共中央办公厅、国务院办公厅出台《关于加强和完善城乡社区治理的意见》《关于深入推进农村社区建设试点工作的指导意见》，指出“创新治理”的基本原则。随着我国新型城镇化的发展，农村社会发生了深刻变化，乡村治理出现了很多新情况、新问题，而农村社区协商治理是解决这些新情况、新问题的重要探索和尝试。民主社区地处偏远山区，还属人员构成复杂、利益诉求多元、融合难度较大的“融合型社区”。在治理过程中，民主社区开创性地构建起“一核三会”的农村基层协商民主平台，实现了不同利益群体之间的“共融共生”和社区居民的“共富共荣”。因此，民主社区创新性解决“两民融合”问题的社区治理模式，值得学习、借鉴和推广。

（一）共建共治共享是乡村治理的重要基石

党的十八届五中全会上，习近平总书记把共享发展作为五大新发展理念之一，强调坚持共享发展，“必须坚持发展为了人民、发展依靠人民、发展成果由人民共享”；党的十九大、十九届四中、五中全会进一步指出，要“打造共建共治共享的社会治理格局”。这充分表明，党中央已经把“共建共治共享”作为社会治理的理论内核，把它作为推进国家治理体系与治理能力现代化的重要内容。毫无疑问，在社区治理中，这一目标的实现有赖于党和政府以及社会与公众的共同努力。民主社区的乡村治理实践表明，“共建共治共享”的乡村治理格局是乡村治理的重要基石。无论是两民融合如何实现，还是邻里纠纷如何化解；无论是生态环境如何优化，抑或特色产业如何发展等问题，都有民主社区群众、社会组织以及入驻企业等多重主体的共同参与，从而实现了“人人有责、人人尽责、人人享有”的社会治理新格局。这是民主社区成功转型、实现“两民融合”的根本动因。

（二）共商共议是乡村治理创新的重要举措

2021年，中共中央、国务院发布《关于加强基层治理体系和治理能力现代化建设的意见》，指出要“增强乡镇（街道）议事协商能力”，该意见为探索增强乡镇（街道）议事协商能力提供了根本遵循，为农村地区乡村治理创新指明了方向。国家、人民以及社会组织通过结构性地整合成为一个“共同体”来共同治理、共享利益、共生发展，其意在于构建一种基本的社会治理形态，通过民主协商、共商共治、群策群力，充分调动和整合各方资源优势，共同治理社会事务，缓和社会主要矛盾，提升政府效能，实现社会均衡发展。这种乡村治理模式，是乡村治理创新的有益探索，不仅有助于将中国特色社会主义的制度优势转化为治理效能，促进乡村治理方式的转变的，也有助于提升农民参与社区治理的广度和深度，从而增强农村社区居民的幸福感、获得感和安全感。民主社区之所以能实现不同利益群体之间的“共融共生”“共富共荣”，关键在于其社区组织建设的多元，在于其“一核三会”成员的多元，在于其群众参与的多元。民主社区党支部的组建以及“一核三会”平台的构建，是“共商共议”社会治理共同体的开拓和创新。

（三）美丽新村建设是乡村治理有效的重要载体

“中国要美，农村必须美”。党的十八大以来，习近平总书记多次就此问题发表重要论述并提出明确要求；2015年，中央一号文件明确提出，要坚持不懈推进社会主义新农村建设，让农村成为农民安居乐业的美丽家园。乡村之美，美在环境、美在人文、美在心灵。在推进美丽新村建设过程中，民主社区充分发挥“外脑”作用，通过采取转变群众观念、建立生态道德信用社、开展“艺术家村落”文化建设、进行人居环境整治等有效措施，彻底甩掉了“脏、乱、差”的旧帽子。民主社区依靠不同利益群体之间的互信互助建立起来美丽乡村、和谐社区，是乡村治理创新的一个典范。民主社区在2019年建立的生态道德信用社，是四川省首个生态道德信用社，也是乡村治理的一个实践创新。

（四）互惠互利是乡村治理的主要目标

“发展才是硬道理。”党的十八大以来，习近平总书记立足新的历史条件，围绕“发展才是硬道理”这一命题作了一系列重要论述，特别强调“在全面深化改革中，我们要坚持发展仍是解决我国所有问题的关键这个重大战略判断”。但是，如何发展、怎么发展是乡村治理过程中难啃的骨头。在社区治理过程中，民主社区始终坚持生态保护与经济发展两不误的方向和目标。通过土地流转激活产业发展“一池春水”，通过生态订制农业实现生态产业“多点开花”，通过发展乡村旅游使穷山沟变成了金凤凰。民主社区华丽转身的背后，是从“靠山吃山”到“护山养山”的生动实践，也是乡村治理创新的典型范例。现如今，一座座新楼，一个个花坛，家家户户门前盛开的鲜花，与社区内一张张笑脸相映生辉，“乡间慢生活”成了民主社区的新名片，成了城里人心之向往的“诗和远方”。

第六节　坚持人民中心　强化乡村治理

——涪城区杨家社区以人民为中心优化乡村治理①

一、引言

杨家社区位于涪城区杨家镇中心地带，由原杨家社区、兴隆村、场镇社区合并而成，辖区面积4.48平方公里，下辖14个村（居）民小组，总人口1410户、3252人。社区现有常职干部8人，下设党支部3个、党小组8个，有党员135名。近年来，杨家社区充分发挥社区党组织政治核心作用，坚持以人民为中心，创新党建“四链四民”工作机制，依靠和发动群众，探索提高群众组织化程度和教育引导群众的有效办法、措施和路径，取得了“产业建起来、口袋鼓起来、百姓聚起来、乡风好起来”的良好效果，先后被评为“第二批全国乡村

① 案例由涪城区杨家社区、涪城区委党校提供，绵阳市委党校杨艳编写。

旅游重点村”“四川省乡村治理示范村”“四川省乡村振兴示范村”。

二、主要做法及成效

（一）建好组织链，高举旗帜“聚民”

1. 建强组织凝民心

坚持党的工作全覆盖，将党小组设在最前沿，确保党组织始终处于一切事务决策的第一环，突出党组织的领导核心作用。推进“两提一定一挂钩”联系服务群众模式，党委政府提要求，党员群众提意愿，通过“421”决策程序制定“民情晴雨表”，承诺践诺与“两委”考核相挂钩。在为群众排忧解难、办实事办好事过程中，建立起支部与群众之间的连心桥。

2. 发挥作用连民心

实行党委联系支部、支部联系社组、支委联系党员、党员联系群众“四联”机制，开展党员“五星”评议、模范岗位夺旗行动和“4个1”党员“亮评比作为”，通过五星一升一降、一插一去动态管理，强化党员荣誉感和责任感，增强党组织在群众中的核心地位。

3. 转变作风赢民心

从“正气塑形”入手，响亮提出“五有型”干部，制定干部行为规范“十不准”，推行“做合格干部”“不合格干部辞职”两承诺，建立党员群众半年测评“两委”成员制度，实行4次末位淘汰制，进一步拉近了党群、干群关系。

4. 创新举措强自治

修订《居民公约》，教育引导群众形成良好的社会新风尚。组建卫生评比队、飞扬坝坝舞社团等10支社会化组织，充分参与到全村各项生产生活之中，最大限度调动群众参与基层社会治理。组建成立“三民评议”委员会，对“两委”承诺践诺、居民言谈举止、群众诉求方式等进行评议监督。

（二）抓实发展链，农旅融合“富民”

1. 产业聚合农田变“花海”。

以农旅融合为主线，探索推进土地双挂钩试点，全村规模流转土地2500

余亩，大力发展都市农业、乡村旅游，通过先后引进香草园、原香酒店等企业，把社区建成了集餐饮娱乐、观光旅游于一体的城市后花园，年旅游人数已突破百万人次。

2. 创新改革农民变“股民”

抢抓农村综合改革的有利契机，社区构建起“党支部+专合组织+公司+农户”模式，在群众自愿的基础上，大胆尝试村集体为农户开展土地托管服务，引导农户将承包土地委托村集体，以土地入股的方式参与到部分项目建设和经营，实现了农户收入从原来单一收入变成了入股分红、就近务工和经营收益“三份收入”。2021年，村集体收入达到98万元，全村人均可支配收入达到30852元。

3. 蓄势发力农村变“景区”

凭借得天独厚的地理优势和产业基础优势，杨家社区成为涪城区农旅融合区杨关产业带核心区的核心区。社区党委抢抓发展机遇，在原有产业基础上，成功引进九洲集团投资12亿元开发建设占地1000余亩的康养旅游项目。以都市农业、乡村旅游和健康养老为核心的新产业、新业态已然成型。

（三）做优利益链，强化保障“安民”

1. 满足需求聚民力

社区党委牵头组织设立香草劳务合作社，优化组织设置建立香民党小组，构建起“党支部+专合组织+公司+农户”模式，通过党支部的桥梁纽带作用，提高群众的组织化程度，凝聚起抱团发展共识，搭建好利益链接机制，把农户与企业的相互“担心”转化为互相“信任”，推动了党建与发展的同频共振。

2. 三个优先保民利

社区党委牵线搭桥，在农户与企业之间建立起“同等条件下，务工优先录用、经营优先择选、红利优先分配”的“三优先”保障机制，依托香民劳务专业合作社提供就业岗位400余个，规范引导农户开设商品商店、农家乐等新业态，实现农户就地就近创业。

3. 整合资源惠民生

社区整合各类资金4000余万元，紧邻场镇建成了占地120余亩的新村小区聚居点。采取“项目争取、集体自筹”的办法，逐步完善了基础设施，建起了农家书屋、健身场所、老年人日间照料中心等配套服务设施，村民住上小洋楼、用上天然气、喝上自来水、开上小汽车、做上小生意，成为远近闻名的省级“四好村”。

4. 法治保障解民忧

社区定期开展法治讲座，举办讲座3次，覆盖群众600余人。成立法律工作室，方便群众又快又准“找法”“用法”，获得精准法律服务。结合“网格化”社会治理平台，及时排查各类社会矛盾，社区调解委员会及时就地调处矛盾，确保“小事不出村、大事不出镇”。

5. 全域联动保民安

积极开展平安建设，将社区划分为三个网格，不定期开展巡逻防控。增加科技投入，建成“雪亮工程”“慧眼工程”点位10个，社区治安防控体系逐步建立。深入推进扫黑除恶专项斗争。

（四）创建文化链，弘扬新风“育民”

1. 亮红色文化引领群众

以红色元素为主线，杨家社区对办公大楼进行提升，建立一个党史走廊、一个学“习”园地、一个红色广场，健全党群服务中心功能，展现杨家社区党建文化和村党支部旗帜聚民、文化育民的做法。用党的声音引导群众树立社会主义核心价值观。

2. 重乡土文化感染群众

定期评选“孝德之星”“诚信之星”“见义勇为之星”和“最美媳妇”“最美邻居”等道德模范，教育群众把好的传统传承下去，倡导良好乡村风气，让群众在新旧对比中增强归属感、荣誉感和责任感。

3. 树文明新风教育群众

健全社会、学校、家庭“三位一体”的德育网络，通过“重阳节活动”“新春运动会”“新春晚会”等活动，引导群众崇德向善、见贤思齐，弘扬社会主义核心价值观，加强社会公德建设、职业道德建设、家庭美德建设、个人品德建设，充分发挥典型示范引领作用，健全宣传机制。

三、经验与启示

乡村治理是国家治理体系和治理能力现代化的基石，事关执政党根基的巩固、农民切身利益、社会和谐稳定，只能加强，不能削弱。杨家社区坚持“以人民为中心”的发展思想，打造共建共治共享的治理新格局，保障农民安居乐业、社会安定有序，实现乡村善治、夯实国家治理根基。研究杨家社区如何建成乡村治理示范村的意义重大，值得各地借鉴。

（一）坚持治理为了人民，维护农民主体权利

人民就是江山，江山就是人民。“一切为了人民”是农村社区治理工作的出发点和落脚点。新时代，我国社会主要矛盾发生转变，人们不再将“基本生存”作为唯一需要，而是把“美好生活”作为目标期待，满足人民日益增长的美好生活需要成为治理的应有之义。这就要求农村社区公共服务供给由“低水平”向“高质量”转型，由管理型向服务型过渡，由单一治理向多元协同治理转变，治理重心也必须从专注“大事”转变为关注群众身边的“小事”“日常事”。只有坚持以人民为中心，倾听农民声音，回应农民期盼，维护好、实现好农民的根本利益，切实让农民得到更多实惠，才能不断提升农村治理效能。作为绵阳城区近郊的一个乡村，杨家社区尊重群众发展意愿，把乡村旅游作为激活全局的一步先手棋，不断做大产业生态、做优管理服务、做细权益保障，党员示范领着干，群众响应跟着干。群众不断突破自我、主动作为、善于作为，尝到了致富的甜头，生活有了奔头，产业发展就更有了劲头。这些充分体现了农村社区治理始终坚持治理为了人民，实现了真正维护好、实现好农民主体权利的目的。

（二）坚持治理依靠人民，打造共建共治共享格局

农村社区治理有效需要最广泛农民的参与。一是坚持加强党的全面领

导，培育农民主体意识。充分发挥基层党组织战斗堡垒作用，不断提高农民参与治理的能力、主动性和在场感，实现农民参与治理的态度由“要我参与”到“我要参与”，从“被动在场”到“主动进场”的转变。二是完善农村社区治理制度体系。建立多元主体表达、协商和评价机制，让社区民主选举、民主管理、民主决策和民主监督落到实处，杜绝出现群众形式上有权、实际无权的现象。三是重构农村社区公共性。以农村社区精神文明建设和数字化建设为纽带，拓展和再造社区公共空间，充分发挥社区熟人社会和内生性资源等优势，强化社区共同体共识，真正做到农村社区治理人人有责、人人参与、人人尽责。 杨家社区通过修订完善《居民公约》，把公共秩序、移风易俗、环境保护等规范起来，建立荣誉墙、曝光台，并与集体经济分红等村民福利相挂钩，教育引导群众形成良好的社会新风尚；从优秀党员、德高望重长辈、有威信的村民等人员中挑选、组建成立“三民评议”委员会，对村民诉求合不合理、言谈举止好不好进行评议，在权利义务对等中影响群众，以先进文化的力量凝聚发展的正能量；完善民生保障机制，坚持相信群众、发动群众、依靠群众，最大限度调动群众参与基层社会治理，让人民群众切实享受发展成果。这些充分体现了农村社区治理始终坚持治理依靠人民，打造共建共治共享的农村社区治理格局。

（三）坚持治理效果由人民检验，让治理有的放矢

农村社区治理效果怎么样，农民的检验标准是总标准，关键看农民的需要是否得到满足。一方面要推动农村社区公共服务供给侧改革，实现供给与需求的动态平衡，构建“政府主导、社会协同、市场运作、农民参与”的多元协作、内外协同的公共服务供给平台，全面推进公共服务可及性和均等化迈出新步伐，让人人共享落地；另一方面，要厘清农村社区干部考核评价主体是农民，建立起立体的、科学的、多维度的治理考核体系和强有力的监督制度，让农民群众来当“阅卷人”和“检验官”。杨家社区创新推行“党组织+经济组织+公司+农户”模式，引导村民通过资源入股和在地务工就业，构建了紧密的利益联结关系，实现了适度的规模化经营，确保了企业和杨家社区发展利益的一致性。这一举措让企业能够安心谋发展，使村民获得了相对稳定的收入，

实现了企业、村集体和村民三方共赢。同时，建立了党员群众半年测评“两委”成员制度，实行4次末位淘汰制，进一步拉近了党群、干群关系，进而真正实现了始终坚持治理效果由人民检验，让农村社区治理有效有的放矢。

第七节　落实“三抓”举措　激发“三增”活力

——游仙区新桥镇同福村着力提升村民获得感和幸福感[①]

一、引言

游仙区新桥镇同福村距新桥场镇2.5公里，总面积6平方公里，村“两委”干部5人，全村有8个村民小组，总人口2021人，党员70人。该村2017年11月被中共精神文明建设指导委员会评为游仙区首个“全国文明村”，2017年1月被省委、省政府评为“省级四好村”，2020年3月被省委、省政府评为“四川省乡村振兴示范村”，2021年10月被省委城乡基层治理委员会评为“四川省乡村治理示范村”。走进今日的同福村，宽敞的水泥路、白墙黛瓦的民居、郁郁葱葱的绿树、清澈的河塘……一幅美丽乡村画卷在眼前铺展开。近年来，这个丘区村落以整治人居环境为乡村治理切入点，依托环境的持续改善，增强社会主义核心价值观凝聚力和向心力，构建“三治融合”乡村治理体系，通过汇聚党员、村民、志愿者等多股力量，带动产业发展和群众增收致富，促进乡风文明发展，生动地诠释着“绿水青山就是金山银山”的绿色发展理念，不断提升村民获得感和幸福感。

① 案例由绵阳市委党校主体班学员雷雨锦提供，绵阳市委党校乔丹编写。

二、主要做法与成效

（一）抓导向，增凝聚力和引领力

通过完善村规民约，开设“道德银行”，一正一负双向发力引领乡风文明。在社会主义核心价值观的引领下，坚持教育引导、实践养成，制度保障三管齐下，力促家庭美德和个人道德提升，让乡风文明绽放新时代的绚丽光彩。

1. 村规民约引规范

村规民约在内容上突出人居环境长效管理问题，细化不够规范、操作性不强的内容；村委通过村民易接受的方式广泛深入宣传，村规民约深入到每家每户；加强对村规民约执行情况的全面监督和考核管理，确保村民履行村规民约各项规定。“厨房厕所无异味，垃圾归池不乱丢。房前屋后摆整齐，社道干净无垃圾……”村规民约通俗易懂、朗朗上口，下至5岁孩童，上至80岁老人都对它熟悉。在村规民约的倡导下，村民沉溺酒桌牌桌的少了，搞产业搞经营的多了；村干部花在调解邻里纠纷上的时间少了，抓产业谋发展的时间和精力多了；村民“等、靠、要”的思想少了，“抢、抓、干”的精气神多了，切实提升了乡村治理能力和水平。

2.“道德银行”带模范

“公民道德银行”仿照银行运营模式：居民每参加一次公益服务活动或其他善行义举的志愿服务活动，都可以形成积分，储存在个人道德存折上。达到一定积分后，可到道德银行超市兑换相应的物品，或申请其他的志愿服务，使村民的志愿服务和善行义举得到及时激励。截至2022年，有300余人参与道德积分，其中最高积分已积累达400分。于村民而言，积分不光可以兑换物品和无偿服务，也是荣誉的象征。该村村民童女士因为是村里“道德银行”的老“储户”，所以银行信用贷款额度由原来只有3万元已提升到5万元，如今既不需要担保人且贷款利率有优惠。通过打造道德银行，引导人们心存善念，当好人做好事，同时也进一步加强人与人之间的相互关怀和理解。

（二）抓载体，增治理力和服务力

通过深化内涵、拓展领域、创新方式，深入开展系列主题活动，引导村民积极主动参与文明创建、社会公益、文体娱乐、志愿服务等活动，乡村治理和服务能力随着乡风文明建设的落地落实得到显著提升。

1. 文明花开促新风。

立足当地文化特点，以“善孝传家、万代同福”为主题，常年开展“好公婆”“最美家庭”“道德之星”以及“十星级文明户”评选活动。围绕“人人引领文明新风尚、户户争当十星文明户”的目标，通过道德评议讲堂、百姓故事会等方式在全村广泛宣传人物先进事迹，该村村民黄女士将儿媳当亲生女儿疼，与儿媳相处融洽的“好婆婆”事迹在村里广为流传。按照“共遵守院规院训、共谋产业发展、共治环境卫生、共守法治道德、共助邻里团结”五个标准，推进“五好院落”创建。五好院落内，文明宣传年画处处可见，包括法治、孝顺、友爱、环保等方面内容，既增加了文化氛围，也提醒村民遵德守礼。该村道路从以前的“黑灯瞎火”到如今的“灯火通明”，聚集了喜欢跳舞、打篮球、打乒乓球的老人和青年，村儿童图书室里也总能看到小孩学习的身影。村民坚持邻里守望、互帮互助，近几年来，邻里间争吵等不和谐的现象已基本消除。

2. 环境整治保常态

2008年地震后，该村进行了集中统一建房，设立4个集中居住区域。建房之初，村里不仅完善了道路等基础设施，还在路旁种植桂花等观赏树木，并修建垃圾池。但村民刚入住时，多年乱扔垃圾的习惯难以改变，环境逐渐变差，村委会多次开会商议，要求村组干部起带头作用，召开社员大会，通过采取不定期抽查制、制订村级卫生收费办法、实行“垃圾分类”、开展文明志愿服务活动等措施以整治村人居环境。通过“门前三包”责任落实，严格督查村民确保房前屋后环境卫生，同时由村班子记录考核。形成了月检查、季通报、年终统一考核的环保模式。村干部知晓村民长期养成的习惯短时难以改变，采取摆事实与讲道理相结合的方式说服村民，同时严格按照规定进行广播通报。村民们逐渐养成合理处置垃圾的良好习惯，与此同时，越来越多的村民参与植树、改造院落环境的行动，每家的房前屋后、院落都被打造成一个个微型景观。通过村民代表大会制订村级卫生收费办法，按0.5元/（人·月）标准向农户收取卫生费，专款专用，既弥补环保工作经费的不足，又提高了村民参与环境监督的积极性。通过购买相关设施，引导村民干湿垃圾合理分类，集中处理有害垃圾。通过合理引导和“红黑榜”激励机制，每月定期评比，对前三名给予一定物质奖励，并广播表扬；对后三名则在红黑榜曝光，以督促整改提高。通过整改，大部分村民能自觉将家中垃圾进行分类。同时该村聘请困难村民为保洁员，对村公共环境进行清理保洁，完善保洁制度、垃圾清运制度、村委干部包组考核制度等一系列规章，使人居环境整治规范化、常态化。2018年，该村获评“全国文明村”，骄人成绩背后，是同福村村民10余年的不懈努力。

3. 志愿服务暖人心

于2019年9月23日成立的文明实践志愿服务队，是游仙区文明实践志愿服务总队领导下的志愿团体。同福村依托文明实践志愿服务队积极开展多种互助志愿活动。村里组建起20余人的文化舞蹈队伍，建立50余人的理论春风润心、文明新风暖心、文艺新风乐心志愿者队伍，结合主题党日活动，每年开展60余次文明礼仪劝导、扶贫济困、邻里互助、环境治理等志愿活动。2020年重阳节庆祝活动现场，村民和辖区企业主动为村老年协会捐款27000余元，用于村老年事业和活动开展。在疫情防控期间，同福村开展了公共环境卫生大整治、村民志愿参与外来人员排查和管控、为留观人员送口罩和预防中药等活动，群众交口称赞。

4. 文化建设养正气

同福村建有乡村图书室，购置科普知识、文学传记、时事书刊3600余册，并以此为阵地，加强科学文化建设。村里积极开展普法教育，村法律顾问定期授课，并接受群众咨询，增强村民民主法治意识和遵纪守法意识。在端午节、中秋节、重阳节、春节等传统节日，村里也会在文化广场组织相关活动，宣扬中华民族传统文化。

（三）抓民生，增辐射力和带动力

环境持续改善、宜居水平大幅度提升，给同福村带来了发展机遇。该村通过招商引资和人才回引的方法因地制宜发展特色产业，以农村人居环境提升成果打造“陈家大院子”农业综合体。自2015年起，陆续有企业看中了该村的青山绿水，在此投资建厂。随后，苗圃、水果等种植业主纷纷在村里流转土地。依托良好水质，村里引入了“稻虾共育”模式，进一步提高村民收入。与此同时，良好的环境留住了村民外出务工的脚步，全村2021人，目前仅有90余人在外省打工，多数村民选择在附近的企业就业，吸引村民的，除了乡愁，还有优越舒适的乡土环境。为了让村庄发展惠及更多村民，该村村干部号召相关专业人员及村民制订《同福村村庄规划》，积极争取上级财政资金扶持，激活村集体“造血”功能，努力实现强村富民目标。

1. 规划引领做保障

制订《同福村村庄规划》，坚持统一规划、集中连片、节约用地原则，全村新建农房近300处。修建了分类垃圾箱，持续开展改水、改厕、改灶、改圈“四改”行动，村民的居住环境得到有效改善。该村农民住房砖瓦化率达95%，光纤电视入户率98%，电话手机入户率99%，儿童入学率100%，村内主干道、支道道路硬化率达100%，全村的主要道路上新安装路灯及景观灯30余盏，太阳能路灯100余盏，主要路口安装了监控。

2. 资金投入破难题

2019—2021年，同福村积极向上争取各类项目资金累计200余万元，改善道路、塘堰，自来水、路灯等基础设施；先后引进两家大型农业公司，流转土地200余亩发展苗木种植。成立同福源水果专业合作社，村民以土地入股种植特色优质水果爱媛橙300余亩；通过入股圣祥科技有限公司，每年可获集体分红7万余元；2021年该村因地制宜发展乡村旅游业，顺利开展第一届“川北枫叶谷”风景区红枫节，接待游客数万人次，除门票收益外还带动村农产品销售，村民收入不断增加，为乡风文明建设奠定了坚实的基础。

三、经验与启示

习近平总书记多次强调：“要创新乡村治理体系，走乡村善治之路。”在推动乡村治理过程中，城乡一体化发展的深刻调整和农村社会结构的变革引起了农村思想观念的变化，也对农村经济社会发展、乡村治理模式的改革提出了新的挑战。如何处理好农村既要治理、又要发展，农民既要守土有责又要创新变革的难题，乡村治理工作需探索新方法，不断提升治理能力和治理水平。同福村之所以被评为“四川省乡村治理示范村”，在于“刚柔并济”的乡村治理思路，重在引导农民参与治理的过程，重视提升农民的获得感、幸福感与归属感的治理结果。该村如何成为乡村治理示范村的经验值得被研究与借鉴。

（一）重视引导村民参与治理的手段

习近平总书记指出，“社会治理是一门科学”。加强和创新社会治理，必须不断改进社会治理方式。要破解乡村治理中法律或行为准则太硬、说服教育太软的难题，既需要“刚性”手段，也需要“柔性”技巧。刚柔并济，恩威并施，既有“硬度”，又“润物无声”。同福村村规民约与“道德银行”刚柔并济，提高了乡村治理的效率与质量。引导村民参与乡村治理，要善于用硬性约束人，《关于加强法治乡村建设的意见》中提出，要“引导村民在村党组织的领导下依法制定和完善村民自治章程、村规民约等自治制度。……充分发挥村规民约在乡村治理中的作用”。长期的村庄治理实践也表明，村规民约作为乡村社会自我治理的行为规则有其天然的优势。同福村村民在村委会的带领下，从村庄人居文化历史出发，参与制定通俗易懂的村规民约，在村规民约的倡导约束下，村民的精神气儿更足。实践表明，村民真正参与村规民约的制定过程，对其认同感越高，乡村刚性治理的效果也越明显。引导村民参与乡村治理，也要善于用柔性转化人，同福村创造性开设“道德银行”，激励向上向善的行为，让更多的人向好人好事学习、看齐对标，引导村民积极主动参与到道德修为兑换道德积分的行列中来，从而激发起社会善行的力量，如此引导村民参与治理的柔性技巧，倒逼乡风文明，让崇德向善蔚然成风。

（二）重视创新村民参与治理的过程

2018年中央一号文件指出：“乡村振兴，治理有效是基础。必须把夯实基层基础作为固本之策，建立健全党委领导、政府负责、社会协同、公众参与、法治保障的现代乡村社会治理体制，坚持自治、法治、德治相结合，确保乡村社会充满活力、和谐有序。”无论是自治、法治还是德治，都离不开人民群众的广泛参与，以此才能激发社会活力，达到让人民群众满意的治理目标。由此，提升乡村治理效能，创新乡村治理方式，要向老百姓这个终端移动，不断发掘群众需求，不断挖掘自治、法治、德治的元素，激发群众持续参与的热情，才能提升群众的获得感与幸福感。同福村以村规民约的完善、社会公益活动的开展、人居环境的整治、志愿服务活动的实施等为多元载体，引导村民积极参与治理全过程，表明其是从村民的主体性需求出发来改善乡村治理困境，将村民的主体性权利融入乡村治理的逻辑中，以此达到乡村善治的目标。

（三）重视检验村民参与治理的结果

从“让老百姓幸福就是党的事业”“以造福人民为最大政绩”“让人民生活幸福是‘国之大者’”到“时代是出卷人，我们是答卷人，人民是阅卷人”。习近平总书记的系列重要论述都传递出人民至上的执政理念。在任何时候都必须把人民利益放在第一位，永远把人民对美好生活的向往作为奋斗目标，不断满足人民日益增长的美好生活需要。由此可见，村民幸福不幸福、满意不满意、答应不答应是检验乡村善治工作的“试金石”。同福村以优化村人居环境为抓手，发挥当地政府、农民、企业和社会力量等多方面的作用，绘就出水清、村净、景美、民富的乡村新图景。人居环境持续改善，激发了招商活力，促进了产村融合发展，拓宽了村民增收渠道，使村民的获得感、幸福感和安全感不断提升，这是该村积极回应村民需求，努力交上乡村治理满意“答卷”的集中体现。

第八节　推进产村融合　实现共享发展

——安州区花荄镇联丰村以乡村善治促进乡村旅游业发展[①]

一、引言

安州区花荄镇联丰村面积9.24平方公里，辖10个村民小组，745户、1803人。先后被授予“全国乡村治理示范村”“四川省乡村治理示范村”“‘花城果乡’AAA级乡村旅游示范村”，连续两次作为中央电视台“乡村大舞台”安州区主会场。为全面提升乡村治理能力和水平、打造乡村生活新风尚，联丰村探索出乡村治理“4+3”模式，以乡村善治促进乡村旅游业发展。

二、主要做法及成效

（一）党建引领，提升服务水平

1. 加强监督管理

针对环境卫生差、秩序管理混乱、服务水平跟不上等问题，村“两委”通过入户走访，收集整理村民对村级发展的声音。经充分研判、广泛征求商家和群众意见，2016年，联丰村“两委”牵头成立“花城果乡”景区管理委员会，下设综合部、监察部、市场部、规划部、环建部、安保部、财务部。综合部由村支部书记任部长，监察部由村务监督委员会负责人任部长。各部门各司其职，并由综合部和监察部进行统一管理考核。

2. 划分责任片区

建成“1+6”村级公共服务中心和农村社区试点平台，在保持党总支部设置格局前提下，将党组织延伸到小组院落。按照党员居住集中、便于调度、有利履职的原则，将辖区划分为15个“党员责任区”，每个区配置3—5名党

① 案例由绵阳市安州区委党校市安州区花荄镇联丰村提供，安州区委党校张钰婉编写。

员，通过农民夜校、远程教育等多种形式，开阔党员干部视野，提高依法办事能力，为群众发展产业提供全程服务。

3. 组建旅游服务公司

2022年3月，联丰村“两委”与邻近三个村联合，共同组建美丽花城创业服务公司，为3个村的旅游发展服务。美丽花城创业服务公司注册资金200万元，现有员工12人，其中正式党员10人，由九合村、联丰村、红武村3个村级集体经济组织出资创建，于2022年3月设立党支部，引入职业经理人负责运作。公司建立农业企业孵化基地平台、农村土地流转专业合作社（土地流转平台）、乡村振兴咨询培训服务部（智力资源共享服务平台）、劳务服务部（互助用工服务平台）、农产品加工服务部（大型设备共享服务平台）、农资服务部（产业物资供应平台）机构，主要负责区域农业产业创业服务工作、平台的搭建与运营管理工作、招引农业行业龙头企业合资建立公司或基地等。公司紧紧抓住乡村振兴发展机遇，致力打造花荄乡村振兴产业加速器，通过整合社会各类资源，逐步壮大村集体经济，撬动社会资本投入农村建设，加速产业链延伸发展步伐，形成多方共建的产业发展态势，是全区乃至全市的创新试验田。

（二）实施“四个统一”管理，提高乡村治理能力

1. 统一管理

一是统一制定规章制度。根据国家相关法律、法规，结合本景区实际情况，通过村民、“两委”、商家三方议定，制定《综合管理制度》《环建管理制度》《安保管理制度》《规划管理制度》《财务管理制度》等五大制度。二是统一签订管理协议。入驻景区内的商家与管委会签订管理协议，自主生产经营，管理由景区管委会统一安排，对上（政府）对下（村民）协调统一落实，明确了责任义务，让商家无后顾之忧。三是统一岗前培训。各商家在经营前都必须先在景区管委会进行培训，管委会会邀请卫生、消防等专业人士对所有工作人员进行专业培训，所有人达到培训合格后商家才能进行生产经营。

2. 统一宣传

一是以“活动”为载体统一对外宣传。管委会统一对外招商，举办“乡

村大舞台”“乡村艺术节”“油纸伞节”等形式各样的节目，并先后投入30万元，设立广告牌、印制景区宣传单，利用互联网、报纸等新闻媒体，加大景区的宣传力度，吸引游客游玩，提高景区知名度。二是以“标识”为载体营造良好的氛围。景区管委会统一制作通俗易懂、简单易记的旅游宣传栏、环境卫生宣传栏、乡风文明宣传栏等，营造良好的氛围。三是以“评选”为载体提高商家的服务质量。在景区内利用LED宣传各商家特色，让游客能清晰地了解到景区的情况，以作出合适的选择。每月景区管委会针对商家卫生、游客反馈等情况评选商家“红黑榜”，张贴在景区最显眼位置，让村民监督，让游客选择，让商家感到压力进行整改，提高商家的竞争力。

3. 统一规划

一是合理规划经营布局。为了解决商家同质化竞争，按照差异化布局思路统一规划休闲区、餐饮区、体验区、亲子活动区、公共服务区等，形成各类产业相互促进、良性竞争关系，让商家保持良好的经营秩序。二是合理规划卫生保持机制。组建景区环卫队，实行区域责任划分制，负责日常垃圾清扫和卫生管理。购买垃圾转运车2辆，由专人负责垃圾转运；在指定地点配置分类垃圾桶，实行垃圾分类处理。从老党员、老干部以及村民代表中选出一部分责任心强的人，成立一支环境卫生志愿者监督队，督促村民、游客及商家自觉爱护环境，养成良好的卫生习惯。三是合理规划临时摊位摆放点位。为带动更多群众参与，规划设立临时摊点，各临时摆卖村民须提前向景区管委会提出摆摊申请，由管委会负责最终审定并在指定地点进行摆摊，且须遵守景区各项管理规章制度，保持摊位及周边清洁卫生。

4. 统一收费

管委会按照一场一案、一事一议原则，对景区内的商家及商贩收取一定管理费，收取的管理费由景区管委会统一安排支配，主要用于景区内的路、水、电、气、信“五网”基础设施建设和全村环境整治等。

（三）开展“三大提升”行动，提高乡村治理水平

1. 基础设施硬化提升行动

争取政府资金800余万元，全面提升基础设施硬件。建设旅游环线道路50

公里、公共停车场4000平方米、猕猴桃基地500亩，建成农民文化公园、农耕文化传奇室、图书室、老年活动中心、儿童游乐场，基础设施配套齐备。

2. 乡村环境美化提升行动

利用农村环境整治项目，大力开展农村厕所改造、污水整治、垃圾治理、环境绿化等行动。新改建旅游公厕10 座，农村厕所改造680余户，新建2个农村污水集中处理站、1个垃圾中转站、12个垃圾收集点，卫生厕所普及率、污水处理率、垃圾处理率均实现100%，新种植营造林200亩、村道绿化25公里，农村环境有效治理。

3. 村民素质提升行动

制定村规民约，教育引导群众主动参与清洁卫生活动，每年开展“最美庭院”“星级文明户”等评选活动，对前三名给予资金奖励和荣誉证书，从“要我爱清洁”转向“我要爱清洁”，形成人人讲文明、天天做清洁、户户争先进的浓厚氛围，以更整洁优美的旅游环境吸引游客。不仅如此，联丰村还成立了由党员、青年、妇女组成的志愿者小分队，对景区内的卫生、交通、摊位等秩序进行维护，通过传递声音、调解矛盾，最大限度实现共建共治共享。

三、经验与启示

安州区联丰村作为乡村旅游中心村，针对旅游发展中的薄弱问题，通过不断挖掘乡村治理新方法、新模式，探索出乡村治理“4+3”模式，逐步教育引导村民改变传统陋习，打造乡村生活新风尚，以乡村善治促进乡村旅游业发展，实现村民全面参与“产村共享”，乡村治理成效明显。

（一）坚持党建引领和美丽乡村建设互促共进

习近平总书记指出：“要推动乡村组织振兴，打造千千万万个坚强的农村基层党组织，培养千千万万名优秀的农村基层党组织书记。”从联丰村的实践来看，基层党组织就是带动和引领一个地方的引擎和航标，把以党建促发展的理念贯穿于美丽乡村建设之中，充分发挥基层党组织在美丽乡村建设中的战斗堡垒作用和党员的先锋模范作用。同时把美丽乡村建设作为衡量检验和锻炼提升党组织建设成效和战斗力的重要工程，增强党组织的凝聚力、向心力，形成美丽乡村建设和基层党组织建设互促共进的新景象。

（二）坚持统一规划注重核心区带动作用

习近平总书记指出：“要坚持乡村全面振兴，抓重点、补短板、强弱项，实现乡村产业振兴、人才振兴、文化振兴、生态振兴、组织振兴，推动农业全面升级、农村全面进步、农民全面发展。”联丰村根据美丽乡村的整体建设目标，加强对村容村貌的统一规划和规范管理，加大对核心区的投资打造力度，建设好示范美丽乡村，为临近区域乡村的发展提供可以参照的模板，以此带动附近区域村落的发展，最终以点扩线，以线扩面，实现共同富裕。

（三）坚持产业强百姓富生态美的绿色发展道路

党的十九大报告提出的“健全自治、法治、德治相结合的乡村治理体系”，为提升乡村治理现代化水平指明了方向和路径。乡村治理是国家长治久安的根基，推进乡村法治建设，提升乡村德治水平，从而对推动产业发展、保护生态环境、醇化良好乡风、改善农民生活产生直接影响、提供有力保障。联丰村产业强农民富生态美的发展道路，不仅打造了清洁乡村、生态乡村、宜居乡村、幸福乡村，有效释放了农村公共空间，发展了乡村旅游和种养殖产业发展，拓展了乡村集体收入，还弘扬了公序良俗、强化道德约束，提升了乡风民俗文明程度，使产业强、百姓富、生态美、群众幸福感高的绿色发展之路越走越宽。

（四）坚持自强自立和与时俱进

党的十九届四中全会列举了我国国家制度和国家治理体系的13个显著优势，其中之一是“坚持改革创新、与时俱进，善于自我完善、自我发展，使社会始终充满生机活力的显著优势”。这一优势与其他优势一起，共同推动实现了经济快速发展奇迹和社会长期稳定奇迹。联丰村根据实际情况，针对在乡村旅游发展过程中逐渐出现的竞争强、杀价厉害等问题，及时想办法换思路，与时俱进成立了美丽花城创业服务公司，有效解决了很多不适应长期发展的新问题；同时加强乡村风貌提升，建立村史馆展示本村发展历程、介绍宣传本村走出去的优秀人才，并依托乡村旅游的自然资源和中国传统文化，结合本土人文历史，服务对象从游客的眼睛、舌尖转向深入心灵，可称作“乡村心灵之旅”。

第九节　探索四融新路径　开创治理新格局

——江油战旗镇白沙村走出集体经济发展新路[①]

一、引言

白沙村在乡镇行政区划和村级建制调整“两项改革”中由原海棠村、原三清村、原白沙村三村合并而成，辖区面积50.76平方公里，辖5个村、1个社区，户籍人口16357人。全镇设3个村党委、2个村党总支、1个社区党支部，共有党员559人。近年来，白沙村以推进“两项改革”为契机，把“共同富裕”和“乡村治理”作为乡村振兴奋斗目标，以农民增收为主线，以产业集中优质发展为抓手，坚持以“红色”党建引领“绿色”产业发展的思路发展壮大村集体经济，以“组织融强”“集体融大”“产业融优”“治理融新”四大妙招深入推进乡村治理，蹚出一条村党组织领导的自治、法治、德治相结合的乡村治理新路。先后荣获“四川省第二批乡村治理示范村镇”“四川省实施乡村振兴战略工作示范村”等称号。2021年11月，白沙村被民政部办公厅确认为“全国村级议事协商创新实验试点单位”。

二、主要做法及成效

（一）“组织融强”鼓士气

为建强村党委，充分发挥书记主任“一肩挑”优势，不断调优配强村党

① 案例由战旗镇人民政府提供，江油市委党校王元君编写。

组织班子，建立动态储备村后备人才机制，严把成员入口关，8名村“两委”干部从致富带头人、种养殖能手、年轻干部中产生。以“全域融组织、按需融队伍、按业融技术”为原则，以产业发展为导向，以人才技术抓手，以乡村治理为目标，村党委下设产业、人才、网格、老年4个支部，对现有党员进行全面整合，提升党组织凝聚力、引领力、战斗力。推行“组织+产业”模式，在白沙村股份经济合作联合社设立支部，下设的土地、农机、劳务三个合作社分别建立党小组，由村书记兼任支部书记。实行党员示范试种制，设置党员示范岗12个，培育党员技术指导员18名，切实解决融合前人才队伍不齐的发展难题。村党委班子分领域联系指导村内经济组织，将集体经济纯收益的20%作为村（组）干部绩效奖励，把帮扶成效作为班子成员评先评优、绩效考核和是否留任的重要依据。

（二）“集体融大”增底气

对原三清村、原白沙村、原海棠村全面开展集体资产清产核资，建好经营性、非经营性资产“两本台账”，做到产权明晰、账证相符、账实相符。按程序将三村集体经济组织资产融合，成立新的白沙村集体经济组织——白沙村股份经济合作联合社，按“一人一股”原则将95万元经营性资产以股权量化至3686名村民，每年按4：3：3将集体经济收益分别用于集体经济再壮大、成员分红和集体公益金留存。把债权债务化解作为集体经济平顺融合的重要抓手。针对原村债权问题，鼓励债务人以资产、资金、技术等方式参与集体经济，运行过程中，每年扣除集体经济组织分红的30%用于偿还债务；针对原债务问题，经村集体经济组织成员代表会议同意，每年在用于壮大集体经济的资金中，提取不低于20%的比例用于偿还债务。

（三）“产业融优”聚财气

白沙村按照“先调整、再吸纳、后整合”的原则，对现有产业进行整合，淘汰减少一批产能弱、产量少、产值低的经济组织，整合规划一批品牌好、效益高、后劲强的优质产业，从而实现从“多、散、弱”的旧式产业布局向“精、集、强”的新农村产业高格局转变。

1. 融规划，定目标

整合土地资源，制订白沙村产业发展规划。短期以优质水稻产业为主体，规划打造芙蓉溪上游3000亩生态粮油产业基地；中期建成千亩特色果蔬基地和中药材养生农旅观光园、农业循环产业示范基地；最终形成以水稻产业为主、生猪养殖为辅的生态绿色智能化种养殖循环产业体系。

2. 融业态，增收益

针对撂荒土地多、闲置资产大、返乡意愿强等特点，通过土地经营、农机租赁、劳务派遣等拉动集体经济增长。成立土地经营合作社，发展水旱双种模式，水田种水稻，旱田种石斛、百部、灵芝等中药材。依托白沙大米，申请“白沙裕农”品牌，通过食品生产许可认证，不断延伸产业链，产品效益增值60%以上。从而形成传统农业“稳家”，经济作物“发家”，品牌集约“旺家”的新型产业格局。新建通过SC认证的稻米精加工生产流水线1条，全年水稻种植加工项目纯利润达100万元；成立农机租赁合作社，投资43万元购买收割机、旋耕机等专业化机械，全年农机租赁为集体经济增收约100万元；成立劳务派遣合作社，将务农人员合理安排到集体经济组织及专合社务工，全年劳务合作为集体经济增收20万元。

3. 融机制，释红利

探索新型土地经营性发展模式，由村集体对农户撂荒闲置土地进行统一流转，建立“土地分红+基础工资”的利益分配模式，创新建立成员股、资源股，构建“你中有我，我中有你”的利益联结机制，实现群众、合作社和村集体互助共生、互利共赢。实现农民增收与集体经济壮大同频共振。以土地入股的按500元/亩保底弹性分红；以资金入股的按不低于贷款利率付息；以资产入股的按市场价付足租金；提供劳动力和种养殖技术的按50—300元/天发放工资。集体经济的收益按3：5：2用于村集体经济注资、扩大再生产、村民分红，在持续壮大集体经济中实现村民收入增长。

（四）“治理融新”添和气

推动基层党建与基层群众自治深度融合，建立完善以村党组织为领导、村民自治组织和村务监督组织为基础、集体经济组织和农民合作组织为纽带、其他经济社会组织为补充的群众自治组织体系，进一步发展党组织领导下的先行成熟的群众自治组织体系。依托产业发展规划，按照“产业为先、跨村并组”思路，将村民小组由24个融合为11个，破解“地融业不融、人融心不融”的瓶颈，实现地缘业缘人缘有机融合，让发展在改革中焕发生机。以每5户为基准划小治理单元，实行网格化管理，每个单元推选出一名代表，同时作为村民代表、集体经济组织成员代表、网格管理员“三员合一”，参与商议村各项具体议事事务，并及时向群众反馈信息，实现村集体经济组织与乡村治理有机融合。每年在集体经济收益30%的公益金中，将不低于50%的比例用于开展“重阳敬老”“白沙舞台大联欢”等群体性活动，大力弘扬新时代社会主义核心价值观，实现以文化人，使“文从内部融、和谐共发展”的白沙“融”文化氛围日益浓厚。

三、经验与启示

发展壮大村级集体经济是巩固党的执政基础的重大举措，是提升基层组织力、助力脱贫攻坚、推动乡村振兴的重要动力引擎。白沙村在“两项改革”前，只有原三清村产业基础好，已流转可流转土地的90%，面临着可发展土地资源瓶颈；原白沙、海棠两村集体经济产业薄弱，呈现“多、散、乱”状态，外出务工人数占比高，“一老一幼”留置和土地撂荒现象十分严重。改革后，白沙村紧抓空间拓展红利，重构集体经济组织，重建集体增收模式，重塑集体产业发展格局，完善社会治理体系，健全基层民主协商制度，以“组织融强”“集体融大”“产业融优”“治理融新”四大主攻方向，深入推进乡村治理，实现了政府管理同社会调节、居民自治良性互动，为以做强村级集体经济为引擎提升乡村治理效能蹚出一条新路。

（一）党建引领是“牛鼻子”

习近平总书记强调，要发展壮大村级集体经济，提升党组织凝聚服务群众的能力。建强党的基层组织是抓实村级集体经济的前提，是促进乡村治理有效的保障。白沙村按照集体经济产业类型、年龄结构、技术类型等分类建立党组织架构，打破了原有地域限制，却增强了组织向心力。在不同产业领域建立党支部或党小组，延伸了党的触角，有利于形成党委抓纲管总、定盘定向，也有利于党员模范作用的发挥。如对一些高风险、新品种的产业实行党员示范试种机制，成功后再全面推广，从而切实降低群众种养殖风险，增强了党在群众中的认同感和威信。

（二）抱团发展是“金钥匙”

习近平总书记强调：“发展集体经济是坚持社会主义方向，实现共同致富的重要保证”；“发展集体经济是振兴贫困地区农业发展的必由之路”；“发展集体经济是促进农村商品经济发展的推动力”。发展村集体经济是带领农民增收致富，实现乡村振兴战略的必由之路。“两项改革”前，原三村发展基础不同、步调不一致，外出务工是群众的主要出路，导致大量农田撂荒；留在家里的群众基本是“单打独斗”，看天吃饭。集体经济薄弱，群众没看头、无奔头，常常为一点“鸡毛蒜皮”的小事发生争吵，各家“自扫门前雪”，各算各账，各归各家。改革后，按照“集约共创、股份共享、合作共赢、利益共链”的抱团发展之路，将闲置的土地整合起来，通过入股的方式，由村集体使用，将村民个体利益与村集体利益紧密联结，实现了“人合、事合、心合”，促进了农户与村集体利益的均衡发展。集体经济做大了，群众的腰包鼓了起来，矛盾化为无影。同时将集体经济公益金中不低于50%的比例用于“重阳敬老”“白沙舞台大联欢”等群众性活动，培塑了新时代社会主义核心价值观，群众变“自乐”为“共乐”，乡村变得更和谐了。

（三）健全机制是“传动机”

党的十九大报告指出：“深化农村集体产权制度改革，保障农民财产权益，壮大集体经济。”创新农村集体经济组织运行机制，是深化农村集体产权制度改革、保障农民财产权益、壮大集体经济的基础与保障。发展村级集体经济，要注重和加强后续管理，以市场需求为导向，充分调动干部群众发展集体经济的积极性和主动性，逐步形成村级集体经济自我发展的良性循环机制，真正把收益用于为群众办实事、解难事，让广大人民真正享受发展成果，实现共同富裕。白沙村在发展村级集体经济过程中，先后建立了党员示范试种机制、干部考核激励机制、集体债务化解机制、群众利益分配联结机制、民主决策参与机制，这些机制的建立密切了党群干群关系，促进了邻里互助合作，培育了良好的乡风民俗，形成了共建共治共享的社会治理格局，汇聚了进一步发展壮大村级集体经济的强大动力。

第十节　基层治理出实招　乡村振兴见实效

——梓潼县金宝村乡村治理出“实招”见“实效”①

一、引言

金宝村位于绵阳市梓潼县城西北近郊，距县城3.5公里，面积6.4796平方公里，辖村民小组9个，共824户、2308人，党员83名。北临梓中路，南接347国道。走进金宝村，道路两旁的农家都干干净净，家家户户墙壁上画着各式各样的壁画，显示出一派安居乐业的景象。近年来，金宝村以“保护生态环境、调整产业结构、发展乡村旅游、提高农民收入”为主线，推进“产业发展上台阶、镇村建设上水平、基层组织更有力、群众生活更幸福”，先后获得“全国文明村”“四川省乡村治理示范村”等荣誉。

二、主要做法及成效

（一）加强党建引领，从“变观念”到“亮身份”

1. 稳步推进队伍建设

以行政区划调整改革工作为契机，加快干部队伍提质升级，全面推进村党组织书记、村民委员会主任“一肩挑”，选优配强干部队伍，通过“老带

① 案例由梓潼县宏仁镇提供，梓潼县委党校雍支康、北川县委党校黄泽霞编写。

新”的方式，稳步推进队伍建设。

2. 党员教育常抓不懈

以“两学一做”“三会一课”“主题党日”“农民夜校”等为载体，狠抓党员思想教育，提升党员的党性修养和服务意识，培育“四讲四有”合格党员。

3. 持续抓好党员示范活动

结合农村党建，持续开展“三问两亮三创”党员示范活动，问深问准“入党为了什么？作为党员做了什么？作为党员示范带动了什么？”；做细做实“亮身份、亮承诺”；对标先进，创先争优，积极创建“先进基层党组织、共产党员示范岗、优秀党建品牌”。通过动员退休干部、老龄党员、村民代表、群众志愿者等骨干力量，全村形成了党员干部带小组长、小组长带志愿者、志愿者带居民点群众的常态机制。

（二）创新治理模式，从“粗放式”到“精细化”

1.“依法治村”让乡风文明树起来

全面落实“依法治村”，坚持民主决策、实行民主监督、搞好民主测评，认真落实“依法建制、以制治村、民主管理”等制度；加强村法治广场、法治走廊等宣传阵地打造升级，对全村法治宣传路灯牌、法治宣传栅栏扇形牌进行维护，营造出浓厚的法治氛围；结合红色家园建设，打造红色院坝，将法治元素融入红色家园建设之中；以农民夜校为载体，开展普法教育，针对村实际情况进行相应的法律知识培训。

2.“以德治村”让乡风民风淳起来

以金宝文昌文化为根基，延伸出以“弘德崇文”“孝亲信友”为主题的金宝道德文化；利用道德讲堂，挖掘本村优秀人物故事，以真人真事进行宣讲，并广为流传；在村主路沿线制作安装了以产业发展、计划生育、安全生产、社会公德、邻里和睦等为主要内容的固定宣传标牌，进行“社会公德、职业道德、家庭美德、个人品德”等公民思想道德宣传教育。

3.“三评两审一监督”让乡风民风美起来

以村规民约运用为抓手，积极探索群众“三评两审一监督”工作法。每季度分社组织群众、村内贤德、成功人士、群众代表、“两委”干部、村委会、党支部，根据被测评户日常表现和主观感受进行“好、中、差”评价，召开村民代表会议审定，对每季度的量化考核结果进行审定再按照得分情况实施相应的奖惩措施，予以张榜公布；对模范家庭、先进个人进行表扬表彰，对拒不遵守村规民约的，通过诫勉谈话、通报批评、计入不良记录档案等方式进行惩戒；针对受到诫勉、表现差的群众实行“结对帮”，选派先进家庭、机关干部帮其转化升级。金宝村通过开展村规民约季评和定期通报，形成了群众自我教育、自我管理、自我监督、自我评价良好运行机制，在全县农村营造了爱党爱家、文明和谐、团结奋进的新风尚，促推了农村精神文明建设和群众文明素质提升。

（三）提升治理效能，从“司其职”到“尽其用”

1. 壮大村集体经济，提升发展能力

大力发展民宿型农家乐，成立清馨小筑农业专业合作社，通过中央专项扶持资金、村民自发入股、业主承接的方式，建设民宿型农家乐；对村集体流转的土地，除正常支付给农户土地流转租金外，另支付给村集体部分土地管理费用，并以集体分红形式作用于村集体建设。

2. 推进环境综合整治，改善人居环境

以环境综合治理为契机，对全村269户农房进行风貌塑造和庭院美化；全面加强道路、水利等基础设施建设，扩宽改造3.1公里村道；争取革命老区建设专项资金，入户路硬化162户3400米，新建景观花台91户2900米；在全村普及推广无害化厕所，目前普及率达90%以上。

3. 加强社会治安综合治理，提升治理水平

加快推进“雪亮工程”建设，充分发挥村级网格员管理制度，完善村委会、村监会等基层自治组织，健全事务公开和民主管理工作机制；从村现任村“两委”、原村干部、德高望重长辈和有威信的村民中挑选人员，组建矛盾纠纷排调委员会、成立村治保委、调解委、联防队，包片、分类化解、处置村内各项矛盾，民事调解率达100%，从而减少了刑事案件、治安案件的发生。如今的金宝村，已成为远近闻名的“安全村”。

三、经验与启示

乡村治理是国家基层治理中的重要组成部分，也是国家治理体系与治理能力现代化建设重要体现。自从党的十九大报告提出乡村振兴战略以来，每一年的中央一号文件都把乡村治理作为乡村振兴的重要抓手，对乡村治理都有详细的制度安排，要求加强党的农村基层组织建设，完善村党组织领导村级治理体制机制， 2022年中央一号文件更是把乡村治理作为2022年三农工作三大重点内容之一，抓好乡村治理是做好“三农”工作，全面推进乡村振兴，确保农业稳产增产、农民稳步增收、农村稳定安宁的重要前提。金宝村通过加强党建引领，创新治理模式出实招，大幅提升了乡村治理效能。

（一）要提升党建引领能力，加强队伍建设

火车跑得快，全靠车头带。习近平总书记强调：“基层党组织是贯彻落实党中央决策部署的‘最后一公里’，不能出现‘断头路’，要坚持大抓基层的鲜明导向，持续整顿软弱涣散基层党组织，有效实现党的组织和党的工作全覆盖，抓紧补齐基层党组织领导基层治理的各种短板，把各领域基层党组织建设成为实现党的领导的坚强战斗堡垒。”从“最后一公里”“断头路”“大抓基层”“全覆盖”“坚强战斗堡垒”这些词，可见总书记对基层党组织建设的高度重视。牢牢抓住基层党建这个“牛鼻子”，就能畅通“毛细血管”，激活“神经末梢”，提高办事效率，进而增强服务群众的能力。而基层党员是基层党组织的基本细胞，更是基层党组织的重要力量。新形势下不断强化党员政治责任意识，提高党员队伍素质，提升基层党建整体成效，才能推动基层党组织更好地发挥党建引领和战斗堡垒作用。金宝村以行政区划调整改革工作为契机狠抓队伍建设，强化党员教育，注重优秀党员示范带动，党建引领乡村治理成效显著。

（二）要提升乡村治理能力，深化“三治融合”

党的十九届四中全会《决定》明确要求，“健全党组织领导的自治、法治、德治相结合的城乡基层治理体系”。党组织领导下的自治、法治、德

治相结合的乡村治理体系同时被写入《中国共产党农村工作条例》、2020年中央一号文件、《中国乡村振兴促进法》。这就为构建乡村治理新格局提供了指明灯和施工图。健全党组织领导的自治、法治、德治相结合的“三治融合”治理体系是指基层党组织通过领导乡村多元治理主体、融合多元治理规则、采取多元治理工具，以人民为中心实现乡村善治目标。从其内涵可见，“三治融合”可发挥乡村治理的最大能量，营造人人共建共治共享的局面。金宝村通过普法教育活动，提高干部群众的法律意识，营造出浓厚的法治氛围。引导村民自觉做到学法、用法、遵法、守法。结合新时代文明实践站建设，将法治元素融入文明实践之中；以创建活动为载体，不断加强文明细胞建设，提升德治教化能力；创新优化村规民约，实践村规民约“积分制”管理，强化评价结果的运用，健全乡村治理自治制度体系。如此深化“三治融合”，最大限度地激发了农村发展活力，使乡村善治路越走越宽广。

（三）要提升综合治理能力，坚持系统治理

习近平总书记指出，“社会治理是一门科学”，并强调“要坚持问题导向，把专项治理和系统治理、综合治理、依法治理、源头治理结合起来”。乡村善治，必须坚持系统观念，以更有力的举措、汇聚更强大的力量，让乡村治理提质升温，才能确保服务更好、治理更优、群众更满意。树立系统治理理念，要注重问题导向，紧盯“薄弱环节”。金宝村意识到发展壮大村级集体经济，才能提升党组织凝聚服务群众的能力，才能够有力支撑基层各项工作的顺利开展，增强村党组织的组织力和领导力，所以采取各种措施壮大集体经济；树立系统治理理念，要坚持效果导向，贯穿“问需于民”。为确保百姓安居乐业，金宝村狠抓农村基层综合治理，从推进人居环境整治到落实“雪亮工程”和“慧眼工程”，都是积极解决群众急难愁盼问题的具体体现。

第十一节　推进文明乡风建设　增强乡村治理添动力

——梓潼县文昌镇新桥村移风易俗建设文明乡风①

一、引言

新桥村位于梓潼县东北部，有9个村民小组，739户、2340人，先后获评“绵阳市4A先进基层党组织”“绵阳市基层治理示范村”“绵阳市法制示范村”。近年来，新桥村针对部分党员干部和村民宴席名目越来越多、大办之风越来越重愈演愈烈、群众经济和心理负担越来越重等问题，把移风易俗作为践行党的群众路线的重要抓手，按照“产业兴旺、生态宜居、乡风文明、治理有效、生活富裕”总要求，在全县率先成立红白理事会，推行以丧事简办、婚事新办为主要内容的移风易俗活动，倡导文明新风，打破陈规陋习，遏制了农村大办红白喜事不正之风蔓延的势头，解决了群众对各种名目繁多的红白喜事“不想办而又不得不办”的难题。

二、主要做法及成效

（一）主要做法

1. 建机构

充分发挥村党支部的领导核心和把关定向作用，把监督队伍建设作为移风易俗的先行基础，把成立“红白理事会”纳入基层组织建设重要内容；制定工作方案，组织村干部入户调查，了解干部群众在办理红白事方面的实际情况。为了避免因专门引导和监督机构缺失导致婚丧嫁娶大操大办，村支“两委”选举产生了由村干部、党员代表、种养殖大户、退休老干部等乡贤组成的“红白理事会”，将其作为村民委员会下属委员会，为村民办理红事白事提供全过程一条龙服务。

① 案例由梓潼县民政局提供，梓潼县委党校严新志编写。

2. 定机制

（1）制定相关制度。在征求县司法局、县民政局和村法律顾问等有关方面意见基础上，“红白理事会”制定和完善了《新桥村红白喜事公约》《新桥村婚事新办制度》《新桥村丧事简办制度》《新桥村红白理事会工作纪律》等一系列制度，让工作有规可循、有据可依。对村民办理红白喜事的申办程序、宴席的规模和标准、烟酒的档次、请客范围、婚丧仪式规格、聘金嫁妆等事项作出具体规定，以及禁止建豪华墓、“活人墓”、以坟圈地等。

（2）领导干部带头。依托“红色家园”建设，推行“党员干部带头+村级行政管理与群众自治相结合”的工作方式，通过“三会一课”，引导党员干部形成合力、达成共识，支持“红白理事会”工作开展，加强对红白喜事公约制定和实施全过程的监督。充分发挥党员干部的示范引领作用，要求全村114名党员干部亮身份、树形象、作承诺，带头支持红白理事会工作，带头执行红白喜事公约，做到丧事简办、婚事新办，带动群众共同履约。

（3）引导群众参与。利用村广播、小组会议、农民夜校、公开栏等对新制定的公约、制度和纪律进行广泛宣传，确保群众知情权和参与权；根据当地历史文化和大家族家风家训，倡导发扬孝老爱亲、勤俭持家优良家风，并在此基础上提炼出“众志成城、艰苦创业、开拓创新、感恩奋进”16字新桥精神，增强群众集体荣誉感和自豪感。

3. 抓运行

把群众遵守和执行红白喜事公约情况纳入村民自治考核内容，结合村民自治“三评两审”（即群众评价、评审小组评分、村委会评议、党支部审核、村民代表大会审定）积分制管理办法和“223”工作法，引导群众广泛参与。对表现优秀的，在评先评优、用工招聘等方面优先推荐，在子女入党、入学方面提供便利，把遵守村规民约情况作为新桥村发展党员的考察内容之一，并每年开展一次“最美新桥人”评选活动。对被评上“最美新桥人”的群众颁发获奖证书和奖品，增强他们的荣誉感；对表现较差的，根据具体情形给予批评教育、限期整改；对表现最差的，通过村务公开、“红黑榜”予以曝光通报。同时，突出利益导向，对拒不执行公约的经群众经评议后取消其享受生猪代养场分红的资格，以此来倒逼不遵守村规民约的个别村民改变落后观念和不文明习惯，树立文明新风。

（二）主要成效

1. 人情酒席从泛滥到规范

自开展移风易俗两年多来，新桥村共规范红白喜事40余起，通报批评6人次，表彰“最美新桥人”20人次。通过正反两方面典型的宣传教育，勤俭节约、崇尚实干、文明和谐蔚然成风。群众更加自觉地移风易俗，更加自觉地改变和摈弃不文明的习俗，自觉反对大操大办、铺张浪费，全村树立起文明、健康、科学的新风尚。以前的攀比炫富、铺张浪费、厚葬薄养等现象没有了，取而代之的是务实节俭、崇尚实干、文明健康的生活方式。

2. 干群关系从紧张到融洽

以往，村干部对各种相互攀比、节节拔高的红白喜事不文明风气不愿管、不能管，也不敢管。有了红白理事会后，这种得罪人的“苦差事”就交给了“红白理事会”，交给了经过村民选举产生的、成员全是德高望重乡贤的理事会。理事会敢抓敢管、真抓真管、善抓善管。婚丧嫁娶、大操大办等引发的矛盾纠纷、信访案件大幅减少，干群关系也不断融洽

3. 乡风文明从衰弱到重塑

自移风易俗工作开展以来，新桥村党员干部带头，群众广泛参与，使原来的人情成灾、大操大办、孝道衰弱等陈规陋习和不良风气得到遏制，乡风文明大幅提升，社会秩序从无序走向有序，乡风文明从衰败走向重塑。放眼所及，柴门吠犬、桑巅鸡鸣、荷塘清影、村人墟烟，一幅朴素低调的“川西山居图”。老百姓知党恩、感党恩、报党恩，处处洋溢着幸福和谐的味道。

三、经验与启示

2018年中央一号文件，明确提出了乡风文明建设的地位、目标、内容、要求，使乡风文明建设任务明确化。2018年中央农村工作会议提出，坚持物质文明和精神文明一齐抓，培育文明乡风、良好家风、淳朴民风，不断提高乡村社会文明程度。新桥村通过移风易俗建设乡风文明的实践，不仅得到市

县两级政府的高度肯定，2020年第2期的《乡镇论坛》以《移风易俗点亮乡村新图景》为题对其进行了宣传报道。可见，新桥村通过移风易俗推进乡风文明建设的做法值得学习和借鉴。

（一）乡风文明建设需要各级政府协同

“求治之道，莫先于正风俗。”为有效解决农村地区红白喜事盲目攀比、大操大办等问题，民政部分别于2009年、2020年专门印发关于婚丧习俗改革指导意见，要求地方政府发动群众、依靠群众，积极探索与社会发展相适应的婚丧新文化。乡风文明如何建设？盛行于农村的不良风气和陈规陋习如何破除？新桥村移风易俗建设乡风文明的实践已经给出了答案：在乡风文明建设过程中，国家处于领导地位，国家意志是政府推进乡风文明建设的直接动力；地方政府和基层政府作为国家意志的执行者，是推广乡风文明政策的直接实施者和执行者；村支“两委”作为国家政权在民间的延伸，作为村民自治组织的代表，在乡风文明建设过程中发挥着直接推动作用。因此，乡风文明建设，离不开国家的领导，离不开地方政府的执行和落实，离不开村支“两委”的直接推动。

（二）乡风文明需要乡贤力量参与

中国社会的基层是乡土性的，乡贤文化是中国传统文化的重要组成部分，它起源于过去、流传于当下、依附于某一乡村区域内村民的生产、生活、情感、习惯及信仰之中，对乡村居民的言谈举止发挥引领、规范及模塑等作用。新桥村的实践再次证明，乡贤在乡风文明建设过程中发挥着非常重要的作用。新桥村的“红白理事会”，成员主要由村干部、党员代表、种养殖大户、退休老干部等乡贤组成；在推进乡风文明建设过程中，再以乡贤的声誉和威望，使“红白理事会”的工作不仅得到了党员干部的支持，也得到了村民的支持。

（三）乡风文明建设需要疏堵结合的柔性治理

移风易俗的目标是改变农民长期以来形成的社会行为逻辑和乡风民俗观

念。客观而言，这些行为习惯和生活观念的改变难以一蹴而就，存在着一定的文化惰性。单纯依靠外力推动和权力实施，始终存在着反弹的可能性。而柔性治理是一种更加微妙的治理方式，它承认治理对象的能动性与可塑性，从而在治理形态上呈现为“疏堵结合”的基本特征。新桥村移风易俗建设乡风文明的实践就是“疏堵结合”的生动范例。为有效遏制原有的陈规陋习和不良风气，新桥村不仅利用了“堵”的方式，通过制定具体制度进行硬性约束；还以“疏”的方式进行治理，通过入户调查了解群众需求，通过发扬民主带动群众广泛参与，通过“三评两审”引导干部群众广泛参与。

第三篇 对策建议

基层治理现代化的绵阳路径

“十四五”时期，是深入贯彻落实习近平总书记对绵阳工作重要指示精神、抢抓国省系列重大战略机遇、全面建设社会主义现代化绵阳的关键时期，也是提升城乡社区发展治理效能、推进基层治理体系和治理能力现代化、为建成中国科技城开好局、起好步的重要时期。

第九章　“十三五”以来绵阳城乡社区发展状况

“十三五”以来，市委市政府高度重视城乡社区治理工作，坚持“党委领导、政府负责、民主协商、社会协调、公众参与、法治保障、科技支撑”的工作路径，扎实推进“两项改革”，重塑基层治理空间结构，全市城乡社区发展治理体系日臻完善、综合服务供给更加丰富、综合治理能力不断提升、“三治融合”发展治理格局初步形成，城乡社区发展治理取得扎实成效。

一、城乡社区发展治理体系日臻完善

“十三五”时期，全市城乡社区发展治理的组织架构、空间布局、治理体系得到全方位重构。

（一）领导体系更加健全

市委成立城乡基层治理委员会，统筹社区发展治理工作；全市9个县（市、区）、4个园区全覆盖成立领导和工作机构，形成上下贯通、运行高效的组织领导体系。同时，市、县、乡三级分级建立社区治理联席会议制度。

（二）空间体系更加顺畅

通过“两项改革”，各地对社区建制和管辖边界进行调整优化，截至2020年12月，全市共有社区487个，城乡社区平均服务人口6000余人，新型城镇化背景下的城乡互动关系初步形成。

（三）群众自治更加丰富

切实加强和推进社区事项从办理结果的公开，向事前、事中、事后全过程的公开延伸，居务公开内容不断拓展。全市所有社区均按照“三上三下”“六步工作法”的要求，对居民公约进行修订完善。通过实行积分管理和开展“文明家庭”“最美婆婆（媳妇）”评定以及建立红白理事会，引导树立文明新风。

（四）民主法治更加深入

扎实开展民主法治示范村（社区）创建活动，完善民主制度，扎实推进法治建设，社区基层民主法治建设不断深入，基层社会治理法治化水平不断提高。“十三五”期间，创建全国民主法治示范村（社区）4个，命名市级法治示范村（社区）217个。

二、城乡社区综合服务设施明显改善

“十三五”时期，基本形成以社区综合服务设施为主体、专项服务设施为配套、服务网点为补充的社区服务设施布局。

（一）覆盖率逐年提高

各级财政加大了投入力度，运用多种方式加强社区综合服务设施建设，实现城市社区和集镇社区综合服务设施覆盖率均达到100%。

（二）服务布局不断增强

积极开展党群服务中心亲民化改造，提倡“一室多用”和免费开放，全市实施改造城镇老旧小区1267个；设立社区卫生服务中心（站）42个；建成社区日间照料中心954个、社区养老服务综合体试点3个；社区教育管理机构8个、社区学院（学校）20个、社区教育工作站（学习中心）55个、社区书屋521个。

（三）服务供给不断优化

各地以“两项改革”为契机，对社区服务中心、医疗服务中心（站）等城乡社区服务机构进行整合，并同步优化警务、教育、医院、养老等公共服务设施空间布局，有效解决了社区服务设施布局散、面积小、功能弱的现状。

三、城乡社区综合服务功能明显增强

“十三五”时期，社区公共服务、便民利民服务、志愿服务有效衔接的城乡社区服务机制更加成熟。

（一）社区政务服务体系更加健全

各地探索将基层群众办理的高频事项、基层社会治理需要的事项依法下沉到便民服务中心、社区服务站点。社区生活服务网络逐渐完善，持续推进“城市社区15分钟基本公共服务圈”规划建设，初步构建社区便民利民服务网络；全市城市（县城）燃气普及率达98.47%，供水普及率达97.64%，电力等公共事业服务全面覆盖；电子商务、社区服务、养老托幼、就业培训等综合服务功能得到全方位拓展。初步构建起服务全民终身学习的教育体系，绵阳社区大学2019年入选全国首批联合国教科文组织“城市社区学习中心能力建设项目”实验点。

（二）社区志愿服务活动渐成常态

“十三五”末，全市实名注册志愿者超过89万人，占常住人口18.5%，所有社区全覆盖建立志愿服务站点，获评民政部优秀社会工作服务案例3个。

四、城乡社区服务人才队伍日趋壮大

“十三五”时期，以社区“两委”班子为骨干、专职工作者为支撑、社工人才为补充的城乡社区服务人才队伍日趋壮大。

（一）城乡社区“两委”班子得到加强

通过换届选举，成功选出9955名村（居）民委员会班子成员。因地制宜积极推行“一肩挑”，社区“一肩挑”比例达98.36%，实现了性别、年龄、学历、人员结构的优化提升，班子建设得到加强。

（二）社区专职工作者职业体系不断完善

出台了《“三化一型”社区专职工作者队伍建设实施意见》，相关部门印发《绵阳市社区专职工作者管理办法（试行）》《绵阳市社区专职工作者人事档案管理办法（试行）》等配套文件，建立了明确的社区专职工作者进入途径，建立了职数核定标准和“四类十二级”薪酬待遇体系，形成“1+N”制度体系。

（三）社区社会组织和社工专业人才队伍不断壮大

成立了绵阳市创新社区发展促进会，加大沟通协调和联络，积极推进城乡社区治理发展。鼓励支持社会组织发展，大力开展公益创投活动，大力培育发展社区社会组织。如游仙区印发了《关于开展社区社会组织直接登记的通知》，进一步降低准入门槛，“孝道”“阿爸阿妈”等专业社会组织相继成立。

五、城乡社区智慧治理格局初步形成

初步建成网络联通、应用融合、信息共享、响应迅速的城乡社区智慧治理格局。信息基础设施不断完善，开展了城乡社区公共服务综合信息平台建设试点，在基层实现多项业务跨部门整合。开展智慧社区建设试点，结合城乡社区治理试点示范工程，在部分县（市、区）、园区开展智慧社区建设；推进智慧物业平台建设和功能运用，实现在线缴费、人脸识别、车辆识别、“24小时”智能监控预警等智慧物业服务，推进社区生活服务智能化便捷化。“智慧平安社区”加快建设，全市累计建成“智慧平安小区”168个，覆盖人口10.12万户，建成小区基本实现“零发案”。

第十章　“十四五”绵阳城乡社区发展目标任务

第一节　“十四五”绵阳城乡社区发展面临的形势

“十四五”时期是我市全面建设中国科技城和社会主义现代化绵阳的关键时期。一大批快速发展和正在崛起的中小城镇当前都处于转型发展、创新发展、跨越发展关键时期，既面对城乡形态深刻重塑、社会结构深刻变化、利益格局深刻调整的时代背景，又面临改革发展任务繁重、矛盾风险交织的发展态势，这对城乡社区发展治理提出了新挑战。

一、新时代推进基层治理体系和治理能力现代化建设对城乡社区发展治理提出了新要求

基层治理是国家治理的基石，统筹推进城乡社区治理，是实现国家治理体系和治理能力现代化的基础工程。党的十九届四中全会作出《中共中央关于坚持和完善中国特色社会主义制度、推进国家治理体系和治理能力现代化若干重大问题的决定》，就坚持和完善中国特色社会主义制度、推进国家治理体系和治理能力现代化问题进行专题研究并作出决定，聚焦根本制度、基本制度、重要制度。城乡社区是社会治理的基本单元，是国家治理的最末端，也是服务群众的最前沿，城乡社区治理事关党和国家大政方针贯彻落实，事关居民群众切身利益，事关城乡基层和谐稳定。推进国家治理体系和

治理能力现代化建设，必须紧紧依靠基层，聚力建强基层、建强社区。

二、提升城乡社区发展治理效能是做好“两项改革”“后半篇”文章的重要内容

“两项改革”是近年来四川部署开展的涉及最广泛、群众最关注、影响最深远的重大基础性、原创性改革之一，前阶段的乡镇行政区划和村级建制调整已经取得了显著阶段性成效。市委对做好“两项改革”“后半篇”文章作出了周密部署，全面对标补短，跟进完善市“1+28”改革方案，制订重点任务清单，采取“项目制+清单制+责任制”方式，狠抓重点任务落地生根。“十四五”期间，进一步理顺运行机制、推动高效运行，加强组织建设、抓实基层治理，提升基础设施、构建便民服务体系，培育优势产业、促进社区长期发展等任务是持续推进城乡社区发展治理现代化的重要举措，对不断增强社区服务能力，提高基层治理效能，提升经济发展后劲，确保群众短期利益不受损、长期利益有增进具有重大现实意义。为巩固和深化前期改革成果，“后半篇”文章要紧紧围绕“发展、服务、治理”三个核心关键，突出“变好、向善、更优”的改革价值取向，使乡镇（街道）行政区划和村级建制调整的“物理变化”真正产生“化学反应”，让改革红利永续释放，为社区发展提供新动能。

三、全面建设中国科技城和社会主义现代化绵阳发展目标对城乡社区发展治理提出了新任务

中共绵阳市委七届十一次全体会议作出了《中共绵阳市委关于加快建设国家科技创新先行示范区支撑引领高质量发展的决定》，对今后一段时间绵阳的全面高质量发展、全面建设中国科技城和社会主义现代化绵阳的目标擘画了美好蓝图。发展目标的成功实现，需要有现代化的城乡社区发展治理体系，推动城乡社区同步发展，为全市经济社会的高质量发展提供基础动力。同时，维护以社区为单位的全社会和谐稳定，也是全市高质量发展顺利推进

的根本保证。市第八次党代会明确提出的“城乡基层治理制度创新和能力建设取得新成效，社会治理新格局加快形成”和市委八届二次全会提出的“聚焦实现碳达峰、碳中和目标，大力促进经济社会发展全面绿色转型”等新目标，都对我市社区发展治理提出了新的任务和要求。

四、新型城镇化及生产生活方式变革，对城乡社区发展治理提出了新期待

新型城镇化不仅是人口向城镇集中的过程，其核心在于实现城乡基础设施一体化和公共服务均等化，促进城乡经济社会同步发展。同时，随着电商、社区创业、家庭办公、网络直播等新经济、新业态的快速发展，就业方式更加灵活多样，工作场所任意化、工作时间碎片化、雇佣模式多样化趋势日益明显，以往的“单位人”向“社会人”、“熟人社会”向“陌生人社会”转变步伐进一步加快，人们工作、生活将更贴近社区、依赖社区。尤其是随着小康社会的全面建成和“十四五”经济社会高质量发展，广大城乡社区群众对美好生活的向往不断增强，更加期盼获得更优质的公共服务、更舒适的居住环境、更可靠的社会保障、更丰富的精神文化。这些新变化都对城乡社区发展治理提出了新期待。

第二节　“十四五”绵阳城乡社区发展总体目标

到2022年，通过不断丰富城乡社区发展治理内涵，党建引领、服务至上的普惠性服务更加丰富；形态多样、各具特色的美丽空间更加广泛；多元参与、人际信任的社区经济更可持续；信息互通、部门整合的数据更加高效；居民自治、共建共享的邻里关系更加和睦。到2025年，党建引领下的城乡社区发展治理路径更加完善、社会治理效能得到明显提升，城乡社区发展治理水平实现整体推进，社会活力充分激发，共建共治共享机制高效顺畅。以党

建引领、多元参与和群众需求为本的社区综合体“品牌化”运营场景服务在城市社区形成一定规模。社区干部队伍素质整体提升，公共服务更加优质均衡，人民生活更加安心安逸，精神文化生活日益丰富，居民幸福指数持续攀升。城乡接合部新型社区发展治理得到理顺夯实，探索形成一批各具特色的治理经验，全面形成布局合理、宜居适度、条块协同、主体多元、服务优质、形态多样、温馨和谐的社区发展治理新常态。

表1　绵阳市“十四五”时期城乡社区发展治理主要指标

类别	维度		指标	目标值	属性
城乡社区发展	（16）	1	城乡社区综合服务设施覆盖率	100%	预期性
		2	每百户居民拥有社区办公服务与养老服务设施合用房面积（平方米）	≥60	预期性
		3	主城区社区党群服务中心亲民化改造验收完成率（%）	100	预期性
		4	每万名城镇常住人口拥有社区工作者（人）	18	预期性
		5	全市社区专职工作者中取得社会工作职业资格水平证书人数占比（%）	40	预期性
		6	全市每年新增登记和备案功能服务型社区社会组织个数（个）	50	预期性
		7	全市每年新增登记和备案兴趣爱好志愿服务型社区社会组织个数（个）	130	预期性
		8	社会组织孵化园（基地）县级覆盖率（%）	100	预期性
		9	全市社会工作服务机构数总量（个）	100	预期性
		10	社区基金的组建率（%）	≥10	预期性
		11	社区商业和综合服务设施面积占社区总建筑面积的比例（%）	≥12	约束性
		12	每万人拥有公共文化设施建筑面积（平方米）	500	约束性
		13	人均体育场地面积（平方米）	0.5	预期性
		14	社会公众对社区发展（硬件、空间等）满意度（%）	≥85	预期性
		15	绿色社区创建达标率（%）	100	预期性
		16	城市未来社区培育率（%）	10	预期性

续表

类别	维度		指标	目标值	属性
城乡社区治理	党建引领（4）	1	社会组织党建入章程（%）	100	预期性
		2	党组织领导写入居民小区（院落）管理规约、议事规则（%）	100	预期性
		3	“两委”交叉任职的社区（%）	100	预期性
		4	党员网格覆盖率（%）	100	约束性
	综合服务（17）	1	综合性文化服务中心覆盖率（%）	90	预期性
		2	社区未成年人关爱保护服务阵地覆盖率（%）	100	约束性
		3	社区未成年人工作专人专岗覆盖率（%）	100	约束性
		4	每个街道建成社区养老服务综合体	≥1	预期性
		5	乡镇（街道）范围具备综合功能的养老服务机构覆盖率（%）	60	预期性
		6	社区养老服务覆盖率（%）	≥90	预期性
		7	居民委员会下设公共卫生委员会覆盖率、环境和物业管理委员会覆盖率（%）	100	预期性
		8	街道（乡镇）社会工作服务覆盖率（%）	100	预期性
		9	志愿服务站点在社区综合服务设施中的覆盖率（%）	100	预期性
		10	每个城市社区户外劳动者（环卫工、快递小哥等）休息驿站数量	≥1	预期性
		11	具有就业服务平台覆盖率（%）	100	预期性
		12	民生诉求响应完成率（%）	≥95	预期性
		13	综治中心规范化建设覆盖率（%）	100	预期性
		14	每3万人口配置救护车（辆）	1	约束性
		15	每3万—10万居民的社区设置1所社区卫生服务中心（%）	100	约束性
		16	社区消防、安保、灾害等预警预防体系和应急机制建设率（%）	100	预期性
		17	社区残疾人协会覆盖率（%）	100	预期性
	科技赋能（3）	1	一体化在线政务服务平台建设率（%）	80	预期性
		2	政务服务“一网通办”综合实现率（%）	≥80	预期性
		3	全市住宅小区全部达到省级智慧安防小区建设标准的比例（%）	≥80	预期性

第三节 “十四五”绵阳城乡社区发展具体任务

顺应新型城镇化背景下的城乡社会结构动态发展态势，着眼空间、形态、设施、文化、生态、人才、经济、融合等维度，不断激发和增强社区发展活力，服务全市经济社会高质量发展。

一、提升城乡社区人口承载能力

建立与城乡人口规模相适应的良性互动的新型城乡空间布局，分类指导、适时优化城乡社区建制规模。

（一）健全城乡统筹规划机制

结合全面取消城区常住人口300万以下城市落户限制政策和全市城镇化速率，衔接“十四五”国民经济和社会发展规划、国土空间规划等重大综合和相关配套专项规划，根据人口流动与变迁、公共服务需求变化等因素，综合考虑城乡空间优化布局，促进农业转移人口有序有效融入城市、提升城乡社区承载能力、促进城市和小城镇协调发展，加快推进城乡融合发展。

（二）优化社区布局

以中心城区“15分钟基本公共服务圈”为目标，合理优化社区空间功能布局。按照有利于“整合发展资源、增强服务能力、提升治理实效”的原则，灵活运用“建、改、合、分、调”多种形式优化社区空间布局。综合辖区面积、常住人口、服务供给、治理能力、管理边界、群众意愿、小区集中度和物业服务水平等因素，适时修编《绵阳市中心城区社区布点规划》，合理确定城乡社区管辖范围和规模，以规划引领社区建制调整优化。统筹做好社区飞地治理工作，避免出现社区服务空隙；对达不到成立社区条件的小区，由临近社区进行代管，提供社区服务。

二、建设高品质美丽宜居街区

推进形态、生态、业态、文态、心态“五态”同步提升，提升城乡社区街区品质。

（一）推进形态更新

坚持高起点规划、片区化布局、项目化实施，按照先自治后整治、“一院一策”原则，实施城镇老旧小区有机更新。以城市高质量发展为导向，聚焦基础设施改造、生态价值转换、城市治理提升方面存在的问题，着力实施老旧片区、老旧小区和老旧社区更新改造提升行动。采取因地制宜、分类处置，合理确定改造内容，增强社区养老、托育、医疗等公共服务功能。到2025年，基本实现2000年底前建成的老旧小区应改尽改，力争打造特色示范院落10个。以改善居住环境为目标，推动棚户区和“城中村”改造；以安全、秩序、整洁为原则，加强对社区建筑立面和建筑风格的有效管控，全面实施背街小巷综合整治；推动城乡结合新型街区形态优化更新。

（二）推进生态焕新

深化社区公共区域全域景观化创建，坚守“留白增绿”，因地制宜加强社区微景观建设；加强城乡社区环境综合治理，做好城市社区绿化美化净化、垃圾分类收集转运处理；实施违规占道、车辆乱停、违法建设等综合整治，推行“街长制”管理模式；加强城乡接合部新型社区环境连片整治，解决“脏、乱、差、破、暗”等问题。

（三）推进业态更新

拓展街区功能，促进街区宜居、宜业、宜商。“十四五”末打造一批包括商业文化特色街区、新型城镇化成果展示街区、城市生态风貌示范街区、场镇生活集市街区、城乡融合特色街区、产业转型提升创新街区、高端商贸业聚集地等在内的业态特色街区。系统梳理城乡社区小微闲置空间、低效用地和“金角银边”空间资源，开展社区微更新项目。

（四）推进文态塑新

广泛开展学习型社区建设，丰富家庭教育、职业技能、文体康养等学习资源供给。加强社区教育、老年教育和继续教育，发展科学家庭教育，推进城乡社区和网上家长学校建设。积极发展“互联网+教育”。到“十四五”末，创建市级学习型社区、老年教育示范点10—15个，社区学习名师工作室5—10个，居民社区教育参与率达50%以上。推动文化与街区建设深度融合，注重历史建筑和历史文化街区保护，对传统民居建筑按“修旧如旧”的原则进行保护和修缮；按照“整体和谐、多样有序”，推动社区美化营造，彰显生活韵味；涵养社区共同文化，打造集美学价值、生活价值、教育价值为一体的社区公共空间（街区）。注重保护古地名、老地点，推动以碑碣等标识的形式彰显历史文化。探索应用智能化地名标识。

（五）推进心态调新

鼓励建设形式多样、简约朴素的“社区记忆馆”等，探索建立“社区—街区—小区”社区规划师制度，发挥社区规划师发动居民、参与设计、指导建设的专业作用，广泛吸纳居民参与社区规划，增强共建共治共享的自觉性和凝聚力，共创更加舒心美好、安居乐业、良序善治的高质量和谐宜居生活社区。

三、健全城乡社区综合服务体系

满足城乡居民对美好生活的期待，着力构建布局科学、功能完善、全面覆盖的城乡社区综合服务供给体系。

（一）补齐社区综合服务设施短板

城乡社区综合服务设施是由社区组织工作用房和室内公益性服务设施组成的服务城乡居民的主要阵地和具体场景。分层分类推进城乡社区综合服务设施“补短板”达标，健全部门协同机制，对新建小区落实公建配套的建设规划审批、验收和移交制度，对旧城区和老旧小区集中的社区鼓励通过购买、置换、租赁、共建等方式保障社区用房。推进社区综合服务设施“亲民化”改造，倡导“一房多用”，实现公共活动空间最大化。到2022年，完成40个社区综合服务设施“补短板”项目，初步形成机制更活、布局更优、服务更好的城乡社区综合服务供给体系；到2023年，城乡社区用房少于300平方米的被撤并乡镇政府驻地集镇社区实现全部达标；到2025年，基本补齐既有城乡社区综合服务设施短板。

（二）加强社区综合服务设施管理

制定绵阳市配套社区办公服务与养老服务设施合用房规划建设和移交管理政策措施，按照每百户居民60平方米的标准配建城乡社区办公服务与养老服务设施合用房，新建社区一般不低于500平方米，改建扩建、购置租用社区一般不低于300平方米。盘活用好社区综合服务设施，加大社区综合服务设施不动产权登记，通过以“公益+低偿”“公益+市场”等模式，盘活闲置社区用房，“十四五”末，实现社区综合服务设施使用率达到95%以上。

（三）优化城乡社区综合服务设施布局

优化以党群服务中心为基本阵地的城乡社区综合服务设施布局。规范新建社区综合服务设施建设，确保新建社区商业和综合服务设施面积不低于社区建筑总面积12%；将社区综合服务设施建设纳入国家重大建设项目库。精简整合办公空间推行开放式办公，推动实现社区党群服务中心全部完成去行政化、去办公化、去形式化和亲民化改造，减少固定空间和阵列展示空间，实现公共活动空间最大化。推进“一房多用”、动静分区，优化内部功能布局和服务时段管理。加强社区环境营造，统筹服务场景与文化、生态、空间、消费、共治、智慧场景的营造工作。

（四）推动城乡社区服务设施功能集成

合理布局公共服务资源，构建“15分钟—10分钟—5分钟”社区基本公共服务圈，“十四五”末全市完整居住社区覆盖率显著提升。每个社区原则上建有1个社区综合服务站、1所幼儿园（托儿所）、1个老年服务站（具备条件的社区应建设老年人日间照料中心）、1个综合超市、1个社区卫生服务中心。至少有一片公共活动场地（含室外综合健身场地）并配置健身器材、健身步道、休息座椅、儿童娱乐等设施。加强城市社区多功能运动场等场地设施建设，落实城市基础设施、新建居住区按标准配套建设群众健身设施。推进社区3岁以下婴幼儿照护（托育）普惠性服务供给，开展“1（示范性照护机构）+N（社区照护设施）”模式的婴幼儿照护服务，支持社区开展适儿化改造，争创儿童友好型社区。原则上有一片开放的在应急情况下可以转换为应急避难场所的公共绿地或社区（街心）公园。推动邮政、金融、电信、供销、燃气、电力等公共事业服务和物流配送、资源回收商业网点辐射所有城乡社区。统筹社区卫生服务中心（站）与社区内其他功能服务设施相邻设置或打捆建设，优先考虑社区卫生服务中心与社区养老、托养设施等公共服务平台同址或毗邻建设。继续实施残疾人精准康复行动，完善以社区康复为基础、家庭为依托的康复服务体系，加快残疾人托养机构建设，推进精神障碍社区康复服务。加强无障碍环境建设，支持困难残疾人家庭无障碍设施改造。逐步完善停车、电梯、慢行系统、无障碍设施建设和适老化改造、垃圾处理、公共厕所和便民商业网点，建设智能快件箱（信包箱）和邮政快递末端综合服务站等配套设施。新建居住社区按照不低于1车位/户配建机动车停车位，100%停车位建设充电设施或者预留建设安装条件；新建居住社区宜建设1个用地面积不小于120平方米的生活垃圾收集站，建设1个建筑面积不小于30平方米的公共厕所。支持引导驻区单位向社区居民开放停车场地、文化体育设施、会议活动场地等资源。加快推进城乡接合部新型社区基础设施建设，2023年底前全覆盖完成城乡接合部新型社区便民服务设施改造，推进教育、医疗、卫生、养老、党群服务中心等提级扩能。

（五）鼓励建设城乡社区综合体

社区综合体是集社区管理、便民服务、文化体育、医疗养老等多种公共服务与生活服务于一体的社区“一站式”综合服务设施，是提升社区生活品质，满足人民群众对美好生活向往的重要载体。以城市社区服务中心为基本单元，根据人口结构、出行规律科学确定服务半径，推动建设集公共服务、便民服务、休闲娱乐等服务一体的城市社区综合体建设，形成“基本公共服务+其他生活服务”的社区综合体功能业态体系，不断提升社区生活品质。

专栏3　社区发展效能提升工程

1. 社区综合服务设施“补短板”工程。按照每百户不低于60平方米标准配建社区服务办公与养老服务设施合用房，推动实施社区综合服务设施改扩建项目。城市新建社区综合服务设施一般不低于500平方米，城市改建扩建、购置租用社区一般不低于300平方米。

2. 社区综合服务设施“提能效”工程。实施社区党群服务中心亲民化改造，主城区社区亲民化改造验收全部完成；实施社区服务设施提升改造和服务功能提级扩能计划；选择一批社区有针对性地开展场景营造；支持打造一批“特色社区”。

3. 城市社区综合体建设工程。以城市社区服务中心为基本单元，根据人口结构、出行规律科学确定服务半径，推动建设集公共服务、便民服务、休闲娱乐等服务一体的城市社区综合体建设，形成“基本公共服务+其他生活服务”的社区综合体功能业态体系，不断提升社区生活品质。到 2025年底，建成10个样板社区服务综合体。

4. 社区体育服务设施建设工程。统筹建设全民健身场地设施，整合社区体育服务资源，加强城市绿道、健身步道、自行车道、全民健身中心、体育健身公园、社区文体广场等场地设施建设，促进“全民健身”事业发展。

5. 社会工作专业人才千人培养工程。重点增加以社区专职工作人员为主体的社会工作专业人才的培训培养，大幅度提升从事社会服务人员的专业素质和职业能力。

6. 社区志愿者队伍建设行动计划。依托全国志愿服务信息系统，组织有意愿、能胜任的社区居民进行登记注册，建设城乡社区志愿服务站点，到2025年社区志愿服务站点全覆盖。

四、加强城乡社区文化建设

以“关爱人、服务人、教育人、凝聚人”为核心内容，营造宜人温馨、管理有序、民主自治、文明祥和、有利于人的全面发展的社区文化氛围。

（一）推进习近平新时代中国特色社会主义思想进社区

不断强化社区党组织履职尽责的自觉性和坚定性，在社区居民中深入推进习近平新时代中国特色社会主义思想宣传普及和学习教育，深入开展伟大中国梦宣传教育，大力弘扬民族精神和时代精神，积极推动理想信念教育。加强党史、新中国史、改革开放史、社会主义发展史教育与宣传，推动党的创新理论深入人心。积极探索“理论+文艺”“理论+网络”等宣讲方式，建设社区微课堂、成立社区党校、创建社区微信公众号等，积极宣传党的惠民政策，推进党的声音进万家，用正确的舆论导向来引导居民。加强意识形态引导管理，把意识形态工作融入小区业主公约、小区文明公约中，让居民在参与社区治理中自觉紧跟党组织，不断巩固壮大主流思想舆论。

（二）加强社区公共文化建设

整合社区现有文化设施，挖掘可用空间资源，立足自身人文特点，弘扬优秀传统文化，围绕“文化驿站、共享空间”的定位，吸纳各类社会组织、各方人士参与社区文化家园建设试点工作，组织居民群众参加喜闻乐见的各类文化活动，把家园“种”文化、政府“送”文化与居民“享”文化三者紧密结合，让社区居民共享文化发展新成果。利用长廊、橱窗、楼道、街区等基础设施，开展社区风采、和睦邻里、美好生活等内容的展陈展示。结合传统节日，组织开展“我们的节日”等节庆活动。定期组织文化志愿者为社区群众辅导文化艺术，开展示范培训，帮助社区建设特色文化体系。实施文化阵地提升行动，全面优化社区公共文化服务设施布点，重点打造一批社区文体活动中心。建成3个以上24小时图书馆，基本形成以绵阳市图书馆总馆、县（市、区）图书馆为主干，镇（街）图书分馆，社区图书室、馆外流通服务点为枝叶的“四级”总分馆体系。建立健全社区文化建设人才保障机制、经费保障机制，加大城乡社区文化建设资金的投入力度，加大政策对城乡社区文化建设的支持力度，吸引社会资金投入社区文化设施建设，形成政府主导、社会参与、多元投入的发展格局。建立健全城乡社区文化建设的居民参与机制，鼓励社区居民自觉主动参与社区建设。建立健全城乡社区文化建设的绩效评价机制，实行激励机制和惩罚机制等配套机制。

（三）提升社区文化浸润功能

深入挖掘绵阳红色文化、历史文化、民俗文化等丰富独特的文化资源，推动创建社区文化品牌，定期举办社区文化艺术节，推进传统文化进社区，发挥优秀民俗文化在道德约束、教化群众、凝聚人心方面的积极作用，建设有文化底蕴、精神内核的"人文绵阳"。开展"书香绵阳·全民阅读"活动。推动党报党刊、主旋律电影、戏曲和曲艺进社区、进院落。建立健全社区道德评议机制，开展"道德模范""绵阳好人""最美人物"系列选树活动和家风家训传承行动，组织居民群众开展文明社区、文明家庭创建活动。不断健全红白理事会制度，持续开展移风易俗，大力倡导婚事新办、白事简办，提倡厉行节约。从本地文化达人、社会名人、经济能人、乡土人才、致富能手等人员中选拔新乡贤，通过把各类乡贤请上文化讲堂等方式，切实发挥新乡贤在城乡社区发展中的积极作用。加强社区文物古迹、历史建筑、古树名木等历史文化保护，展现社区特色，延续历史文脉。推进建设各民族相互嵌入式的社区文化，铸牢中华民族共同体意识。

五、推进城乡社区绿色发展

建立并长期保持社区环境管理体系和环保公众参与机制，实现人与自然、人与人和谐发展。

（一）建立健全社区人居环境建设和整治机制

坚持美好环境与幸福生活共同缔造理念，充分发挥社区"两委"作用，统筹协调业主委员会、驻区单位及其他形式的小区自治组织、非公企业、社会组织等，共同参与绿色社区创建。搭建沟通议事平台，开展多种形式基层协商，推动决策共谋、发展共建、建设共管、效果共评、成果共享。组织设计师、工程师进社区，辅导居民谋划整治方案，参与社区人居环境建设。推动城市管理进社区，推进执法力量下沉，精准掌握城市管理领域问题、苗头，及时协调处置化解矛盾。将物业服务纳入社区治理和公共服务体系，支持物业服务企业承担社区公共服务职能，鼓励探索“物业+社工”服务模式。

（二）推进社区基础设施绿色化

在城镇老旧小区改造、市政基础设施和公共服务设施维护等工作中，采用节能、节水的绿色器具、产品、材料。综合治理社区道路，消除路面坑洼破损裂缝等安全隐患，引导绿色低碳出行，发展步行和自行车交通“绿道”。推动社区星级绿色建筑建设，不断提升建筑品质。鼓励社区改造提升中采用绿色建材采信数据库中的产品，在政府投资工程率先采用绿色建材产品。综合采取“渗滞蓄净用排”等举措推进海绵化改造和建设，逐步减少硬质铺装场地。加快推进生活垃圾分类，广泛开展宣传教育，完善分类投放、分类收集、分类运输设施。

（三）培育社区绿色文化

建立健全社区宣传教育制度，加强培训，完善宣传场所及设施设置。运用社区论坛和“两微一端”等信息化媒介，定期发布绿色社区创建活动信息，建立生态文明建设园地或宣传专栏，开展绿色生活主题宣传教育，使生态文明理念扎根社区。依托社区内的中小学校和幼儿园，开展“小手拉大手”等生态环保知识普及和社会实践活动，带动社区居民积极参与。贯彻共建共治共享理念，编制发布社区绿色生活行为公约，倡导居民选择绿色生活方式，节约资源、开展绿色消费和绿色出行，形成富有特色的社区绿色文化。

六、强化城乡社区人才保障

推进社区工作者规范化、专业化建设，构建全周期社区人才保障体系。

（一）深化社区工作者职业体系建设

全面推行“三化一型”社区工作者职业体系建设，建立健全“选、育、管、用”工作机制。完善社区“两委”人选条件县级联审机制，组织公开招聘具备相应条件的社区专职工作者，进一步优化社区工作者队伍结构。健全社区党组织书记后备人才库，有计划地将社区专职工作者吸纳为社区“两委”班子成员。完善薪酬体系，形成增长机制，落实参加社会保险和缴存住房公积金制度，完善社区工作者发展激励机制。建立健全社区专职工作者能力指标体系，健全完善分级培训制度，用好培训基地和在线培训平台，提高专业化水平。落实从优秀社区专职工作者中招录（聘）公务员或事业人员、选拔乡镇（街道）干部的政策措施。探索建立社区规划师制度，培育社区规划师队伍，为实践多方协商、共建共治的社区自治方式提供人才保障。

（二）实施“头雁提能”三年行动计划

采取市级示范培训、县级重点培训、乡镇（街道）兜底培训相结合的方式，每年对社区干部开展全覆盖培训。县（市、区）、园区每年有计划、分专题组织1批次以上优秀社区党组织书记，赴县外市内或全国有重大影响力的社区、党性教育基地等开展外出学习考察。乡镇（街道）结合“导师帮带”试点，每年有计划安排优秀社区党组织书记和后备力量到乡镇（街道）机关、产业项目专班挂职锻炼。围绕拓宽思维视野、增强实干能力，多层次开展蹲点提能计划。依托在绵高校，重点对40岁以下的社区党组织书记、后备力量开展学历教育。县（市、区）、园区可采取独立或联合办班方式，举办学历提升班。支持社区干部通过参加成人高考、自学考试等方式提高自身学历层次。鼓励社区工作者报名参加全国社会工作者职业水平考试，取得社工师职业资格证书，落实职业津贴。

（三）发展社区服务专业人才

加强驻社区法律顾问、心理咨询师、社会工作者、专职人民调解员、社区教育人员、家政服务人员等专业技术人才队伍建设。实施“绵阳兜底民生服务社会工作双百工程”，实现全市街道社会工作服务站100%覆盖，加大兜底民生服务社会工作岗位开发力度。加大对社会工作者职业化管理与激励、保障工作力度，加强成渝绵地区社会工作行业互动。大力加强社会心理服务人才队伍建设，建立全市社会心理服务人才库，建立健全心理咨询师和相关从业人员资质认证、注册审核、专业督导、继续教育、能力培训等制度。支持在绵高校开设社区服务相关专业，研制相关职业培训标准，加大社区服务人才培养力度。鼓励一线社会工作者通过培训和考试提高专业能力，获得相应职业资格。

（四）壮大社区志愿服务队伍

培育发展志愿服务组织，促进志愿服务、公益慈善和社会工作联动发展。推动养老服务、儿童福利、未成年人保护、婚姻登记等机构和城乡社区设置相对稳定的志愿服务岗位，在社会救助、养老助残、儿童福利和未成年人保护等领域组织开展专项志愿服务活动。推广应用全国志愿服务信息系统。加强志愿服务记录和证明出具管理，持续推进志愿服务信息数据的归集和管理。鼓励支持退役军人等志愿服务队伍持续健康发展。打造“一抹志愿红、情暖科技城”志愿服务品牌，深化“志愿之城”建设，推动社区志愿服务工作站全覆盖。支持发展社区专业志愿服务组织，广泛开展“双报到”“党员义工日”活动。常态化实施“青春志愿·爱在社区”项目。创新青少年志愿服务工作机制，制定学生志愿服务管理办法。强化职工志愿服务和巾帼志愿服务。依托全市志愿服务网络对接平台，推行“群众点单、社区派单、志愿者接单、社会评单”服务模式，促进社区居民需求与志愿服务供给有效对接。建立志愿者嘉许制度，推广“爱心银行”“志愿积分”等模式。到“十四五”末，社区志愿者人数占比达25%，有服务时间记录的志愿者人数占注册志愿者总数的80%以上。

七、探索发展城乡社区经济

选取具有工作基础的社区开展社区经济试点，坚持政府引导和市场运作相结合，推动社区公有资本、群众资金与国有资本、社会资本优化联合，结合实际探索以社区便民利民服务为主的社区经济形态，支持条件成熟的社区通过兴办社区社会企业等方式，探索社区经济孵化、发展、监管方法路径，增强社区自我发展能力，提升社区自我服务水平。

（一）积极发展社区社会企业

1. 建立社会企业培育机制

在明确经营范围的基础之上，制定社会企业登记管理措施、办法、章程示范文本，开展社会企业登记注册；放宽社会企业名称登记条件和企业住所、经营场所登记条件。鼓励国有企业、社会团体、公益基金会、有志于公益事业的企业和个人，依照《公司法》投资创办社会企业；积极引导物业服务等企业转为社会企业；促进公益性优质社会组织转型为社会企业；鼓励各类孵化平台为社会企业提供孵化服务；鼓励引导各方社会力量通过公益创投、影响力投资等方式，支持优秀社会企业做大做强。将社会企业培育发展纳入社区示范创建内容，鼓励社区开发利用场地资源和公共空间资源开办社会企业。

2. 优化社会企业发展环境

引导银行业金融机构加大服务力度，为符合条件的社会企业提供金融服务。鼓励股权投资基金对符合条件的社会企业给予资金支持，推动社会企业发展。切实落实财政、税收政策对社会企业的支持措施，积极争取对科技、现代服务型社会企业的项目、资金支持。鼓励和支持社会企业以市场公平竞争方式参与政府采购。鼓励和支持社会企业积极参与社区保障和改善民生领域的公共服务项目。

3. 建立社会企业监管体系

创新社会企业监管体系，促进社会企业规范运行。实施信用监管和行业监管，促使社会企业履行社会承诺、规范企业运行。社区居民委员会按照属地原则，开展对辖区社会企业的指导服务，参与社会企业服务评价和考核等管理工作。支持社会企业建立社会企业联盟自律公约制度，引导和规范社会企业行为；建立社会企业服务项目评价机制和意见反馈机制，强化对社会企业的监督。建立社会企业退出制度。

（二）稳步推动社区基金发展

1. 完善社区基金管理架构

探索县（市、区）、园区负责社区发展基金的管理和运行工作机制。丰富社区资金来源。鼓励有条件的地方通过企业、个人和社会组织捐赠等方式设立社区治理发展基金。积极整合、动员社区公益资源，聚集优质社区资源转化成有效的、可持续的公益资源，使居民、企业、社会组织常态参与社区捐赠，通过每年的慈善公益主题活动、集中捐赠活动、居站的日常性捐赠款物接收、公益市集等形式，将所得款项注入社区发展基金。完善居民投入精神荣誉褒奖嘉许制度，增强社区“造血”功能。探索“福彩进社区”，以社区特别法人身份配置福利彩票销售点。

2. 规范社区基金使用

社区发展基金按照与公募基金会协商的用途使用，由每年召开的社区发展基金管理委员会决定具体资助计划。规范社区资金使用流程，通过项目申报—项目评审—财务审计—项目评估—信息公开等程序，拓展群众参与渠道。

（三）培育发展社区服务业

1. 发展社区便民商业服务

将社区便民商业服务场所布局纳入城乡社区规划、改造工作中统筹，支持将临街住房改为提供居民生活服务场地。

2. 鼓励兴办居民服务业

支持开设社区超市（便利店）、肉菜市场、快递、洗涤、缝补、维修等生活保障性商业网点，多方式多渠道提供护理、托管、资源回收等生活服务。推动“互联网+”与社区服务相融合，培育新型服务业态和服务品牌，建成规划合理、结构均衡、竞争有序的社区商业体系。

（四）大力发展家庭服务业

大力发展托育服务、养老服务、社区照料、病患陪护等主要功能在内的家庭服务业。支持县（市、区）、园区建设一批嵌入式、分布式、连锁化、专业化的社区托育服务设施，提供全日托、半日托、计时托、临时托等多样化服务。在社区推进家庭关系、教育健康、法律咨询、心理健康等辅导及咨询服务。加大家政服务业培育，加大家政服务行业技能培训力度，安排相关学校、企业进社区提供育婴、母婴、月嫂、养老、保健康复等方面的家政服务技能培训，壮大家政服务行业队伍，提高家政服务质量。积极推进线上线下家政服务超市建设，加快打造家政服务网络平台。

八、促进城乡接合部新型社区发展融合

围绕理顺治理架构、优化服务保障、改善治理环境、提升治理效能等方面，推动城乡接合部新型社区与全市城乡社区融合发展。

（一）理顺治理架构

全面清理隶属关系不清、辖区边界模糊的城乡接合部区域，积极稳妥推进村改社区工作，推行户籍管理与居住登记并行的人口服务管理新模式，规范管理关系。健全组织体系，因地制宜探索党组织设置形式，及时跟进党员组织关系转接，因村集体经济权益分配等特殊原因暂时无法转入的，要参加固定居住地社区党组织活动。设置新型社区居民委员会、居务监督委员会，加大业主委员会（院委会）、自管委等自治组织建设力度。选优配强新型社区“两委”班子特别是党组织书记，优化“两委”班子结构，依法依规提高非户籍常住居民和党员在“两委”成员中的比例。

（二）优化服务保障

加大新型社区供水、供电、供气、通信、消防、环卫等基础设施建设，提升社区品质。鼓励经济条件好的地区推广城乡环卫一体化运营模式，深入推进城乡“厕所革命”攻坚行动，鼓励新型社区创建“绿色社区”，合理布局和建设公共空间微更新。建立新型社区多元投入机制，大力实施社区综合服务设施“补短板”达标工程，推进党群服务中心亲民化改造。探索以政府购买服务为主渠道，提高养老托幼、社会救助、法律援助、环境整治和殡葬供给等公共服务质效。加快新型社区治理智能化建设，推动门禁管理、停车

管理、公共活动区域监测，支撑新型社区突发事件快速智能响应。

（三）改善治理环境

深化城乡接合部突出治安问题排查整治，完善落实流动人口服务管理制度机制。探索建立新型社区工作与物业管理融合发展机制。以企业改制、拆迁安置、自建房集中社区为重点，强化风险隐患排查，全覆盖建立矛盾纠纷多元化解协调中心。全面开展全要素全科网格建设，实现“多网合一、一网运行”，按照“一格一员或多员”的标准配齐配强网格员。深入推进城乡接合部农贸市场、商品市场等建设，建立健全租赁用房市场规范化、信息化管理机制，推行房屋准租和人员准入登记备案制度。推动应急管理机构规范化和应急管理能力标准化建设，每个新型社区结合实际制定应急预案和应急处置机制，定期开展应急演练。

（四）提升治理效能

建立街道（乡镇）党工委（党委）书记季度到新型社区接访制度。发挥新时代文明实践中心（站、所）作用，引导新型社区居民自觉抵制各种陈规陋习，制定符合新型社区治理的自治章程、居民公约、小区规约等。深入推进新市民素质提升，发挥自治、法治、德治融合效应。实施职业技能提升行动和重点人群专项培训计划，积极开发公益性岗位，加大对困难群体的就业保障和政策兜底。

九、启动未来社区建设试点

以推动人的全面发展和社会的全面进步为出发点，聚焦人本化、生态化、数字化三维价值坐标，以和睦共治、绿色集约、智慧共享为内涵特征，系统营造未来邻里、教育、健康、创业、低碳、建筑、服务和治理等场景，稳步推进我市未来社区建设，努力打造引领全省的未来社区绵阳样本。充分发挥示范引领作用，支持县（市、区）、园区先行先试，为绵阳未来社区建设探索路径、积累经验。

第十一章　绵阳城乡社区治理现代化路径

推进绵阳城乡治理现代化，核心是健全“党建引领、综合服务、综治保障、科技赋能”的城乡社区治理架构。加强党建引领，不断增强基层党组织的向心力和凝聚力；提升综合服务，不断增强城乡居民获得感和幸福感；强化综治保障，不断增强城乡居民安全感和稳定感；推动科技赋能，不断提升基层社会治理高效化和现代化。

第一节　加强党建引领

健全党建引领社区治理机制，建立“纵向到底、横向到边、全面覆盖”的党建引领工作格局，进一步增强党组织对社区治理的领导。

一、健全党建引领机制

压实乡镇（街道）党（工）委责任，建立健全街道党工委牵头、驻区单位党组织负责人参加的社区党建工作联席会议制度，加强党对城乡社区服务体系建设的全面领导。全面健全社区党组织引领，基层群众性自治组织主导，社区居民为主体，群团组织、社区社会组织、社会工作者和驻区单位共同参与、协同开展社区服务的体制机制。全面落实党领导下的城乡社区协商制度，围绕群众关心的服务事项广泛开展议事协商。全面加强党建引领社区服务体系建设，扎实做好服务群众、教育群众、凝聚人心工作，组织引领群众听党话、跟党走。全面落实在职党员到社区报到为群众服务制度机制，推动党政机关、企事业单位到村（社区）开展服务。推动有物业服务的社区建立健全党建引领下的社区居民委员会、业主委员会、物业服务企业协调运行机制，强化社区党组织领导能力、居民委员会指导能力、物业服务企业服务能力。健全党建引领社区社会组织工作机制，乡镇（街道）党（工）委和社区党组织加强对社区社会组织参与社区服务的领导。

二、健全基层党组织体系

进一步健全社区党组织体系，推动基层党建与基层治理深度融合。

（一）健全组织架构

健全乡镇（街道）党（工）委、社区党组织、居民小组（网格、小区、院落）党组织三级架构，推动符合条件的居民小组（网格、小区、院落）及时建立党组织。

（二）加强班子配备

拓宽选人渠道，加大从辖区“两新组织”、优秀退役军人、高校毕业生、网格员、小区党组织书记、优秀社工人才等群体中选拔社区党组织成员力度；积极推行社区党组织书记通过法定程序担任居民委员会主任、社区“两委”班子成员交叉任职，严格落实社区党组织书记县级备案制度；支持居民小组党组织书记依法民主推选为居民小组长。

（三）完善小区治理

理顺党组织和业主委员会、物业服务企业之间的关系，构建党建引领、联动协调的小区治理架构。在社区党组织引导下，规范成立业委会、院委会、自管委等，推动社区党组织书记或成员通过法定程序担任小区业主委员会主任或成员，符合条件的社区“两委”成员通过法定程序兼任业委会成员；通过发展党员、选派党建指导员等方式，全面推行小区“红色物业”；推动在公务员居住较为集中的商住小区建立小区党组织，探索总结小区治理模式；完善社区党组织对业主委员会和物业服务企业的监督和评议体系，推动将党组织的领导等写入小区管理规约、业主大会（业主委员会）议事（工作）规则。

三、构建区域化党建组织体系

构建“横向到边”的区域化党建组织体系，推动基层区域党建全面覆盖。

（一）全面推行兼职委员制度

积极组建社区区域化大党委，吸纳驻地大院大所、高校、机关企事业单位、国有企业等党员负责同志担任社区党组织兼职委员，社区党组织与驻地单位签订共建协议，健全完善区域化党委议事协调制度，常态化开展干部互派、组织共建、活动共联、资源共享，做实互联互动，促进驻地单位有机融入城市基层治理。

（二）加强新兴领域“两个覆盖”

结合开展两新组织“两个覆盖”集中攻坚，统筹推进产业园区、商务楼宇、商圈市场等基层党组织建设，扩大新兴领域党建有效覆盖；引导两新组织党组织参与社区区域党委，加强互联互动，推动资源共享；推动符合条件的群众自组织按业缘、地缘、趣缘、网缘等建立功能党小组；加强社区社会组织党建工作；加强党建带群建工作，切实引导工、青、妇等群团组织在社区治理中发挥作用。

四、推进党建引领“三治融合”

坚持以党建为引领，推动形成自治活力、法治秩序、道德规范相契合的城乡社区治理局面。

（一）激发社区自治活力

加强党组织领导下社区群众性自治组织规范化建设，合理设置居民小组，推动社区居民委员会设立环境和物业管理委员会。全面推行社区重大事项“四议两公开”，完善居民议事会、居民代表会、居务监督委员会等运行机制；探索建立乡镇（街道）协商与城乡社区协商的联动机制；规范业主、业主委员会和物业机构联席协商制度；健全完善居民公约“红黑榜”制度，促进群众依法自我管理、自我服务、自我教育、自我监督。

（二）加强法治保障

健全社区法律顾问制度，加强社区公共法律服务站（室）建设，推行“一社区一法律顾问”工作机制。完善基层法律援助机制，发挥律师、法律服务工作者等在提供公共法律服务中的作用。建立社区“两委”成员集中学法制度，加强宪法和习近平新时代法治思想的学习宣传贯彻。落实“谁执法谁普法”普法责任制，全面实施“八五”普法，开展法律进社区活动。实施“法律明白人”培育工程，培育一批以社区干部、人民调解员等为重点的“法治带头人”。完善法治服务供给，推广社区法律之家建设经验，推进法治宣传教育，引导城乡接合部新型社区群众依法理性表达诉求。深化法治示范社区创建活动。

（三）弘扬社区德治功能

将社会主义核心价值观融入居民公约，内化为居民的道德情感，外化为服务社会的自觉行动，增强居民的社区认同感、归属感、责任感和荣誉感。推进新时代文明实践中心（站）建设，大力开展新时代文明实践活动。以文明社区、文明家庭创建为载体，深入开展社会公德、职业道德、家庭美德、个人品德教育，广泛宣传《绵阳市文明行为促进条例》。建立健全道德评议机制，推行“红黑榜”制度。组织开展邻里互助、邻里联谊等活动，增进社区居民情感融合；实施乡风文明培育行动，开展“传家训、立家规、扬家风”等活动，发挥红白理事会积极作用，整治婚丧大操大办、高额彩礼、铺张浪费、厚葬薄养等不良习俗。大力推行社区“道德银行”，对文明行为进行记录，实行积分制管理，文明行为积分用于兑换物资或者服务。加强基层治理诚信体系建设，完善奖惩联动机制，加快打造“信用绵阳”。

专栏4　城乡社区“三治融合”筑基工程

1. 社区自治固本工程。持续推进基层民主政治建设，推动县（市、区）建立议事协商事项目录和议事预审制度，推动城市社区全面推行重大事项“四议两公开”，实现“四议两公开”规范化建设达标率达100%；完善党组织领导下的基层民主协商机制，健全城乡社区协商制度，建立乡镇（街道）协商与城乡社区协商的联动机制。

2. 社区法治强基工程。建立健全居民自治章程和居民公约县级民政部门合法性审查、备案和督导机制；运用信息化系统搭建“学法考试平台”，加强社区专职工作者学法用法教育培训，开展民主法治示范社区创建活动。

3. 社区德治润心工程。城乡社区全覆盖建立红白理事会、道德评议会，社区道德评议机制覆盖率达100%；健全居民公约“红黑榜”制度，广泛开展道德模范、优秀党员、“十星文明户”“好公婆”“好媳妇”等先进评选活动。

五、加强社区纪检监察监督工作

注重选拔政治过硬、群众威信高、熟悉社情民意的党员担任社区党组织纪委书记（纪检委员），配齐配强居务监督委员会成员，落实办公场所、工作经费、工作补助。充分发挥市县巡察的政治监督作用，推动巡察向社区延伸。加强对基层群众性自治组织中从事管理的人员、其他依法履行公职人员的监督。充分发挥居民代表作用，深化“阳光问廉”，以院坝会、群众答疑会、“点题专述”等多种方式，调动群众参与居务监督工作的积极性主动性。聚焦城乡低保、救灾救助、养老医疗等领域，持续整治漠视侵害群众利益的突出问题，坚决查处群众身边的不正之风和“微腐败”。以党内监督为主导，推动各类监督有机贯通、相互协调。

第二节 提升综合服务

精准对接人民群众多层次多样化服务需求，优化服务供给、健全运行机制、拓展服务领域，夯实服务城乡居民“最前沿”和“最末端”。

一、做实“减负增效”

建立社区依法履职、协助办理、负面事项“三张清单”，持续开展“社区减负回头看”专项行动，一律取消社区作为责任主体的拆迁拆违、环境整治、城市管理等事项和社区的“一票否决”事项，推行社区准入备案制度。开展社区挂牌和出具证明事项专项整治，除机构编制专项法律法规明确规定外，上级职能部门不得要求街道和社区对口设立机构或加挂牌子。按照“开放式、集约化、共享性”原则，统筹设置社区党群服务中心，实行“一门式”办理和“一站式”服务。健全与职责相适应的考评体系，增强社区自主权和对驻区单位的考核建议权。

二、优化社区服务供给

（一）推动政务服务下沉社区

因地制宜推进政务服务向社区综合体和社区党群服务中心延伸。推进基层政务服务信息平台建设，最大限度集成不同层级、不同部门、分散孤立、用途单一的各类业务信息系统，构建实体受理窗口、网上办事大厅、移动客户端、自助终端的多样化服务格局，实现群众办事“小事不出社区、大事不出镇街”。

（二）集成公共服务下沉社区

实现基本公共服务城乡社区全覆盖，满足城乡社区居民能够就近就便办理和享受基本公共服务，在社区内实现幼有所育、学有所教、病有所医、老有所养、弱有所扶，优军、文体、应急安全服务有保障等需求。实现政务代办服务城乡社区全覆盖。加强兜底服务能力建设，重点强化社区养老、托育、助残服务供给，加强对困难群体和特殊人群关爱照护，做好传染病、慢性病防控等工作，推动社区居家养老协同发展。强化社区矫正、社区戒毒社区康复、刑满释放人员帮扶和精神障碍社区康复服务，为遭受家庭暴力的居民提供应急庇护救助服务。建立健全发现报告和家庭监护监督制度，加强城乡社区未成年人保护工作。支持各类专业组织、机构在城乡社区开展社会心理服务，完善疏导机制，强化精神慰藉、心理疏导、关系调适、社会融入等服务。建立健全城乡社区教育服务站点，完善社区居民健康档案，提升社区疾病防控信息化水平。推进健康社区和居民委员会下属公共卫生委员会建设。扩大城乡社区文化、体育、科普等公共服务供给，改善社区生活品质。在有条件的社区设立就业创业空间，重点为社区居民中的失业人员、就业困难人员、高校毕业生、退役军人、残疾人等群体提供服务。开展殡葬服务进社区试点活动，宣传殡葬政策、提供信息咨询、协助文明治丧，引导群众树立绿色殡葬理念。在城市社区全覆盖建立环卫工人、快递小哥、外卖骑手等户外工作者或新型劳动群体休息驿站，实现社区综合服务向非特定性群体拓展。加强城乡社区服务档案建设，提高档案管理信息化水平。

（三）提升居民自我服务能力

积极引导社区居民成立服务功能类、兴趣爱好类社区“微组织”“自组织”，充分发挥其在链接社会资源、丰富文体生活、调解邻里纠纷、增强社会活力等方面的积极作用；鼓励建立社区居民公益活动积分制度，充分调动城乡居民在增强自我服务、参与社区治理、参加志愿活动等方面的积极性；分级设立“社区最美XX”系列荣誉，注重发挥老党员、老教师等社区居民群体和入党积极分子、网格员、楼栋长、居民小组长等社区治理骨干力量在居民自我服务中的积极作用。

（四）拓宽居民参与互助服务渠道

完善居民公约，鼓励以居民小组、小区、网格、楼院等为单位成立居民互助形式，开展社区公共区域维护管理和互帮互助活动。

（五）加大政府购买力度

完善政府购买社区服务机制，逐步增加对特殊困难群体的政府购买服务经费。建立健全县级发布年度《政府购买社区服务指导性目录》机制，将分散于不同部门之间但相似度较高的服务项目和资金等进行整合。以县（市、区）、园区为单元，探索建设政府购买服务资源交易信息平台。加强政府购买服务合同管理和流程管理，完善有利于社会组织发展的财政政策。推进“费随事转、人随事走”，鼓励支持基层群众性自治组织承接政府购买服务事项。健全社会主体承接政府转移职能和委托具体事务的制度机制，健全政府购买公共服务考核评价机制，不断提升资金使用效率和公共服务效能。

（六）加强社区残疾人协会建设

加强社区残协的规范化建设,完善内部治理结构，按规范程序产生残协委员会，按规定配齐相关人员，明确每届任期，完善工作制度，抓好专职委员队伍建设。将残协经费纳入当地政府财政经费预算，积极协调各方面力量，为残协开展工作和活动提供必要的支持和保障。2022年底全市实现社区残协建设全覆盖。

表2　城乡社区协助开展基本公共服务主要项目

服务领域	服务项目
社区托育服务	协助做好孕产妇健康服务、基本避孕服务、预防接种、儿童健康管理政策宣传；开展受监护侵害未成年人家庭随访。
社区未成年人服务	开展未成年人特别是重点群体的探视服务；建立重点群体个人档案；对有需求的群体实施基本生活、医疗、教育、住房等救助帮扶；对监护缺失的未成年群体实施救助保护；履行强制报告义务。

续表

服务领域	服务项目
社区教育文体服务	以社会主义核心价值体系为重点，大力发展社区教育，构建终身学习体系；广泛开展思想道德、文化艺术、知识技能、生活常识等教育培训活动；鼓励支持在校学生参加社会治理服务实践；免费开放居民书屋、社区图书馆等公共文化设施；因地制宜组织开展文化体育公共服务。
社区就业服务	协助做好居民就业信息服务、职业介绍、职业指导和创业就业指导，就业登记与失业登记，流动人员人事档案管理工作；做好在校学生到社区就业见习服务；开展高校毕业生社区创业服务。
社区医疗服务	协助做好居民健康档案、健康教育与健康素养促进、社区符合条件的计划生育家庭特别扶助工作；做好传染病及突发公共事件报告和处理、卫生监督协管服务、慢性病患者健康管理、严重精神障碍患者健康管理、艾滋病毒感染者和病人随访管理、社区易感染艾滋病高危行为人群干预工作。
社区养老服务	协助做好生活困难的失能老年人社区居家养老服务补贴申领；做好高龄失能独居老年人社区探访工作；推动社区养老服务综合体等养老服务设施建设。
社区助残服务	协助做好困难残疾人生活补贴和重度残疾人护理补贴申领，开展残疾人照护、托养等助残服务。
社区帮扶服务	协助做好最低生活保障、特困人员救助供养、医疗救助、临时救助、受灾人员救助、法律援助工作。
社区优军服务	协助做好优待抚恤发放配合工作；引导退役军人到社区就业创业；引导社会力量为退役军人功臣模范、先进典型提供志愿服务、个性化服务；建优建强线上线下退役军人服务站。
社区殡葬服务	协助做好殡葬政策宣传，加强殡葬服务信息供给。协助丧属办理丧事。

三、健全“五社联动”机制

创新社区与社会组织、社会工作者、社区志愿者、社会慈善资源的“五社联动”机制，推动城乡社区治理水平提升。

（一）推动“五社联动”主体功能完善

完善社区基础平台功能，社区“两委”积极培育社区社会组织，动员社区志愿者，吸纳社区公益慈善资源，支持、引入、监督、培育、孵化社会工作服务机构开展社会工作专业服务。完善社区社会组织服务供给功能，承接、实施社区公益项目或活动，组织居民开展自助互助服务，在提供社区服务、扩大居民参与、培育社区文化、促进社区和谐等方面发挥积极作用。完善社会工作者专业服务功能，协同社区“两委”开展居民服务需求调研，策划服务项目，参与或督导项目实施，为社区工作者和社区志愿者提供专业参谋、实践指引和服务指导，参与孵化培育社区社会组织。完善社区志愿者服务参与功能，在专业社工和社区工作者的带动引领下，积极参与社区自助互助服务和社区治理。完善社区公益慈善服务资源，充分激活社区可获得、可支配的用于回应社区需求、提供社区服务、解决社区问题的物质、资金、技术、服务等公益慈善资源。

（二）培育和发展“五社联动”主体

加大社会组织培育力度、搭建政府向社会组织购买服务平台，积极引导社会组织在反映利益诉求、规范社会行为、化解社会矛盾、扩大公众参与、提供公共服务等方面发挥积极作用。建立“市—县（市、区）—街（镇）—社区（村）”四级社会组织孵化机制；推动绵阳市社会组织孵化中心提档升级；鼓励有条件的县（市、区）探索建立社会组织孵化园。分级孵化培育各类社会组织，市县（市、区）重点孵化培育枢纽型、支持型、平台型社会组织；以县级为主，重点实施社区社会组织孵化培育“双百工程”。通过“单建+联建”方式，加强社区社会组织党的建设。鼓励社区党员担任社区社会组织负责人，将符合条件的社区社会组织骨干培养成党员，依法将社区社会组织中的优秀党员作为社区“两委”班子后备人选。健全社会工作专业人才职业培养、评价、激励、发展、道德等配套制度机制。探索建立健全“志愿者—社工—专业社工—社区专职工作者”成长发展路径。鼓励退休老党员、老干部参与社区治理。引导社会力量举办和发展社会工作服务机构，支持成立绵阳市社会工作协会，与在绵高校共建绵阳社会工作发展研究中心，开展社会工作行业交流、人才培育、机构孵化、理论研究。探索实行“时间银行”“绿色账户”等志愿服务促进措施，推进社区志愿服务制度化和常态化。全面落实税收优惠等激励扶持政策，探索建立慈善行为记录和激励机制，鼓励发展慈善组织和慈善信托。大力发展“互联网+慈善”，广泛动员社会公众和企业参与慈善事业。

（三）畅通“五社联动”运行机制

探索社区组织有效识别居民需求、统筹治理资源、设计服务项目、优化项目管理的治理统筹能力，完善社区组织链接慈善资源的动员机制，探索社区组织吸纳社区居民参与社区服务项目提出、运行、监督全过程的制度设置，优化社区志愿服务参与机制，探索社区组织评估社会组织参与社区治理成效的指导意见。推动健全政府购买社会工作服务长效机制，积极吸引社会资金投入社会工作领域。建立县（市、区、园区）、街道（乡镇）、社区（村）三级社会工作服务体系。实施社会工作服务试点项目，以政府购买服务方式引入专业社会工作力量，开展社会工作专业服务，培养本地社会工作人才。推进乡镇（街道）社工站建设，打造枢纽型、立体型、综合型的社会工作和志愿服务平台载体。运用全国社会工作信息系统，推进社会工作信息化建设。鼓励慈善组织建立社区发展（慈善）基金，搭建社区慈善文化宣传、慈善需求发布、慈善资源整合、慈善服务支持、慈善人才培育平台，拓宽社会公众参与公益慈善渠道，探索建立基层慈善服务体系，提升基层慈善服务水平和慈善捐赠应急响应能力。

四、拓展服务综合效能

（一）强化治理资源整合效能

分“市—县（区、市、园区）—街道（镇）”三级分别建立“一张治理项目清单”，统筹整合多部门治理资源，形成治理合力。探索闲置国有资产管理移交社区，推动社会组织、社会企业等主体共同开发利用社区闲置资源。探索市场主体与社区服务诉求的供需对接机制，在不同社区类型中，分层分类探索社会资本参与社区服务设施投资、建设、管理及运营的供需对接机制，综合运用公建民营、价格和补贴动态调整等方式创新社会资本服务设施建设机制，促进公共资源配置最优化、社区居民可及性最大化。

（二）建立社区服务动态调整机制

落实公共服务基础设施滚动建设计划，探索开展公共政策服务常住人口、公共服务覆盖服务人口改革试点，推动服务供给与人口流动迁徙、区域功能疏解精准匹配、动态平衡。完善社区基本公共服务清单及动态调整机制，全面实行基本公共服务的需求识别、清单管理、动态调整。建立完善公共服务政策与项目公众评议评价机制，依托社会组织、大众传媒、群众自治组织等汇集、分析、反馈群众利益诉求。

（三）提升社区服务供给效能

优化社区综合体、社区党群服务中心、小区党群服务站三级社区服务载体功能，鼓励相似服务功能在同时段共享同一空间、互补服务功能在同一时段无边界融合，建立“8小时外社区服务设施开放计划”和“错时服务计划”，特殊项目可开展8小时以外线上服务，提升区域内镇街、社区、小区服务中心能级。支持市场主体、社会力量、社区居民共同参与社区服务载体建设、管理和运行，健全委托专业机构运营与自主运营并行、商业服务与公益服务结合、经济利益与社会效益兼顾的管理运营模式。鼓励引入专业化物业服务，建立健全业主和物业服务企业双向选择机制；完善居民委员会组织体系，指导和监督业主委员会、物业服务企业依法履行职责。对不具备引入专业化物业服务的，通过社区托管、社会组织代管或居民自管等方式，提高物业管理覆盖率。探索建立健全社区服务“好差评”评价激励制度，建立健全城乡社区服务群众满意度调查评估制度，精准匹配社区居民需求。

专栏5　社区综合服务能力提升计划

1. 城乡社区减负赋能行动计划。落实城乡社区工作事项准入备案制度的指导意见，推动全覆盖建立事项依法准入和动态管理机制；全覆盖建立挂牌准入制度、牌子日常管理制度、挂牌督查问责制度；推动全市城乡社区基本建成服务和管理平台，城市运行“一网统管”、政务服务

“一网通办”综合实现率大幅提升。

2. 社区未成年人保护行动计划。所有社区建成未成年人关爱保护服务阵地，健全社区儿童主任制度，实现社区未成年人工作专人专岗，全覆盖建立重点未成年人群体个人档案。

3. 社区教育行动计划。加快面向基层，特别是面向社区的老年教育供给，依托国家开放大学终身学习公共服务大平台和优质的在线课程，创新发展各种形式的社区教育服务。

4. 社区文化服务行动计划。“十四五”末，城乡社区普遍建立综合性文化服务中心，引导各类文化资源向城乡基层倾斜，策划实施一批民生分量重、社会关注度高、边际带动性强的公共文化项目。

5. 社区全民健身行动计划。推动县级体育协会等向下延伸，实现社区体育协会等群众性体育健身社会组织全覆盖；选择支持一批城市社区通过设立公益性岗位等方式，吸纳退役运动员、社会体育指导员等指导开展社区居民健身活动。

6. 社区就业服务行动计划。依托城乡社区综合服务设施，加强劳动就业服务能力建设，重点为高校毕业生、退役军人、农村转移劳动力、就业困难人员、残疾人等重点群体提供服务。

7. 社区卫生服务行动计划。推动基层群众性自治组织下属委员会社区公共卫生委员会建设，“十四五”末，力争实现全市城乡社区公共卫生委员会建设全覆盖；全面提升基层医疗卫生机构服务能力，全面推进社区医院建设工作，科学规划布局，结合群众需求，突出服务特色。

8. 社区居家养老服务行动计划。推动建设社会养老服务综合体、社区日间照料机构，提供失能护理、日间照料以及助餐、助浴、助洁、助医、助行等服务，推动养老服务覆盖所有居家老人；全市所有街道和有条件的乡镇至少建有1个社区养老服务综合体，力争乡镇（街道）范围具备综合功能的养老服务机构覆盖率达60%以上，社区养老服务覆盖率达 90%以上。

9. 社区助残服务行动计划。开展残疾人家庭医生签约服务工作，举办残疾人社区康复工作培训，做好患者家属专家互助、精神障碍社区康复服务项目等残疾人互助康复项目。2022年底，实现城乡社区残疾人协会全覆盖。结合城镇老旧小区改造、智慧城市建设、乡村建设行动等，同步推进社区无障碍环境建设。

10. 社区殡葬服务行动计划。依托社会工作服务站，开展殡葬服务进社区试点工作，面向社区群众开展殡葬政策宣传、殡葬信息提供、协助居民治丧等便民利民服务。

11. 社区社会组织孵化培育“双百工程”。每年新增登记和备案100个功能服务型和100个兴趣爱好志愿服务型社区社会组织。

12. 社会工作服务体系建设试点工程。从2021年起，市级每年选取至少5个街道（乡镇）支持实施社会工作服务体系建设试点项目，整合基层民政业务，整合部门下沉服务，整合各类社会资源，带动片区化设置和运行至少50个街道（乡镇）社会工作服务站，市县两级同步开展试点，之后再用两年时间，扩面运行街道（乡镇）社工站，并逐步向社区延伸运行社区社工室，形成专业化的社会工作服务力量和网络网点。

13. 社区志愿服务行动计划。推动乡镇（街道）依托社会工作站建设志愿服务站，推进城乡社区志愿服务站点全覆盖建设。推动养老服务、儿童福利、未成年人保护、婚姻登记等机构和城乡社区设置相对稳定的志愿服务岗位，鼓励开展社会救助、养老助残、未成年人关爱保护等领域志愿服务活动，培育一批志愿服务品牌项目。

14.“夕阳红”余热生辉行动计划。依托各地老年大学和老年协会，成立老年志愿服务队伍，鼓励低龄老人发挥余热，为高龄和困境老人提供常态化的服务。力争“十四五”末，我市注册的老年志愿者达10万人，老年志愿服务队伍实现县（市、区、园区）全覆盖。

15. 社区老兵志愿服务行动计划。力争每个社区组建一支退役军人志愿服务队伍，常态化开展志愿服务。持续改善志愿服务方式，推动实践创新，推进“社区老兵志愿服务”品牌化和高质量发展。

第三节　强化综治保障

统筹推进城乡社区治理与社会综合治理，厚植社会和谐稳定基石。

一、提升平安社区建设水平

深化城乡社区警务战略，加强居民委员会下属治安保卫委员会建设，健全完善群防群治、联防联治机制，提升社区平安建设能力水平。

（一）健全平安社区建设机制

构建党委领导、政府负责、群团助推、社会协同、公众参与的平安建设机制，构建共建共治共享格局。建立并推进社区发展治理、社会综合治理重点工作的“双线融合”工作机制。

（二）加强社会治安防控体系建设

坚持专群结合、群防群治，进一步做实城乡社区警务工作，形成问题联治、风险联控、平安联创的工作机制，不断增强社会治安防控的整体性、协同性、精准性。健全扫黑除恶斗争长效机制，彻底铲除黑恶势力滋生土壤。深入打击整治涉枪涉爆、电信网络诈骗、侵害未成年人和盗抢骗、黄赌毒、食药环等违法犯罪。加强流动人口和特殊人群服务管理，强化社会治安重点地区排查整治，净化社会治安环境，推进治安防控重心下移，提升基础防范和源头管控水平。

（三）防范化解社会矛盾风险

完善社区矛盾纠纷多元预防调处化解综合机制，建立社区矛盾纠纷多元化解平台，巩固充实乡镇（街道）、社区人民调解委员会，充分发挥调解、仲裁、行政裁决、行政复议、诉讼等在防范化解社会矛盾中的作用。健全完善“民转刑”命案防范长效机制，健全社会心理服务体系和疏导、危机干预机制，完善社会心理服务网络，培育自尊自信、理性平和、积极向上的社会心态。加强社区反邪教工作能力建设。

（四）深化“六无”平安社区建设

坚持专项治理、系统治理、综合治理、依法治理、源头治理，在全市持续深入开展“无黑恶、无毒害、无邪教、无命案、无重大安全事故、无群体性事件”“六无”平安社区建设活动，着力解决部分地方涉黑涉恶违法犯罪、治安乱点、毒品问题、公共安全事故、邪教活动等突出问题，破解社会治理难题。

（五）着力建设坚固国家安全人民防线

在院所、企业所在社区实施“安全、安居、安业”工程，构建“小区党支部+业主委员会+物业服务人+人民防线工作站（楼栋长）+党员中心户（国安信息员）”责任体系。推动将维护国安、反间防谍、人人有责写入居民公约。做细联防联控，在外来租房人员、流动人口密集等重点小区探索建立人脸识别系统、监控系统、巡更系统。

（六）加强专业化人才队伍建设

健全司法辅助人员、警务辅助人员、社区矫正机构工作人员管理制度，提升科学化、规范化、精细化管理水平。健全完善律师、公证员、司法鉴定人、仲裁员等法律服务工作者职业道德和行风建设政策，提高公共法律服务水平。

二、完善民生呼叫响应机制

（一）完善社区网格化服务管理模式

坚持大联动、微治理，促进网格、职责、队伍、平台、工作流程、数据资源融合，构建全域覆盖、全网整合、规范高效、常态化运行的网格化管理服务体系。推动现有党建、公安、民政、人社、城管、应急、环境保护等各类网格科学整合，建立“同一套网格、同一支队伍、管多种事情”的“全科网格化”管理服务模式。探索建立“街道、社区网格长+专兼职网格员+社会志愿力量”的“2+1+N”网格管理架构，建立“网格发现、社区呼叫、分级响应、协同治理”的工作机制。结合社区实际，依据户籍人口、流动人口、管辖面积等合理设置单元网格，原则上每个单元网格以300—500户为宜。编制网格员职责清单，完善专职网格员报酬正常增长机制。建立网格员队伍准入和退出机制。健全网格化管理服务事项准入和项目化支持制度。加强网格资源整合，赋予社区党组织统筹调度网格资金、人员的职权。建立街道社区党员干部包联网格、走访群众制度，打通联系服务群众“最后一百米”。

（二）建立居民诉求“全响应”工作机制

健全社情民意收集、处理、反馈机制，完善人民建议征集和党代表、人大代表、政协委员工作室制度。建立市县两级诉求全响应指挥中心，构建“中心接件+分类派单”和“网格呼叫+中心响应”双向联动工作模式，推动居民诉求一键回应。探索完善网络理政和网格化服务资源整合，建立“网格发现、社区呼叫、分级响应、协同处置”工作模式。

（三）建立矛盾纠纷“全链条”化解体系

提升四级综治中心实体化实战化运行能力。实现四级综治中心规范化建设，形成矛盾纠纷联调、重点人员联管、服务管理联抓、基层平安联创的工作格局。逐步整合网格化服务管理中心、矛盾多元化解协调中心、社会治理中心、关爱中心、政法宣教中心等与综治中心一体化运行。制度化推进诉源治理和诉非衔接、公调对接、检调对接、访调对接，构建矛盾纠纷多元预防调处化解机制。

三、构建社区应急防控体系

（一）构建社区应急准备体系

分层分类编制社区综合减灾规划。健全社区“两委”联系群众机制，经常性开展入户走访。加强群防群治、联防联治机制建设，制定覆盖全链条、全灾种、流程化、平战转换的社区应急预案。设立社区减灾应急服务中心，合理布局社区应急标识、应急设施、应急场所（场馆）。定期对社区居民、驻区企事业单位从业人员开展应急知识宣传、技能培训、应急演练，充分调动居民有序参加社区减灾应急工作，提升居民自救互救能力，深入开展综合减灾示范社区创建活动。完善“市、县、乡、村、组、点”六级物资储备体系，加强救灾物资“库、站、点”、应急避难场所、紧急避险点的规划建设。健全应急广播体系，拓展突发事件预警信息发布渠道。

（二）构建社区应急响应体系

建立社区综合监测、风险早期识别和预报预警机制。健全社区与应急、公安、消防等部门定期联系制度和联动协作机制。建立与城市指挥互联互通的社区应急指挥终端。衔接救灾物资集散中心信息化平台，建立精准响应、供需平衡、高效配送的物资调运机制。健全多元主体参与社区应急宣传、举报、响应、处置的激励制度，推动社会组织、志愿者、社区居民和驻区企事业单位、行业组织常态化参与社区应急联动。增强公众防灾减灾意识。加强社区应急知识教育普及工作，开展安全知识进社区、进家庭宣传活动。常态化开展疏散逃生、应急避险演练。引导公众做好家庭应急物资储备和应急避险知识及技能家庭教育。

（三）构建公共卫生防控体系

健全医防融合的市级公共卫生服务体系。编制医疗资源的城乡社区布局规划。完善街镇社区、小区物业机构、基层医疗卫生机构在重大疫情防控中的协同机制。探索建立社区健康师制度、疫情防控卫生专员制度。完善城乡社区疫情防控网络化管理体系。进一步完善应急物资储备监督、使用机制。重点加强急救车辆和装备配备。以市为单位，按照每3万人口1辆的标准配置救护车；以县域为单位，根据县域人口的300%估算人口基数，按照每3万人口1辆的标准配备救护车。

专栏6　平安社区“夯基”工程

1. 建成双线融合机制。深化溯源治理，加强社区调解平台建设，完善社区矛盾纠纷预防调处化解机制。“十四五”末实现建成双线融合机制，城乡社区“雪亮工程”实现基本全覆盖，城乡社区居民对社会治安的满意度超过95%。

2. 实施应急防控体系重点领域建设。重点建设社区减灾应急服务中心，社区消防、安保、灾害等预警预防体系和应急机制，以及社区公共卫生防控体系等应急防控体系重点领域，并实现上述领域在城乡社区的建成率达100%。

3. 平安社区建设行动计划。推进“一社区一警（辅警）”，开展平安社区建设活动，到“十四五”末，社区综合服务管理平台实现全覆盖。

4. 规范四级综治中心建设。完善基础设施，加强队伍建设，不断细化科技支撑能力，不断提升综治中心实体化实战化运行能力，到2023年，四级综治中心规范化建设全面完成。

第四节　推动科技赋能

推动新一代信息技术与城乡社区治理深度融合，建设智能高效的智慧社区。

一、推进统筹一体规划布局

编制和实施市政基础设施、新型基础设施建设、综合交通运输发展、现代物流发展、公共服务、产业发展等各类专项规划和地方经济社会发展综合规划时，将城乡社区治理作为基层治理和社会效益的重要考量评价维度，统筹布局

"互联网+社区"智慧场景应用，促进5G网络、光纤宽带与物联网、监测、机房、智能充电桩等基础设施协同布局。将民生社会领域科技创新纳入创新发展整体部署，重点规划、布局和支持一批城乡基层治理领域的科技企业和研发实体。统筹布局宽带信息网络建设，完善骨干网、城域网和接入网。

二、推进智慧社区建设

（一）提高社区信息化智能化水平

推进社区市政基础设施智能化改造和安防系统智能化建设。利用已搭建的社区公共服务综合信息平台，为社区服务提供统一应用和可扩展支撑，为居民提供"实时在线"的个性化服务，为大数据应用和服务提供社区数据支撑。整合社区安保、车辆、公共设施管理、生活垃圾排放登记等数据信息，构建"市—县—街道—社区"四级联动的公共服务综合信息平台。推动门禁管理、停车管理、公共活动区域监测、公共服务设施监管等领域智能化升级。鼓励物业服务企业大力发展线上线下社区服务。推进数字社区服务圈、智慧家庭建设，促进社区家庭联动智慧服务生活圈发展。

（二）推动智慧场景营造

创新智慧社区在社区治理和生活服务方面的多场景应用，实现智慧党建场景、智慧政务场景、智慧自治场景、智慧教育场景、智慧健康场景、智慧养老场景、智慧商业场景、智慧低碳场景、智慧创业场景等智慧化场景社区呈现；开发社区协商议事、政务服务办理、社区养老、社区家政、社区医疗等网上社区服务项目应用；推动居家养老、医疗康养、社区教育、数字文娱、定制配送等智慧化个性化生活服务进入小区院落，探索智慧技术成果在家庭安防、邻里互助、家政服务等领域入户应用。推动政务服务平台、社区感知设施和家庭终端联通，发展智能预警、应急救援救护和智慧养老等社区惠民服务。大力发展城乡社区电子商务，探索建立无人物流配送体系。

（三）推进智慧平安小区建设

深化“天网工程”“雪亮工程”“慧眼工程”应用，健全立体化智能化社会治安防控体系。完善智能安防建设标准，将智能化安防系统建设要求纳入住宅小区设计方案进行统一技术审查，结合老旧小区改造因地制宜建设。结合推进市域治理现代化，把大数据、物联网、人工智能等新技术与社区警务有机融合，打造信息智能核录、任务精准推送、工作实时监督的社区警务新形态，实现社区警务指标可量化、过程可控制、成效可评价。加强智慧安防小区信息安全管理，禁止滥采滥用公民人像、人口信息。

（四）推动智慧法治社区建设

依托全省政法大数据平台和全省政法系统跨部门办案平台，整合户政服务、交通管理、法律援助、司法救助、诉讼服务、涉法涉诉信访等功能，打造多渠道、一站式的政法公共服务平台，实现线上线下业务办理、查询、咨询等全域法律服务，打通服务群众“最后一公里”。加快推进跨域立案诉讼服务改革，推动诉讼事项跨域远程办理、跨层级联动办理，解决异地诉讼难等问题。

三、打造智慧治理集成平台

探索建立集社区管理功能、服务功能、参与功能和协调功能为一体的智慧化综合服务平台。借鉴“微内核”“分布式”的平台搭建模式，根据治理需要和居民诉求对平台功能进行动态提升。加快“智慧党建云平台”建设，构建基于社区的党员管理、党务服务和组织生活平台，推动线上“双报到”、区域化党建等制度有效落实、有序运转。基于12345政务服务热线，升级网络理政平台。建设网上政务大厅，推进网络互联、信息共享、业务协同，实现与社区居民密切相关的劳动就业、社会保障等“一门式”服务。推行居民生活服务“一卡通”，全面实现市域范围内“一卡通”跨县（市、区）通用。探索打造云上融通的智慧响应平台。

专栏7 社区智慧治理水平提升工程

1. **实施城乡社区光纤网络覆盖和扩容提速工程。**积极推行“微基站+智慧杆塔”“5G+WIFI6”等新型网络部署方式。到“十四五”末，城乡社区实现5G信号全覆盖，具备条件的地方实现光纤网络万兆到楼、千兆入户。

2. **实施“互联网+社区”行动计划。**以智慧党建、智慧政务、智慧自治、智慧健康、智慧商业教育、智慧健康等不同场景营造和党员“双报到”“云党课”、运动健身示范、专题辅导讲座、医疗健康服务、助老送餐服务等综合应用平台开发使用为重点，支持建设一批智慧型社区。

3. **实施“互联网+市民服务”行动计划。**每年选择一批县（市、区），并以县（市、区）、园区为单位统一开发建设打造集政务服务、生活服务、社区服务等为一体的城市（社区）数字生活集成系统，探索“互联网+”在城乡基层治理中的多元实现路径。

4. **试点社区综合信息平台系统化集成工程。**在现有社区综合信息平台基础上，试点推动统一数据出入口，优化信息集成功能，为大数据应用和城乡基层治理提供社区末端数据支撑。

5. **推进智慧安防小区建设。**推进以居民小区、学校、医院为重点的智能安防小区建设，“十四五”末，全市80%以上住宅小区全部达到省级智慧安防小区建设标准，基本覆盖所有城镇人口。通过智能安防社区建设，做到“信息自动采集、数据采用分离、管理智能高效、防范严密精准”，提升社区警务智能化水平和预测预警预防能力。

后　记

为及时总结推广基层治理现代化建设经验，进一步提升新时代广大党员干部的基层治理能力，推动绵阳市基层治理体系和治理能力现代化，按照《中国共产党党校（行政学院）工作条例》和《2019—2023年全国党员教育培训工作规划》关于干部培训“要增强针对性和实效性”“大力开发案例教材”的相关要求和精神，中共绵阳市委（市行政学院）牵头，组织全市党校系统专兼职老师共同编写了《基层治理现代化的绵阳实践》一书。

为突出案例典型性，兼顾客观性、完整性、启发性、时效性的原则，特别从我市列入全国、全省第一、第二批乡村治理示范村镇、城乡社区治理试点区（市、县）、街道（乡镇）、社区中选取了29个基层治理典型案例，介绍了他们的先进做法和经验并由此进行了深入的理论阐述和解析。该书既是一本具有绵阳地方特色干部教育培训的本土教材，也是广大基层党员干部学习如何推进基层治理体系和治理能力现代化的一本不可多得的参考书籍。

在本书编写过程中，绵阳市委党校（市行政学院）常务副校（院）长党海燕给予悉心指导和大力支持，副校（院）长王仕军牵头统筹编辑工作、构筑本书的框架内容并负责第一、二、三章的撰写工作，科研处处长陈立华负责出版及行政后勤事宜并撰写前言、后记。市委党校乔丹、北川县委党校黄泽霞负责案例收集整理工作。西南科技大学文学与艺术学院党委书记韩新明教授负责第九、十、十一章的撰写工作。绵阳市委政研室杨世华、金鹏、张作程负责第四章的撰写工作。第五章第一节由盐亭县委党校李慧、盐亭县委组织部王梦宇编写，第二节由江油市委党校杨安业、王元君和江油市委政法委蒋小林编写，第三节由绵阳市委党校杨富兰、北川县委组织部黄昌涛编写，第四节由涪城区委党校禹红梅、黄桂林编写，第五节由安州区委党校周福兰编写。第六章第一、三节由江油市委党校王元君编写，第二节由游仙区委党校敬谢林编写，第四节由盐亭县委党校李慧、盐亭县巨龙镇李泓江编写，第五节由盐亭县委党校李慧编写。第六节由绵阳市委党校韩于言编写。第七节由游仙区委党校潘迪、绵阳市政协刘仲平编写。第七章第一节由绵阳市委党校何丽娟编写，第二节由绵阳市委党校李慧编写，第三节由游仙区委党校魏紫玥编写，第四节由游仙区委党校彭树青编写，第五节由盐亭县委党校李琴编写，第六节由绵阳市委党校任翠华编写。第八章第一节由绵阳市委党校李慧编写，第二、五节由北川县委党校黄泽霞编写，第三节由绵阳市委党校张丽君编写，第四、七节由绵阳市委党校乔丹编写，第六节由绵阳市委党校杨艳编写，第八节由安州区委党校张钰婉编写，第九节由江油市委党校王元君编写，第十节由梓潼县委党校雍支康、北川县委党校黄泽霞编写，第十一节由梓潼县委党校严新志编写。

本书撰写中，9个县市区委党校为本书的资料收集做了不少工作，特别是提供了丰富宝贵的一手资料。地方基层党委政府也给予了大力支持和密切配合，这里就不一一列举。言不尽意，在此一并感谢！

由于时间仓促，编写经验不足，书中不妥之处，敬请读者不吝指正。

编　者

2022年6月于绵阳